KB097109

**20대 남자,
그들이
몰려온다**

20대 남자,
그들이 몰려온다

초판 1쇄 인쇄 | 2021년 11월 10일
초판 1쇄 발행 | 2021년 11월 18일

지은이 | 박민영
기 획 | 문병길
펴낸이 | 최화숙
편집인 | 유창언
펴낸곳 | **아마존북스**

등록번호 | 제1994-000059호
출판등록 | 1994. 06. 09

주소 | 서울시 성미산로2길 33(서교동) 202호
전화 | 02)335-7353~4
팩스 | 02)325-4305
이메일 | pub95@hanmail.net | pub95@naver.com

* 파본은 본사나 구입하신 서점에서 교환해 드립니다.
* 이 책의 판권은 지은이와 아마존북스에 있습니다. 내용의 전부 또는 일부를
  재사용하려면 반드시 양측의 서면 동의를 받아야 합니다.

* 아마존북스는 도서출판 집사재의 임프린트입니다.

청년정치혁명시리즈 I

분노와 불안의 세대, 누가 그들의 힘이 되어 줄 것인가?

20대 남자, 그들이 몰려온다

박민영 지음 문병길 기획

der Generation 의 전쟁

아마존북스

추천사

대학의 총장으로 재직하면서 늘 숙제를 안고 살았다. 기성세대가 된 지금까지 국가사회와 미래세대를 위해 역할을 다해 왔는지, 또 앞으로는 어떤 역할을 할 것인지에 대한 문제의식이었다. 나아가 산업화 시대의 주역인 우리 기성세대를 넘어, 디지털 인간화 시대를 사는 지금의 젊은이들의 미래는 어떻게 점철될 것인지에 대한 고민이었다.

우리 사회는 늘 용광로처럼 끓어오른다. 그것은 갈등의 연속이었다. 식민지 잔재, 시장자본주의가 초래한 갈등, 남과 북의 이념갈등, 민주화 세대와 산업화 세대 간의 갈등과 같이 대한민국 역사와 궤를 함께 해온 갈등들은 여전히 계속되고 있다. 그리고 최근에 와서는 젠더 문제와 동일세대 간의 갈등으로까지 표출되고 있다. 젠더 문제는 공정과 평등이라는 이름으로 포장되기도 하면서, 정치권에 의해 이용되어 왔고 앞으로도 이용될 수 있다. 어쩌면 기득권을 향한 비판을 회피하려는 목적으로, 영영 기성세대의 정치적 점유물로 자리하게 될지도 모른다.

오늘날 청년세대의 삶은 민주화 세대와 산업화 세대에 비해서도 열악하다. 의식주를 해결할 수 없기 때문에 열악하다는 것이 아니다. 남녀가 사랑하며 가정을 이루는 평범한 삶도, 지금보다 나은 미래도 꿈꿀 수 없는 상황에 놓여 있기 때문이다. 산업구조의 변화, 고령화, 경제 고착화에 정부의 실정까지 더해져 일자리는 줄어들었고 자산격차가 걷잡을 수 없이 커져 버린 결과다. 그렇게 희망을 잃은 청년들이 불안의 원인을 서로에게 전가하고 있다는, 그래서 젠더 문제의 근본적인 원인은 꿈도 희망도 없는 현실이라는 필자의 생각에 고개를 끄덕이게 된다.

유럽의 정치문화를 보면서 늘 동경해왔다. 국가와 사회를 이끄는 지도자는 젊어져야 한다고 생각해왔다. 그래서 '원코리아 4.0 혁신포럼'을 창립하고 그런 청년세대에게 희망을 줄 수 있는 아젠다를 찾으려 애썼다. 청년세대의 절규가 세상에 닿을 수 있도록, 그들의 기개가 양껏 펼쳐질 수 있도록 돕기 위한 창구가 되길 희망한다. 그런데 여기, 절규하는 젊은이가 있다. 이 시대가 안고 있는 사회적 난제들을 풀어나가고자 하는 청년 당사자로서 그 자신들의 이야기를 전하려는 젊은이가 있다.

이 책에서는 전쟁이라고 이름 붙였지만 서로 상대방의 시각에서 바라보고 이해하기 위한 시도라고 본다. 우리 기성세대들에게는 다른 별 화성(?)에서 온 청년세대의 당사자성을 이해하기 위한 단초가 되어줄 수도 있을 것이다. 작은 외침으로 시작된 이 청년의 목소리가 청년세대 전체의 정치혁명을 위한 거대한 울림으로 돌아올 것이라 믿어 의심치 않는다.

민 상기
〈원코리아 4.0 혁신포럼〉 공동대표(전 건국대학교 총장)

Prologue

불안의 시대

필자는 '**90년대생**' 남성이다. 지난 두 번의 대통령선거에서 모두 진보정당에 투표했던. 그러나 지금은 그 선택을 뼈저리게 후회하고 있는. 그래서 지난 서울시장 선거에서는 국민의 힘 오세훈 후보에게 투표한. 한 명의 '이대남(20대 남성)'이다. 필자와 같은 이대남들을 보며, 어른들은 말한다.

"요즘 이대남들이 너무 극단화된 것 같다"고.
"먹고 살기 힘드니 그냥 투정 부리는 것 같다"고.
"여자한테 양보해야지, 남자가 너무 쩨쩨한 것 아니냐"고.

이대남이라면 한두 번쯤 들어봤을 법한, 흔한 어른들의 잔소리다. 그리고 이 흔한 잔소리에, '**이대남의 불안**'에 대한 모든 이유가 담겨 있다. 지금부터 필자가 하려는 이야기가 바로 그런 이대남의 이야기다. 아직은 아무도 인정해주지 않는. 그러나 청년 남녀를 넘어 세대의 화합을 위해 반드시 알아야만 하는.

젠더전쟁의 패배로 '남자'가 될 기회를 잃어버린 '이대남'과 세대전쟁의 패배로 '어른'이 될 기회를 잃어버린 '청년 모두'의 이야기다.

또한, 전쟁의 중심에서 청년세대를 분열시키고 꿈과 희망을 모조리 앗아간 문재인 정부와 민주당에 대한 강력한 '고발장'이다.

◇ 젠더전쟁과 세대전쟁

이대남은 문재인 정부의 핵심 지지층이었다. 정권 출범 직후에는 87%라는 초당적 지지를 보낼 정도였다. 그러나 2022년 대선을 앞둔 현재는 이대남의 81.9%가 보수정당의 후보들을 지지하고 있다.[1] 단 4년 만에 벌어진 경이로운 대반전이다.

필자가 생각하는 <u>첫 번째 이유</u>는 '**젠더갈등**'이다. 같은 청년인데도, 유독 이대남만 문재인 정부에 등을 돌렸다는 사실이 그 증거다. 이대남들은 문재인 정부에게 버려졌다고 생각한다. 또한 정치 · 사회

---

1) 2021년 9월 30일 공표된 리얼미터 여론조사에 따르면 20대 남성의 81.9%가 범보수 · 야권 후보를 지지하고 있었다. 반대로 20대 여성은 61.9%가 범진보 · 여권, 32.9%가 범보수 · 야권 후보를 지지했다.

적으로 철저히 고립되었다고 생각한다. 의무만 있고 권리는 없는, 가부장제 과도기에 놓여 있기 때문이다. 그들에겐 탈출구가 없다. 가부장제의 의무 아래 치러지는 약육강식의 생존경쟁에서 패배는 곧 도태이기 때문이다. 같은 소득 하위 10%를 놓고 봤을 때 여성의 40%는 결혼이라는 탈출구를 찾았지만, 남성들은 그렇지 못했다.[2]

학력 수준이 낮을수록 고위험군 노동에 내몰렸으며 매년 사망재해 피해자의 96%는 남성이었다.[3] 심지어는 법의 보호조차 받지 못하게 됐다. 성에 대한 검열과 통제를 넘어 '성인지 감수성'이라는 초법적인 개념까지 등장했기 때문이다. 병역의 의무를 수행하고 고강도 노동에 뛰어들며 더 많은 자격들을 증명했지만 그들에게 남은 건 '도태남'이라는 딱지뿐이었다. 그런 어려움을 거듭 호소했는데도 정치권과 언론 누구 하나 들어주지 않았다. 이대남들이 극심한 불안감에 휩싸이게 된 배경이다.

설상가상 문재인 정부는 이대남의 불안을 부추겼다. 과자 약간에 질소만 가득 채운 '질소과자'를 만들어 이대녀에게는 피해자 서사를, 이대남에게는 가해자 서사를 주입했다. 강남역 시위 당시 문재인

---

2) 한국노동사회연구소에 따르면 2016년 3월 기준 2030세대 소득 하위 10% 계층 기준 여성의 42.1%는 기혼자였으나, 남성은 6.9%에 불과했다. 다른 계층 역시 남성은 소득수준과 기혼자 비율이 비례하는 양상을 보였으나, 여성은 중위소득보다 하위소득의 기혼자 비율이 더 높은 항아리 구조를 보였다.

3) 2021년 KOSIS 자료에 따르면 사망재해 피해자의 약 95%는 남성이었다. 구체적으로 2019년에는 남성피해자 1948명에 여성피해자 72명, 2018년에는 남성피해자 2030명에 여성피해자 112명 등이다.

대통령은 "다음 생에는 같이 남자로 태어나자"며 남성 전체를 잠재적 가해자로 몰았다. 혜화역 시위 때는 "수사가 되면 범죄 사실을 직장 등에 알려 똑같은 고통을 받게 해야 한다"는 유죄추정과 사적복수의 논리를 펼쳤다.

"여성이 직장에서 차별받고 있다"고 주장하면서 임금격차가 가장 크게 벌어진 50대 이상 여성들을 위한 '임원할당제'가 아닌 이대녀들을 위한 '채용할당제'만을 도입했다.[4] 가부장제의 가장 큰 수혜자이면서, 경쟁의 규칙까지 멋대로 좌우하며 자신들은 손해 보지 않는 방식으로 청년세대만을 분열시켜온 것이다. 그런 문재인 정부의 행보는 이대남들의 불안과 분노에 기름을 끼얹은 격이었고, 젠더갈등을 부추겼다. 그렇게 언제 무너질지 모르는 '유리바닥[5]'위에 위태롭게 선 이대남들에게 남은 수단은 하나, 투표였다.

그렇게 이대남이 태동했다. 강한 결집력은, 그만큼 그들이 절박

---

[4] 공공기관 경영정보 공개시스템 '알리오'에 따르면 공공기관 132곳의 여성 임원 비율은 22%로 2017년(11.8%)에 비해 늘어났다. 그러나 국민건강보험공단의 여성 임원 비율은 2017년 25%에서 올 1분기 12.5%로 오히려 떨어졌다. 한국수자원공사는 2017년 0%에서 20%까지 올랐다가 다시 13%로 떨어졌다. 한국보훈복지의료공단도 2016년 27.2%에서 올 1분기 18.2%로 되레 떨어졌다. 사실상 유일한 여성 임원할당제임에도 불구하고 지지부진한 모습을 보이는 것이다. 반면 여경(여성경찰) 채용목표제 등 취업할당제는 목표치 30%를 달성하는 것은 물론 확대까지 논의되고 있다. 기타 여성할당제에 대해선 이어지는 파트1의 챕터2 '오해와 진실' 편에서 상세히 다뤄볼 예정이다.

[5] 부유층이 신분의 하락을 막기 위해 만들어 놓은 신분추락 방지장치를 말한다. 젠더갈등에 있어선 여성들의 실패에는 최소한의 유리바닥이 존재하는 반면, 남성들은 그렇지 못하다는 사실을 증명하기 위해 사용된다. 실제 학업성적·경제적 성과·사회안전망 등 모든 분야에서 여성들은 대체로 평준화되어 있으나, 남성들은 최상층과 최하층으로 극명하게 나뉘어 있다.

하다는 증거였다. 그들은 연달아 두 번의 승전보를 울리며 화려하게 '**정치세력화**'에 성공했다.

청년들의 분노, 그 두 번째 이유는 세대전쟁의 패배였다. 문재인 정부와 기득권 세력에 의해 어른이 될 기회를 송두리째 빼앗겼기 때문이다.

문재인 정부는 '**무능**'했다. 성장과 분배, 두 마리 토끼를 동시에 잡겠다던 소득주도성장은 단 한 마리의 토끼도 잡지 못한 채 끝이 났다. "부동산만큼은 자신 있다"며 호언장담하더니 집값을 2배로 올려놨다. 체감 청년실업률은 27%로 역대 최고치를 경신했고 자산격차는 걷잡을 수 없이 커졌으며 청년세대는 'N포세대'를 넘어 '부모보다 가난한 최초의 세대'가 됐다. 그런데도 문재인 대통령은 어떤 실책도 인정하지 않았다. 한국의 성장률은 세계 최고이며, 실업률은 개선되고 있고, 집값이 오른 건 불안감을 부추긴 언론의 잘못이라는 남 탓만 늘어났다.

'**586세대**'는 작은 기득권조차 내려놓으려 하지 않았다. 현대자동차 노조는 청년실업은 대수롭지 않은 일이라는 듯 총파업을 강행하며 '임금피크제' 없는 '정년연장'을 주장했다. "내가 강남에 살아보니 모두가 강남에 살 필요는 없다"는 말로 대표되는 부동산 내로남불은 청년들의 박탈감을 증폭시켰다. 꿈과 희망을 모두 잃고 남은 건 객기뿐인 청년들에게 주어진 선택지는 사생결단의 '오징어게임'뿐이었다. 코인과 주식에 뛰어들었고 1명의 성공을 위해 455명이 희생됐다. 이제 청년들은 결혼과 출산이라는 지극히 평범한 미래조차 그리지 않는다. 하나 둘 사회로부터 지워지기 시작했다. 그렇게 취업을 준비하는 척만 하는 '쇼윈도 취준생'이 됐고, 외출이라고는 편의점에 다녀오는 게 전부인 '은둔 청년'이 됐다. 문재인 정부 4년이 만들어낸 아픈 단상이다.

또한, 문재인 정부는 '**불공정**'했다. 내로남불과 강남 좌파, 두 개의 단어로 문재인 정부의 모든 걸 설명할 수 있을 정도였다. 가장 큰 논란은 조국 사태였다. 그러나 조국 일가의 '엄빠찬스'보다 충격적이었던 건 조국 일가를 두둔하는 진보세력의 위선이었다. 작가를 자처하는 이는 증거인멸을 증거보전으로 호도해 혹세무민했다. 한 앵커는 분노를 표출하는 청년을 향해 "수꼴마이크를 들었다"며 비난을 퍼부었다. 민주당의 586세대와 강성지지층은 서초동에 모여 "사랑해요 정경심"을 외치며 청년들의 가슴에 대못을 박았다.

이제 청년들은 기득권의 정의와 기성세대의 공정을 믿지 않는다. 그래서 기울어진 운동장의 존재마저 부정한 채 오직 기회의 평등에만 주목하는 극단의 공정론, '생계형 공정'과 '능력주의'를 주장하게 됐다. 무엇보다도 비극적인 사실은 그와 같은 청년들의 극단적인 주장에 돌을 던질 자격 있는 어른들이 더 이상 존재하지 않는다는 것이다.

◇ 우려

이제 우리 사회, 특히 정치권이 조금씩 이대남의 이야기에 귀 기울이기 시작했다. 이해와 공감보다는 표를 얻기 위한 노력에 가깝겠지만, 어쨌든 고무적인 일이다. 그러나 한편 우려도 된다. 같은 성으로 같은 세대를 살아온 같은 이대남인 필자조차 동의하기 어려운 극단화된 주장들까지 제기되고 있기 때문이다. 더 큰 문제는 표를 얻기 위해 그와 같은 주장들을 무비판적으로 수용하는 정치권이다.

이를테면 '사법고시 부활'이나 '정시 100%' 등의 정책은 결과와 과정이 아닌 기회의 평등에만 초점을 맞추고 있다. 로스쿨이나 일부 수시제도가 오작동하고 있는 건 사실이지만, 과거로 돌아가는 것이 해결책이 될 수 있을지는 의문이다.

또한 페미니즘에 대한 맹목적인 혐오감도 우려된다. 필자 역시 '여성 우월주의'를 앞세운 레디컬(급진적) 페미니즘에는 반대한다. 그러나 여성들이 느끼는 성범죄의 위협이나 경력단절 문제까지 모두 부정할 수는 없다고 생각한다. 문제는 페미니즘에 대한 문재인 정부의 몰이해와 방법론이지, 페미니즘 그 자체는 아니라는 것이다.

'같은 실수'를 반복해선 안 된다. 정치가 복수의 무대여서는 안 된다. 그게 필자가 이 책을 쓰게 된 진짜 이유다. 우리는 숱하게 극단의 실패를 목격해왔다. 과거 '태극기부대'가 그랬고, 현재 '대깨문'과 레디컬 페미니즘이 같은 전철을 밟고 있다. 강한 주장은 곧 강한 반발에 직면해 추진력을 잃어버리게 된다는 증거다. 시민사회에서는 얼마든지 과격한 목소리를 낼 수 있지만, 제도권에 편입된 뒤에는 정제된 목소리로 대안을 제시할 수 있어야 한다. 그래야만 지속가능성과 확장성을 얻을 수 있기 때문이다. 나아가 다음 선거에서 똑같이 반복될 피의 복수까지 차단할 수 있다.

따라서 정권교체를 바라지만 보호와 안정을 바라는 중도층은 물론, 민주당의 페미니즘에는 반대하지만 성범죄의 불안을 호소하는 여성층까지 끌어안을 수 있어야 한다. 당장 스스로 동의하지 못할지라도, 내가 지지하는 후보와 정당이 그들을 포섭할 시간 정도는 허용해 주어야 한다.

결과적으로 필자가 바라는 건 청년세대의 화합이다. 우리는 젠더로 갈등했지만, 청년으로서 같은 아픔을 겪은 세대전쟁의 피해자들이다. 동시에 누구보다 서로 사랑해야 할 사람들이다. 공공의 적으로 삼아야 할 건 갖은 실정으로 청년들의 삶을 도탄에 빠뜨린 문재인 정부와 젠더갈등 뒤에 숨어 음지의 폭력을 자행해온 기득권 남성들이다.

이 책은 2개의 파트와 6개의 챕터로 구성되어 있다. '파트 1'에서는 이대남의 불안을 대변하고 정치권의 언행과 성평등 통계에 담긴 오해와 진실을 규명할 것이다. 또 '파트 2'에서는 문재인 정부의 정책실패와 내로남불, 원칙 없는 통제와 민족주의를 비판하며 이대남의 관점에서 세대전쟁의 역사를 되짚어볼 것이다.

차 례

Part 2
세대전쟁

Part

1

젠더전쟁

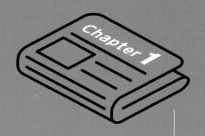

Chapter **1**

젠더갈등의
실체

01

이대남의
불안

사람들은 모두 '각기 다른 불안'을 안고 살아간다. 중고등학생 때는 입시가, 대학생 때는 취업준비가, 직장인 일 때는 결혼과 내 집 마련의 부담이, 불안의 대표적인 요소들이다. 한편 '**여성**', 혹은 '**남성**'이라서 느끼는 불안들이 있다. 여성의 경우 성폭력 등 각종 범죄에 휘말릴 불안을 안고 살아간다. 거의 모든 여성이 한두 번쯤 성범죄에 노출된다고 하니, 그들이 불안을 호소하는 건 당연하다. 또 여성의 경우 출산과 육아에 의한 경력단절에 불안을 느낀다. 아무리 제도가 잘 갖춰져도 여성이 임신과 출산의 주체라는 사실은 변하지 않기 때문이다. 따라서 여성들이 놓인 특수한 환경에 대한 사회적 배려가 필요한 것도 사실이며 그런 문제의식을 받아들여 아직은 부족하지만, 실제 우리 사회의 많은 것들이 변해왔다.

한편 남성들도 불안을 느낀다. 가부장제 과도기에서 느끼는 '남

성성의 상실'에 따른 불안이다. 우리 사회는 남성적인(사회진출에 적극적인) 여성에는 관대해졌지만, 여성적인(전업주부 등) 남성에 대해서는 여전히 배타적이다. 인식이나 편견의 문제가 아니다. 그런 남성들은 결혼 시장에서 완벽하게 거부당한다. 청년세대의 경우 경제적 평등이 상당히 달성되어 경제력을 획득하기가 훨씬 어려워졌는데도, 경제적으로 성공한 '남성다운 남성'이어야 할 의무는 여전한 것이다.

또한 남성의 성적 욕망은 모두 부덕한 것으로 여겨지기 시작했다. 연예인의 성 상품화를 문제시하는 건 기본이고 심지어는 '리얼돌'과 같은 사물에도 인격을 부여해 통관을 금지했다. 나아가 성인지 감수성이라는 개념을 도입해 여성의 일관된 진술만 있으면 언제든 성범죄 피의자로 몰릴 수 있게 됐다. 그렇게 사회적 남성성을 거세당했는데, 신체적 남성성에 근거한 병역의 의무만 강제되고 있다. 가부장제 과도기에서 부과되는 '권리 없는 의무'가 이대남들이 극심한 불안에 시달리는 원인이라는 것이다.

그러나 이대남의 불안을 진지하게 받아들이는 이들은 극소수다. 기성세대 남성들은 자신들이 가부장제의 수혜자기 때문에, 여성들은 여성이기 때문에 이대남의 불안에 공감하지 못한다. 실제 필자가 경험한 정치권의 반응도 그랬다. 대변인으로 활동하면서 젠더갈등에 대한 다양한 의견들을 냈지만 대부분 받아들여지지 않았다. 주된 반응은 "일부 극단화된 청년들의 주장일 뿐 청년들의 공통된 관심사는 일자리와 부동산이다. 내가 청년들과 대화를 많이 해 봐서 안다", "요새 젊은 남자애들이 극우화된 것 같다", "먹고 살기 힘드니 투정 부리는 것 아닌가" 등이었다. 대부분은 젠더갈등 자체에 무관심했다. 관심을 보이더라도 결집한 이대남의 표를 얻기 위한 관심이었을 뿐, 그들의 절박함에 대한 관심은 아니었다.

그렇다고 페미니즘을 진지하게 받아들이는 것도 아니었다. "우리 때도 여자들이 살기 힘들었다"며 거드는 수준으로, 변화한 세대 경험에 대한 개방성은 없었다. 다른 분야의 기성세대 남성들 역시 크게 다르지 않을 것이다. 기성세대 남성 대다수는 젠더갈등 자체에 무관심하거나 "여성들은 약자이니 도와주는 게 맞다"는 단순한 결론에 도달한다. 핵심은 어디에도 이대남의 편은 없다는 것이다. 그렇게 철저히 고립되었다는 것이 필자를 비롯한 이대남들의 가장 큰 불안이라고 생각한다.

이대남은 '남자가 되지 못한' 그리고 '어른이 되지 못한' 존재들이다. 그들이 목 놓아 부르짖는 이유는 대단한 걸 바래서가 아니다. "일단 내 말을 좀 들어 달라"고, "조금이라도 관심을 달라"고 하소연하는 것이다. 길에서 넘어진 어린아이와도 같다. 유약한 어린아이에게는 까진 무릎의 통증보다도 달래줄 부모가 없다는 사실이 훨씬 서럽게 느껴진다. 그래서 자신의 아픔을 알아달라며 더 크게 울부짖는 것이다. 실제 이대남들은 자신들에 관한 정치권의 작은 행동과 발언 하나하나에 민감하게 반응한다. "이대남도 힘들다"는 홍준표 후보의 말 한마디에 감동하며 지지를 표하는 게 그들이다. 그만큼 그들은 관심과 공감에 목말라 있다.

그런 의미에서 기성세대 어른들은 하수다. 넘어져서 울고 있는 아이에게 "왜 조심하지 않았느냐"며 다그치고만 있기 때문이다. 아이가 울면 일단 어르고 달래는 게 순서다. "내가 살아보니 남성이 훨씬 살기 좋더라", "너희가 남자니까 참고 견뎌라" 등 훈수를 둔다고 해결될 문제가 아니라는 것이다. 미국에서 트럼프 대통령이 어떻게 당선됐는지를 늘 상기해야 한다. 미국의 백인 남성들이 환멸을 느낀 건 "무조건 자신들이 옳다"던 진보지식인들의 폐쇄성이었다. 지금 우리나라의 모습도 크게 다르지 않다. 무조건 가르치려 드는 어른들에 의해 이대남들의 마음은 더욱 병들어가고 더 극단적인 형태로 불만을 표출하고 있다. 투표로 안 된다면 다음은 뭘까.

◆ 젠더갈등은 을과 을의 싸움이다

그래서 글을 쓰기 시작했다. 사회적 약자인 이대남의 당사자성을 대변하고, 서로를 이해할 수 있는 단초를 제공하기 위해서. 터놓고 이야기할 수 있는 작은 공론장이라도 만들어보기 위해서. 나아가 이대남의 하소연을 "찌질하다"며 괄시하는 사회적 분위기를 한 꺼풀이라도 벗겨내기 위해서.

그러나 이대남의 불안에 대해서만 이야기하지는 않을 것이다. 젠더갈등이 이대남과 이대녀의 대결 구도로 흘러가서는 안 된다고 생각하기 때문이다. 앞서 언급한 것처럼 이대남과 이대녀 모두 성별에 앞서 청년이라는 정체성을 공유하는, 똑같은 사회적 약자들이다. 빼앗을 것도, 빼앗길 것도 없는 '을'에 불과하다는 것이다. 정작 가장 큰 기득권을 거머쥔 '갑'은 기성세대 어른들, 특히 정치권의 기득권 남성들이다.

을과 을의 갈등에서 웃는 건 갑뿐이다. 세대교체의 명분이 무뎌지고, 기득권 연장의 빌미를 제공하기 때문이다. 실제 젠더갈등은 그런 이해관계를 가진 기득권 남성들에 의해 부풀려진 측면이 크다. 궁극적으로 필자가 규명하려는 것도 바로 그 '부풀려진 측면'들이다. 필자는 그것을 과자 20%에 질소 80%로 과대 포장된, '질소과자'라고 부르기로 했다. 20%의 진실에 80%의 확대·재생산 과정이 가미된 소모적인 갈등이 곧 젠더갈등의 실체라고 생각하기 때문이다.

특히 여성계와 정치권에 의한 통계 오독은 그 폐해가 이루 말할 수 없을 정도로 크다. 무엇보다 각종 통계에 담긴 오해와 진실을 바로잡는데 방점이 찍혀야 한다고 생각하는 이유다. 따라서 본격적인 전개에 앞서 어째서 젠더갈등이 이대남과 이대녀의 대결이어서는 안 되는지, 어째서 젠더갈등은 을과 을의 싸움이 될 수밖에 없는지에 대해 이야기해 보려고 한다.

이대남과 이대녀의 갈등은 '**오징어게임**'이다. 승자 없는 을과 을의 싸움이자, 제로섬게임이기 때문이다. 주최자들은 공정한 게임을 표방하지만, 이 게임은 전혀 공정하지 않다. 내몰릴 대로 내몰려 생명을 담보한 게임에 참여할 수밖에 없다는 사실 자체가 이미 불공정하기 때문이다. 그런 가짜 공정을 이야기하는 VIP들은 애초에 경쟁이라는 개념으로부터 초월해 있다. 공정이라는 거짓말로 약자들의 눈을 가리고 그 혐오가 서로를 향하는 사이, 한가로이 을과 을의 싸움을 관람하며 자신들의 욕망을 채우는 이들이 바로 VIP들이기 때문이다.

젠더갈등으로 치면 청년세대가 을인 채무자이며 더 위층에 자리한 VIP들이 갑인 기득권 남성들이다. 그런 현실을 망각한 채 청년세대가 피 터지게 싸워 서로의 알량한 고혈을 쟁취한들 아무 의미도 없다. 필자의 눈에 비치는 적은 페미니즘이 아닌 페미니즘을 이용해 약자들을 분열시키는 정치권의 기득권 남성들이다. 특히 문재인 정부와 민주당, 그리고 민주당의 강성지지층들이다. 그들은 가부장제의 가장 큰 수혜자였으면서, 가부장제에 대한 여성들의 분노를 대변하는 척 분노의 화살을 또래 남성들에 돌리는 방식으로 젠더갈등을 부추겼다. 자본가가 정규직과 비정규직의 싸움을 부추기고, 정부가 담뱃값을 인상하며 흡연자와 비흡연자의 갈등을 유발하는 것과 똑같은 이치다.

그렇게 청년세대가 여성할당제 같은 지엽적인 이슈로 다투는 사이 정치적 기득권을 획득했고, 정년연장 등 일자리 기득권 강화에 힘쓰고 있으며, 각종 여성단체와 결합해 혈세를 나눠 가졌다. 그런 그들의 본색이 드러난 사건이 바로 박원순 사태였다.

문득 군 복무 시절이 떠오른다. 당시에도 병사들끼리 서로를 증오했다. 억압하고 통제하는 국가와 간부가 아닌, 심지어는 '엄마찬스'와 '아빠찬스'로 면제판정을 받거나 공익으로 근무 중인 기득권의 자녀들도 아닌 현역으로 함께 고생하는 서로를 증오했다.

왜 그랬을까. 단순한 이유였다. 당장 고통을 분담해야 하는 을이었기 때문이다. 또한, 당장 오늘 근무를 나눠 들어가야 하며 당장 부족한 급식을 나눠 먹어야 하는 을이었기 때문이다. 그래서 그런 불합리한 규칙을 만든 기득권층이 아닌 당장 눈에 보이는 서로를 미워했다. 사이다와 달걀 하나씩만 나눠주면서 갈등과 분열을 유도하고 그것을 공정이라고 포장하는 VIP들이 아닌, 내 사이다와 달걀을 빼앗은 옆 사람을 증오하던 오징어게임 속 채무자들처럼. 필자 역시 그런 시행착오들을 겪었다. 필자 역시 그저 그런 사람 중 한 명에 불과했기 때문이다.

지금 젠더갈등의 늪에서 우리 모두 같은 실수를 저지르고 있다는 생각이 든다. 이제는 멈춰야 한다. 실수를 저지르기도 하지만, 실수로 배우기도 하는 것이 인간이기 때문이다. 나쁜 건 함께 통나무를 짊어지는 양옆의 전우가 아니다. 통나무를 떠넘기고 거드름이나 피우며 관망하는 기득권층이다. 따라서 갈등의 구도부터 뒤집어야 한다. 젠더갈등은 이대남과 이대녀의 대결이 아니다. 이대남과 이대녀의 불안을 부추기는 기득권 남성과 청년세대 전체의 대결이다. 그것부터 분명히 하고 시작하자.

02

유리바닥과
설거지론

젠더갈등은 '**실재**'한다. 아직도 젠더갈등의 존재를 부정하는 사람들을 위해 젠더갈등의 증거부터 제시하려고 한다. 가장 먼저 수면 위로 떠오른 증거는 정치적 표심이다. 젠더갈등을 부정하기에는 이대남과 이대녀의 표심이 극명하게 갈라지기 시작한 것이다. 당장 대선 표심만 봐도 이대남의 81.9%가 범보수·야권 후보를 지지하고 있다. 비율로 치면 20대 80이다. 반대로 이대녀는 범진보·여권이 61.9%로 범야권(32.9%)의 두 배였다. 청년세대라는 정체성을 초월하는 제3의 변수, 젠더갈등의 존재를 부정할 수 없게 된 가장 강력한 근거다.

청년들의 인식도 궤를 함께한다. 여론조사 결과 청년 열에 아홉은 "젠더갈등이 심각하다"고 인식하고 있었다. 한편 남녀 모두 자신의 성별이 더 많이 차별받는다고 생각했다. 문재인 정부 4년이 만든 젠더갈등의 현주소다. [6] 또한 젠더갈등은 나이가 어릴수록 첨예한 양상을 나타냈다. Z세대(중학생~대학생)가 가장 많은 관심을 보인 분야 역시 성평등·젠더갈등(54.1%)이었다. 취업난(36.1%), 정치이슈(30.9%), 환경보호(29.4%)를 아득히 뛰어넘는 수준의 관심도였다. [7] 1순위 관심사로만 놓고 봤을 때는 성평등·젠더갈등(32.0%)이 바로 다음에 랭크된 취업난(12.4%)보다도 3배 가까이 높았다. 젠더갈등은 계속해서 나빠지면 나빠졌지, 좋아지기 어려운 우리 사회의 난제로 자리하게 된 것이다.

한편 젠더갈등은 겉으로 드러난 정치적 표심은 빙산의 일각에 불과할 만큼 첨예하다. 젠더라는 직관적인 구분을 통해 일상에서 벌어지는 투쟁이기 때문이다. 따라서 모든 남녀가 젠더갈등의 당사자이며 비혼·섹스리스 등 가까운 사회현상에서도 젠더갈등을 발견할 수 있다. 통계청의 '2020년 인구주택총조사'에 따르면 지난해 20대 미혼인구는 93%로 역대 최고치를 기록했다. **'결혼적령기'**에 가까운 30대의 미혼인구도 42.5%였으며, 남성으로 한정했을 때는 50.8%로 과반

---

6) 2021년 6월 9~12일 여론조사업체 글로벌리서치가 전국 만 18~39세 남녀 1000명을 대상으로 조사한 결과로 약 90%의 청년들이 젠더갈등이 심각하다고 인식하고 있었다. 한편 청년 남성의 85.7%는 '남성혐오'가 청년 여성의 85.5%는 '여성혐오'가 심각하다고 답했으며, '문재인 정부의 성평등 정책이 남녀 갈등을 해소하고 있다고 생각하는가'라는 질문에 남성 79.0%, 여성 74.2%가 반대했다.

7) 2021년 오픈서베이의 MZ세대 경향 조사로 Z세대는 '성평등·젠더갈등'에 대한 관심이 M세대에 비해서도 매우 높게 나타났다. M세대의 경우 환경보호(41.6%)에 대한 관심이 성평등·젠더갈등(39.5%) 보다 높았다. 해당 수치는 3개의 복수응답을 허용해 1~3순위의 값을 모두 더한 결과다.

을 넘겼다. 이 또한 통계 작성 이후 최고치였다.

결혼만 안 하는 게 아니다. 연애도, 섹스도 안 한다. 지난 7월 발표된 '2021년 서울거주자의 성생활' 통계에 따르면 "지난 1년간 성관계를 했다"고 답한 19~29세 남성은 58%로 모든 계층을 통틀어 가장 적었다. 같은 세대 여성의 경우에도 57%로 60대 여성에 이어 두번째로 적었다. 가장 성욕이 왕성할 나이에 가장 서로를 멀리하는 게지금의 20대라는 것이다.

물론 이 모든 현상을 젠더갈등의 결과라고 단정하기는 어렵다. 먹고사는 문제와 가치관 변화의 영향도 존재할 것이기 때문이다. 페미니즘 때문에 출산율이 낮아졌다는 식의 고리타분한 이야기를 하려는 것도 아니다. 그러나 청년세대가 결혼과 연애를 거부하는 이유를 세부적으로 살펴보면, 젠더갈등이 비혼과 섹스리스에 미치는 영향을 전면으로 부정하기는 어려워 보인다. 필자가 가장 처음 던지고 싶은 화두 역시 바로 이 비혼과 섹스리스 현상에 담긴 이대남의 불안이다. 결혼과 연애를 향한 투쟁이 남성들이 가장 처음 맞는 남성으로서의 생존경쟁이기 때문이다.

◇ **가부장제 과도기와 이대남의 불안**

젠더갈등과 비혼은 크게 두 가지 '**연결고리**'가 있다. 첫째는, 가부장제를 거부하는 여성들의 '**비혼주의**'다. 2021년 9월 〈시사IN〉의 '20대여자 현상' 분석에 따르면 강한 페미니즘 성향을 지닌 여성일수록, 결혼을 터부시하는 경향을 나타냈다. '페미니즘 지수 높음'으로 분류되는 이대녀는 단 한 명도 '결혼은 반드시 해야 한다'는 명제에 동의하지 않았다. 또 89.7%가 '사회 · 경제적 여건이 된다면 싱글맘(대디)도 할 수 있다'는 명제에 동의했다. 최근 정자기증을 받아 싱글맘이 된 '사유리' 씨의 사례가 예외적인 현상이 아니라는 의미다. 그들은 결혼이 여성에게 불리한 제도라고 생각한다. 결혼한 이후에도 가사 · 양육 등의 의무가 여성에게 편중되기 때문이다. 심지어는 아이를 키우는 상황을 가정하더라도, 경제력 문제만 아니라면 배우자가 없는 편이 차라리 낫다고 생각한다. 따라서 이들의 비혼주의는 가부장제에 대한 거부감의 발로 외에 달리 설명할 길이 없다.

둘째는 가부장제 과도기에 발생하는 권리와 의무의 '**미스매치**'다. 특히 이대남의 경우 가부장제 과도기에서 무수한 권리들이 박탈되었는데, 의무는 여전한 문제 상황에 놓여 있다. 실제로 이미 20대의 경제력은 여성이 남성을 추월했거나 비슷한 수준이다.[8] 그런데도 여전히 남성들이 훨씬 많은 결혼비용을 부담하고 있다.[9] 비단 결혼비용만의 문제가 아니다. 이 같은 가부장제의 잔재는 이성을 선택할 때도 뚜렷하게 나타난다. 2015년 한국보건사회연구원의 자료에 따르면 남성들이 결혼을 거부하는 이유는 '경제적인 문제(41.4%)'였던 반

---

8) 20대의 경우 성별 임금격차가 5% 내외에 불과하며, 취업률 역시 여성이 더 높다. 자세한 내용은 Chapter 2의 '오해와 진실'에서 다룰 예정이다.

9) 2020년 4월 23일 웨딩컨설팅업체 '듀오웨드' 조사에 따르면 신랑과 신부의 결혼비용 부담 비율은 '7대3'이 28.9%로 가장 많았다. 이어 '6대 4'가 27.2%로 과반수가 신랑 측에서 더 큰 비용을 부담했으며, '5대 5'라는 응답은 21.6%에 그쳤다.

면, 여성은 '상대 남성의 조건(32.5%)'을 1순위로 꼽았다. 여전히 남성을 부양하려는 여성은 찾아보기 어려운 것이다.

왜 그런 걸까? 가부장제의 기원으로 거슬러 올라가 보자. 본래 가부장제는 자연선택의 산물이었다. 지금처럼 문명이 발달하기 전에는 남성이 전쟁과 사냥 등 물리력을 동원한 활동에 참여하고 여성이 가정을 지키는 편이 생존에 유리했기 때문이다. 실제 대다수의 문명국이 그와 같은 가부장제를 토대로 발전해왔다. 그러나 산업이 고도화되면서 여성들의 사회진출이 활발해졌고, 가부장제에 균열이 생기기 시작했다. 경제적 권력이 균형을 찾아가기 시작한 것이다.

그러나 변치 않는 사실이 하나 있다. 생물학적으로 아이를 낳을 수 있는 건 여성이라는 사실이다. 따라서 여성이 가계 경제의 주체가 될 경우, 출산이 임박했을 때 경력단절에 의한 가계 경제의 손실이 발생하게 된다. 여전히 남성이 가계 경제의 주체가 되는 편이, 가족 형성에는 유리한 방식이라는 것이다. 누구의 잘못도 아닌, 인간의 생물학적 특성 때문에 발생하는 문제다. 그런 가부장제의 과도기에서 남성들은 경제력을 상실해 결혼을 '못'하고, 여성들은 경력단절의 위협 때문에 결혼을 '안'하는 불협화음이 발생하게 된 것이다. 하고 싶어도 못한다는 것, 이대남의 불안은 그런 사회적 남성성의 상실에서 시작된다.

'**닭**'이 먼저냐 '**달걀**'이 먼저냐의 싸움이다. 여성의 권리가 향상되는 것과 비례하게 남성들의 의무가 줄어든다면, 미스매치는 발생하지 않을 것이기 때문이다. 페미니즘을 지지하는 측에서는 '일단 여성들이 행복해지면' 자연스레 남성들을 옥죄던 가부장제의 부담도 사라질 것이라고 주장한다. '가모장'을 자처하는 여성들이 늘어나게 되면 여성적인 남성도 환대받게 될 거라는 논리다.

그러나 앞서 살펴본 것처럼 20대의 경우 상당한 경제적 평등이 달성되었는데도 여전히 여성들은 남성들을 부양하려 하지 않았으며, 여전히 남성들에게 더 많은 결혼비용 등의 경제적 의무들이 부과되고 있었다. 페미니스트들의 주장과는 다르게 현실에서 여성들의 권리 향상과 남성들의 행복은 반비례 관계를 나타낸 것이다. 한쪽이 양보해야 다른 한쪽이 행복해지는 관계는 갈등적일 수밖에 없다. 물론 페미니즘을 지지하는 측에서는 아직 여성들이 '충분히 행복해지지 않아서' 문제라고 반박한다. 여전히 여성들이 '독박육아'에 시달리는 게 문제라는 것이다. 물론 가사나 육아에 완전한 평등이 달성된다면 가모장을 자처하는 여성들이 지금보다는 많아질 것이다. 그러나 여성이 출산의 주체라는 생물학적 한계가 존재하는 한, 여전히 여성들은 가모장이 되는데 부담을 느낄 수밖에 없다. 여성의 체외 출산이 가능해지는 수준의 기술 발전이 이루어지지 않는 한 해결되지 않을 난제라는 것이다.

그런 이유로 여성들의 출세를 가로막던 '**유리천장**'은 무너지고 있는데, 남성들을 위한 '**유리바닥**'은 생겨나지 않았다. 그래서 남성들은 패배는 곧 도태라는 약육강식의 생존경쟁을 계속하고 있다. 소득별 혼인율 통계를 보면 그런 경향이 더욱 뚜렷하게 나타난다. 여성들은 소득이 낮더라도 결혼이라는 탈출구를 찾을 수 있었다. 실제 소득 하위 10% 여성의 40% 이상은 결혼에 성공했다. 이는 중위소득 여성의 혼인율보다 높은 수치로, 유리바닥의 존재를 뜻한다. 반면 남성의 경우 소득 하위 10%가 결혼에 성공하는 비율은 10% 미만(2016년 기준 6.9%)이었다. 가부장제 과도기에서 경쟁력을 잃고, 나아가 종의 번식마저 가로막힌 **'바닥 밑에 바닥'**이 존재하는 것이다.

예로부터 남성들은 **'종의 번식'**을 위한 치열한 전쟁을 계속해왔다. 남성들의 가치는 오직 사회적 성취로만 증명되기 때문이다. 이는 남녀의 생물학적 특성에서 비롯되는 문제다. 남성들은 아이를 낳을 수가 없기에, 존재 자체로는 아무런 가치를 갖지 못하는 것이다. 남성이 있어야 아이를 가질 수 있는 것 아니냐고? 여성은 한 번에 한 명의 아이만 가질 수 있지만, 남성은 한 번에 여러 명의 여성을 임신시킬 수 있다. '일부다처제'를 정당화하는 게 아니라 주어진 조건이 그렇다는 말이다. 아무튼 종의 번식 차원에서는 굳이 남성이 다수일 필요가 없다. 우월한 소수의 유전자만 보전할 수 있으면 되기 때문이다.

따라서 남성은 오직 노력과 역량으로 자격을 증명해야만, **'남자로서'**의 가치를 인정받을 수 있다. 반면 여성은 존재 그 자체로 가치가 있다. 이는 다양한 사회적 현상에서도 관측된다. 예로부터 전쟁으로 죽어가는 남성보다 전쟁포로로 끌려가는 여성들에게 주목했던 이유 역시 종의 번식 측면에서 여성의 가치가 훨씬 높기 때문이었다. 재난 상황에서 남성이 아닌 '여성과 아이'를 먼저 구출하는 이유도 마찬가지다. 생존할 수 있는 인원이 한정될 때는 통상 미래가치가 높은 여성과 아이를 선택하는 편이 합리적인 것이다.

재생산이 가능한 존재의 가치를 높게 평가하는 것은 비단 인간사회만의 특징이 아니다. 기르던 강아지가 짝짓기를 통해 새끼를 낳으면 통상 소유권은 암컷의 주인이 갖는다. 그래서 암캉아지의 분양비가 더 비싸다. 수평아리는 가치가 낮다는 이유로 부화하자마자 죽임을 당한다. 심지어는 어패류도 알을 품은 암컷의 가격이 더 비싸다. 동물들이 짝짓기할 때를 봐도 그렇다. 암컷을 차지하기 위한 수컷들의 피 튀기는 전쟁이 벌어진다. 동물들도 수컷보다 암컷의 가치가 더 높은 것이다.

가부장제가 해체되어가는 현재 인간사회의 모습도 크게 다르지 않다. 여전히 여성은 사회적 성취가 없어도 존재 가치를 인정받는다. 경제력을 증명하지 않아도 결혼에 성공할 수 있다는 것이 그 증거다. 반대로 남성은 여전히 치열한 경쟁을 통해 자신의 가치를 증명해야 하는데, 가부장제 과도기 속 경쟁은 더욱 치열해져 과거보다 훨씬 많은 패자가 양산됐다. 여기서 끝이 아니다. 설상가상, 90년대생의 경우 여성 대비 남성의 성비가 110이 넘는다. 여성에 비해 남성이 10% 이상 많다는 의미다. 이는 90년대 만연했던 '남아선호사상'에서 비롯된 것인데, 결과적으로 여성이 상대적으로 귀해져 남성의 가치가 더욱 감가상각 되는 참극을 낳았다. 그렇게 이대남의 상대적 가치는 바닥을 찍었고, 남자가 될 일말의 기회조차 잃어버리고 말았다.

◇ 격차가 아닌 선택지의 존재에 주목해야

성별 '**임금격차**' 역시 가부장제 특성으로 해석할 수 있다. 2019년 한

국사회학회지 제52집 중 '경력단절 이전 여성은 차별받지 않는가?'에 따르면 20대 여성은 남성과 학교·학과·학점 등 스펙이 모두 같아도 남성의 82.6%밖에 벌지 못했다. [10] 연구진은 이 결과가 여성에 대한 사회적 차별에서 비롯되었다고 설명한다.

필자 역시 여성들이 경력단절을 우려해 고소득·고위험군 직종보다는 고용안전성이 높은 직장을 선호할 개연성이 높다고 생각한다. 따라서 남성들보다 낮은 임금을 받게 되는 것이다. 그러나 정반대의 해석도 가능하다. 고용안정성을 택할 수 있다는 사실 자체가 경제적 의무로부터 자유로운 여성들에게 주어지는 혜택이라는 것이다. 반대로 남성은 경제력을 증명해야만 하기에 고소득·고위험군 직종으로 내몰리게 된다는 해석이다.

실제 매년 사망재해 피해자의 96%는 남성이며, 20대 중에서도 외근·일용현장직·물류 등 고소득·고위험군 직종에서 일하는 절대다수는 남성이다. 경력단절 문제로 여성들이 위험을 감수하기 어려운 것도 사실이지만 그만큼 위험을 감수할 필요가 없다는 것도 사실이라는 의미다. 반대로 남성의 경우 출산과 양육의 부담이 상대적으로 적어 일자리 선택이 자유롭다고도 볼 수 있지만, 위험을 감수하지 않으면 생존경쟁에서 패배해 남성성을 상실하게 될 위협을 안고 살아간다. 따라서 남성에게 고소득·고위험군 직종이 사실상 강제되는 현상에 주목해, 남성도 사회적 약자라는 결론을 도출해도 어색하

---

10) 구체적으로 21~29세 응답자 가운데 대학을 졸업한 뒤 18~24개월이 지난 미혼 취업자의 월 평균 소득을 측정한 결과 남성은 216만원을 벌어 여성(173만원)보다 20% 많이 벌었다. 대기업에 근무하는 남성은 30%였으나, 여성은 23%에 불과했다.

지 않다.

결론은 가부장제 과도기에서 남성, 여성 모두 각자의 어려움을 안고 있으며 어느 쪽의 고통이 더 큰지를 따져보는 건 큰 의미가 없다는 것이다. 그러나 우리나라는 상기 논문에서 확인할 수 있듯, '여성에 대한 차별'이라는 관점에만 매몰되어 있으며 이대남의 고충은 도외시한다.

강조하듯 중요한 건 '격차의 존재'가 아닌 **'선택지의 존재'**다. 유리천장을 뚫고 싶은 여성들에게 유리천장을 뚫을 수 있는 선택지가 보장되어야 하듯, 유리바닥 밑으로는 떨어지고 싶지 않은 남성에게도 그럴 수 있는 선택지가 주어져야 한다. 그러나 현재 우리 사회는 여성들의 유리천장에는 주목하지만, 남성들의 유리바닥에는 별 관심을 보이지 않는다. 가부장제 과도기에서 여성들을 보호해야 한다는 관념은 더욱 강화되지만, 남성들을 소모품으로 인식하는 풍조는 여전한 역설적인 상황이 계속되는 것이다.[11]

필자만 해도 그렇다. 굳이 구분하자면 필자는 섬세하고 여성적인 남성에 가깝다. 일자리를 택할 때도 위험을 감수하기보다는 일과 생활의 균형을 중시한다. 그러나 낮은 소득으로는 집을 장만하고 결혼 비용을 충당하는 등 사회적 의무를 다하는 것이 불가능에 가깝다는 사실이 커다란 부담으로 다가온다. 원하는 라이프스타일을 영위하기

---

11) 같은 자살도 '여성의 자살'에 더욱 주목하는 정치권의 풍조도 마찬가지로 이해할 수 있다. 자살률 통계의 오독에 대해선 Chapter 2 '오해와 진실'에서 더 자세히 다룰 예정이다.

위해서는 결혼을 포기하는 것 외에 선택지가 존재하지 않는 것이다.

한편 사회가 어려워질수록 유리바닥이 조명될 수밖에 없다. "성공을 하냐 못하냐"보다 "실패를 하냐 안 하냐"가 더 중요해지기 때문이다. 반대로 사회가 성장궤도에 들어서면 성공한 사람들의 특성들에 주목해 유리천장이 부각된다. 그런 의미에서 코로나 사태는 젠더갈등의 촉매제였다. 더 많은 남성을 바닥 밑의 바닥으로 끌어 내렸기 때문이다. 페미니즘에 대한 불만이 검열과 통제 등 PC주의에 대한 불만에서 할당제 등 일자리 논의로 귀결된 이유도 그 때문일 것이다.

◇ 설거지론: 가부장제 의무를 벗어던지려는 몸부림

이제 경제력을 쟁취해 여성을 부양하는 남성들조차 놀림감으로 전락하는 모양새다. 치열한 경쟁을 뚫고 여성을 쟁취한 '승자'가 아닌, 사랑 없는 결혼에 희생된 'ATM기' 내지 '호구'로 인식되기 시작했기 때문이다. 근래 인터넷 커뮤니티를 중심으로 일파만파 퍼지고 있는 일명 '설거지론'이 그것이다.

설거지론이란 평생 '남자가 되기 위한 자격검증에만 매진해온 숫기 없는 남성'이 '연애 경험만 많고 경제력은 없는 여성'을 부양하는 행위를 음식을 마지막에 먹은 사람이 설거지를 담당하는 것에 빗대어 설명하는 밈(Meme)이다.[12] 또한 이때 희생되는(?) 남성을 지칭하는 표현이 '퐁퐁남'이다. 이 웃픈(웃기면서 슬픈) 이론이 급속도로 확산될 수 있었던 이유는 알면서도 애써 외면해온 '불편한 진실'이며, 그만큼 주변에서 흔히 발견돼 공감대를 형성하기 쉬운 이슈였기 때문이다. 특히 남중·남고·공대·군대를 거쳐 대기업에 입사한 남성 중에 풍풍남이 다수라고 하며[13], 동탄 신도시에 이런 커플들이 다수 존재한다고 하여 '풍풍시티'라는 별명까지 생겨났다.

이들의 공감대는 외벌이임에도 불구하고 경제권을 아내에게 넘기고 용돈을 받아쓴다거나, 아침밥도 제대로 얻어먹지 못한다거나, 게임기를 구매하는 등 취미생활조차 자유롭게 즐기지 못하는 등 '을의 결혼생활' 전반이다. 물론 결혼생활을 하다보면 서로에게 소홀해질 수도 있고, 함께 허리띠를 졸라매자는 의미에서 가계지출의 중심인 아내에게 경제권을 위임할 수도 있다. 서로에 대한 사랑과 이해가 전제된다면 얼마든지 감수할 수 있는 문제들이라는 것이다. 풍풍남들이 회의감에 휩싸이는 이유는, 자신들이 겪는 을의 결혼생활이 그런 합리적인 이유에서 비롯된 것이 아닌 '사랑의 부재'로부터 비롯되었다는 사실을 본능적으로 알고 있기 때문이다.

실제 사랑하는 남성에게는 남성이 여성에게 하는 것 이상으로 헌신할 수 있는 게 여성이다. 복무 중인 남자친구를 위해 밤새 도시락을 준비해 새벽 기차를 타고 면회를 가면서도 피곤한 내색 한 번 안

---

12) 여성과의 성행위를 음식에 빗대는 '설거지론'의 어원이 여성혐오의 발로라는 관점이 존재하며, 필자 역시 논란의 여지가 크다는 생각이다. 마찬가지로 '풍풍남' 등의 표현도 남성혐오로 해석될 수 있는 부적절한 표현이다. 그러나 파생된 사회적 현상이자 밈으로서 분석의 가치가 크다는 판단에 부득이 언급하는 것으로 비하가 아닌 이해를 돕기 위한 의도이니 너른 양해를 구한다.

13) 2014년 삼희리서치의 '4년제 대학생의 재학 중 연애 경험 비율'을 보면 예술체육계열이 83.7%로 가장 높았고 이어 인문사회계열(75.2%), 자연과학계열(70%), 공과계열(29.3%) 순이었다.

할 수 있는 것이 사랑에 빠진 여성이라는 뜻이다. 그런데 당장 남편인 자신에게는 아침밥을 차려주는 것조차 귀찮다고 하니, 자괴감을 느끼는 게 당연하다. 설거지론에 대해 조사하며 이런 상황에 대한 많은 댓글들을 읽어보았는데 그중에서도 "네가 지금까지 쌓아온 재산과 학벌, 지위, 여생 전부를 바쳐서 얻은 여자는 가장 찬란하고 빛날 때 누군가에게 공짜였다"라는 댓글은, 공짜라는 표현이 불편하기는 하나, 그야말로 '압권'이었다.

한편 퐁퐁남의 절정은 소위 '기러기아빠'다. 아내와 자녀들을 유학 보내고 버는 족족 생활비로 송금하면서 정작 자신은 라면으로 끼니를 때우는 그 기러기아빠 말이다. 안타까운 점은 그렇게 몸이 멀어진 사이 마음까지 멀어져, 유학을 끝낸 뒤에도 기러기아빠로 희생된 세월을 보상받기는커녕 소원해진 가족관계 속 더 큰 외로움만 남게 된다는 사실이다. 아무리 자녀 교육이 중요하다지만, 남편을 정말 사랑한다면, 그런 남편을 홀로 남겨둔 채 몇 년씩 외국으로 떠나있는 게 가능할까. 설거지론이 모든 기러기아빠들에게 던지는 질문이다.

결국 설거지론은 가부장제 과도기에서 남성에게만 부과되는 '가장의 의무'에 관한 이야기다. 가부장제 질서가 무너지면서 남성이 가정의 경제를 책임져야 하고, 자녀 교육을 위해 외로움을 감수해야 한다는 통념도 깨지고 있다는 것이다. 개인적 측면에서, 종래 자신을 구속하던 사회적 책무를 벗어던지고 오롯이 자신으로 살아갈 수 있게 된다는 건 의식의 성장이며 진일보한 변화다. 또한, 여성들이 독박육아에서 가부장제의 문제점을 발견하고 비혼을 결심했듯 남성들이 설거지론에 감화되어 결혼생활에 문제의식을 느끼게 된 것도 자연스러운 현상이다.

그러나 가부장제 과도기가 정말 과도기로 끝나려면, 이 같은 불협화음을 조율하기 위한 공동체적 노력이 필요하다. 여성적인 남성도 보호받을 수 있는, 경제적으로 성공한 여성이 그렇지 못한 남성을 부양하는 것도 어색하지 않은 사회로 변모하기 위한 공동체적 노력 말이다. 그런 노력 없이, 결혼이 서로의 헌신은 치하하고 치부는 감싸주는 상호보완적 '결합'이 아닌 오직 이익을 좇기 위한 '계약'으로만 인식되는 순간, 가족제도는 빠른 속도로 붕괴하게 될 것이다.

정확히, 이미 붕괴는 시작됐다. 설거지론 이전부터 가부장제 의무를 벗어던지려는 남성들에 의해 40% 이상 결혼에 성공했던 소득 하위 10% 여성들의 유리바닥마저 무너지고 있기 때문이다. 남성들의 유리바닥이 생기는 게 아니라 여성들의 유리바닥이 무너지는 방식으로 균형이 맞춰지고 있다는 건, 어떻게 봐도 남녀 모두에게 비극이다. 누구도 남녀의 결합을 상호보완적 의미로 인식하지 않는다는 의미기 때문이다. 모두가 완벽한 이성만을 추구해 성적 매력과 경제력을 모두 갖춘 완벽한 남녀만이 간신히 결혼에 성공하는 미래 대한민국은, 어쩌면 옥스퍼드 대학이 내놓은 전망처럼, 세계에서 가장 먼저 소멸하는 국가가 될지도 모른다. 이미 가시화된 젠더갈등을 존재하지 않는다며 애써 부정할 게 아니라, 더 관심을 갖고 양지의 공론장으로 끌고 와야만 하는 이유다.

이대남에게 페미니즘은 더 이상 약자의 이야기가 아니다. 남성으로서의 정체성과 생존이 걸린 문제이기 때문이다. 가부장제 과도기에서 이대남은 남성성을 거세당했지만 획득한 여성성을 보호받지는 못했다. "여성들이 더 약자"라는 막연한 주장으로 그들을 설득할 수 없는 이유다. "남성이 여성보다 20%의 임금을 더 받는다"고 하면 그들은 "그 이상의 의무가 부과되며, 그 의무 때문에 훨씬 혹독한 사회적 검증절차를 거친다"고 반박할 것이다. 그런 항변이 과장되게 느껴질 수도 있다. 그러나 근거 없는 '백래시(Backlash)[14]'로 치부하고 끝낼 문제도 아니다. 유리바닥 아래로 떨어진 이대남의 불안을 '가부장제 역사의 업보'라고 뭉개버릴 심산이 아니라면 말이다.

설령 그렇게 생각한대도 가시화된 현상까지 부정해서는 안 된다. 지나가는 바람으로 취급하기에는 고통의 원인이 분명하며 상처 또한 깊기 때문이다. 실제로 페미니즘의 모든 주장을 완벽하게 거부하는 '신념형 反 페미니스트' 성향의 남성들이 무서운 속도로 늘어나고 있다. 2019년 4월 〈시사IN〉 '20대 남자 그들은 누구인가'에서 나타난 신념형 反 페미니스트는 25.9%였는데, 2021년 조사에서는 33%로 늘어났다. 페미니즘에 대한 전반적 거부감 역시 80%에 달했다. 범보수·야권을 지지하는 81.9%와 거의 일치하는 숫자다.

이들의 문제의식을 대수롭지 않게 여기며 좌시할수록, 이들은 더 강하게 결집해 더 극단적인 형태로 불만을 표출할 것이다. 젠더갈등은 점점 파국으로 치달아 이제는 스스로 자신의 존재를 지워버리는

---

14) 사회·정치적 변화에 대해 나타나는 반발 심리 및 행동을 이르는 말로, 주로 진보적인 변화에 따라 기득권층의 영향력이 약해질 때 그에 대한 반발로 나타난다.

파멸적인 방식으로 이양하고 있다. 결혼과 출산을 포기한다는 것, 세상에 자신의 분신을 남기고자 하는 자연선택의 본성마저 거부한다는 것이 그 증거다. 결혼을 안 하는 것이 됐건 못하는 것이 됐건, 2020년 기준 0.84명이라는 출산율이 젠더갈등의 현주소다. 그러니 울고 떼라도 쓰는 지금이 차라리 고무적인 상황일지 모른다. 울고 떼쓸 힘조차 소진해 입을 닫아버리는 상황보다는 절규라도 하는 지금이 차라리 낫다는 것이다. 그들이 자포자기해버리는 시점에는 그들의 목소리조차 들을 수 없게 될지 모른다. 선택권은 어른들에게 있다. 젠더갈등을 심각하게 받아들여 중재안을 모색할지, 지금까지처럼 을과 을의 갈등을 부추기기 위한 도구로 이용할지.

03

독박병역과
여성징병제

'군대'는 또 하나의 유리바닥이다. 오직 남성들에게만 부과되는 일방적인 의무이기 때문이다. 혈기왕성한 20대의 2년을 국가에 헌납한다는 건 그 자체로 엄청난 희생이자 부담이다. 또한, 군대는 대표적인 '권리 없는 의무'로 불안을 넘어선 분노의 원인이다. 사회적 남성성의 상실에도 불구하고 보호의 대상이 되지 못한다는 사실이 불안의 원인이었다면, 관습처럼 부과되는 낡은 의무들은 분노의 원인이라는 것이다. 따라서 이대남 현상을 이야기하면서 군대 이야기를 빼놓을 수는 없다.

과거에는 남성들만 군대에 가는 것이 당연시됐다. 남성성의 연장이었기 때문이다. 또한, 국가를 위한 의무를 다했다는 자랑스러움의 상징이었다. 그러나 사회적 남성성이 하나둘 말살되어가는 가운데,

신체적 남성성에만 책임을 묻는 병역의 의무는 이중잣대이자 폭력으로 전락하고 말았다. 그렇다고 보상을 제대로 해주는 것도 아니다. 24시간 모든 자유가 통제되는 대가로 주어지는 약 50만원의 월급을 보상이라고 하기에는 민망하기 때문이다. 권리 없는 의무를 넘어 보상 없는 의무의 존재는 우리 사회가 여전히 남성을 소모품 취급하고 있다는 강력한 증거다.

한편 군대는 젠더갈등이라는 거대한 전장에서 남성들이 일방적으로 얻어맞을 수밖에 없는 혐오의 장으로도 변질됐다. 남성들에게는 어떠한 방어권도 부여되지 않기 때문이다. 남성들에게 군대란 '우리 집에 쏟아진 우박'과도 같다. "왜 하필 우리 집이냐"고 호소해봤자, 결국 치워야 하는 건 그들 자신이기 때문이다. 남성들에게만 병역의 의무를 부과하는 징병제의 부당함에 대해 수차례 헌법소원이 제기되었음에도, "생물학적 차이로 남성들만 군대에 가는 게 옳다"는 헌법재판소의 입장은 달라지지 않았다.[15]

불행인지 다행인지 군대의 억압적인 풍토는 조금씩 개선됐지만, 그조차도 '군대답지 않은 군대'라는 조롱의 근거가 됐다. 일부 커뮤니티 등에선 "호캉스와 뭐가 다르냐"는 비아냥을 담아 '군캉스'라는 용어까지 만들어 비난하기 일쑤였다. 이제 군대를 전역한 남성들은 집 지키는 개 취급이나 안 당하면 다행인 처지가 됐다. 군대가 이대남의

---

15) 지금까지 여성 징병을 요구하는 헌법소원 및 헌법재판소 판결이 다섯 차례 있었다. 2010년, 2011년, 2014년에 '남성에게만 병역의무를 부과한 병역법 3조 1항이 성차별적'이라는 헌법소원이 제기되었으나 세 번 모두 재판관 전원 합헌 결정을 내렸다. 나머지 두 번의 헌법소원 제기는 조건에 부합하지 않는다는 이유로 각하됐다. 재판에 회부되지도 못했다는 의미다.

'발작버튼'이 될 수밖에 없었던 이유다.

일각에선 군대의 불합리함을 호소하는 남성들을 향해 "남자가 쩨쩨하다"느니, "너무 찌질한 것 아니냐"느니 막말을 쏟아내기도 했다. 주로 기성세대 남성들이었다. 그러나 그들이 그런 주장을 펼칠 자격이 있는지부터 의문이다. 그들 대부분은 군미필자이기 때문이다. 586세대를 기준으로 현역병 판정률은 50%를 간신히 넘는 수준이었다. 많아야 절반만 군대에 갔다는 소리다. 특히 정치권에 있는 기득권 남성층을 기준으로 하면, 군필자 비중은 10% 내외에 불과하다. 반면 2022년을 기점으로 현역병 판정률은 90%를 넘어설 예정이다. 16) 공익 판정까지 더하면 약 95%의 이대남들이 병역에 동원된다. 기득권 남성층의 복무율을 뒤집어야 이대남의 면제율이 된다는 것이다.

복무환경이 나아졌다는 말도 위로가 안 된다. "라떼는 군대가 더 힘들었다"고 주장하려면, "그때는 군대를 전역한 뒤 취업 걱정은 안 했을 것"이라는 반박에도 동의해야 할 것이기 때문이다. 현재 이대남의 문제는 단순히 **'독박병역'**에 시달리고 있다는 사실이 아니다. 독박병역으로 경력단절과 학력단절이 발생하는데도 불구하고 보상은커녕 각종 우대정책으로 무장한 또래 여성들과 경쟁해야 한다는 사실이다.

필자만 해도 군대를 전역할 당시 완전히 경력이 단절되어 군 월

---

16) 2021년 국방부 자료 중 '신체검사에서 현역병 판정 비율' 참고

급으로 모은 푼돈을 가지고 복학을 준비해야 했다. 학력단절로 머리가 텅 비어버린 건 덤이고, 허리디스크까지 얻어 나왔다. 그런데 지금까지 국가로부터 받은 거라고는 전역증 한 장과 예비군 안내문자 몇 통이 전부였다. 들어올 때만 국가의 아들이고 전역한 뒤에는 나 몰라라 하는 것이, 여전한 군대의 현실인 것이다.[17]

◆ 스윗(Sweet)남들의 빨래 비틀기

이대남의 불안은 여기서 끝나지 않는다. '**인구절벽**'이라는 현실적 어려움에도 불구하고, 기득권 남성들은 여전히 관성적으로 자식세대 남성만을 의무의 주체로 상정하기 때문이다. 병역자원 부족은 막연한 미래가 아닌 당면한 현실이다. 2037년부터는 남성 100%를 징집시켜도 현재 병력 수준을 유지할 수가 없다고 한다.[18] 그래서 국방부가 생각해낸 것이 바로 현역병 판정률을 높이기 위한 각종 면제 항목의 폐지다. 2022년부터는 문신은 물론 고교 중퇴자, 중학교 중퇴자 등도 예외 없이 현역병으로 입대하게 될 예정이라고 한다. 심지어

---

17) 그 대표적인 증거가 신체검사다. 입대할 때는 철저한 신체검사를 통해 복무적합도를 평가하지만, 전역할 때의 건강은 관심조차 없다.

18) 국방부 자료에 따르면 현재 병력 57만여 명 중 병사는 30여만 명이다. 복무기간 1년 6개월을 가정했을 때 매년 20만 명 이상이 입대해야 현재 수준의 병력이 유지된다는 것이다. 그러나 통계청 '장래인구추계'에 따르면 지난해 말 기준 20세 남성 인구는 33만 명이었으나 2022~2036년에는 22~25만 명으로 줄어들고, 2037년 이후에는 20만 명 이하로 더 줄어들게 된다.

예비군 재입대 주장까지 등장했다. 한국국방연구원은 "인적 자원 재활용도 고민할 여지가 있다"며 "전역한 예비군 가운데 다시 군 복무할 의사가 있는 사람이나 관련 경험을 가진 인력을 채용하는 제도를 도입하는 것도 생각해봐야 한다"고 말했다. 어떻게든 남성들을 쥐어짜는 방식으로 문제를 해결하겠다는 의지의 표명이다.

결정권을 가진 기득권 남성들의 선택지에는 '여성들이 군대에 가는' 상황은 애초에 존재하지도 않았다. 가부장제 과도기 속 기득권 남성들에 의한 선택적 남성성의 요구는 이대남들의 박탈감을 부추기기에 충분했다. 그렇게 의무를 나누려는 시도는 해보지도 않은 채, 메마른 빨래를 억지로 비틀어가며 남은 한 방울까지 뽑아먹으려는 이 사회의 현실이 이대남이 마주한 고립감과 절망감의 근원이었다. 그러나 여전히 그런 이대남의 목소리에 귀 기울이는 사람은 아무도 없었다. 헌법재판소를 넘어 문재인 대통령을 위시한 정치권 역시 이대남들의 문제의식을 철저히 외면했다.

그런 맥락에서 촉발된 **'여성징병제'**는 진지하고도 현실적인 논제였다. 이대남뿐 아니라 국방의 큰 그림을 그려야 할 정치권에도 그랬다. 그러나 정치권의 기득권 남성들은 이번에도 별일 아니라는 듯 이대남들의 절규를 무시했다. 여성징병제 이슈가 격화되기 시작한 건 문재인 정부 출범 직후인 2017년 8월 국민청원을 통해서였다. 청원인은 "주적 북한과 대적하는 현 상황상 불가피하게 징병제를 유지하고 있는데 그 의무는 남성에게만 부과되고 있다"며 "현역 및 예비역에 대한 보상 또한 없다시피 하다. 여성들도 남성들과 같이 일반병으로 의무복무하고, 의무를 이행한 국민이라면 남녀 차별 없이 동일하게 혜택을 주는 것이 옳다"고 주장했다. 이 청원은 단 일주일 만에 11만 명 이상의 동의를 얻어냈다.

그러나 가장 큰 결정권을 가진 문재인 대통령은 이 청원을 가벼운 농담으로 뭉개버렸다. 문재인 대통령은 9월 11일 참모 회의에서 "국방의 의무를 남녀가 함께하게 해달라는 청원도 재미있는 이슈 같다"며 이 청원을 언급했다. 별일도 아니라는 듯 '재미있는 이슈'라고 지칭하면서 말이다. 문 대통령의 발언에 참모들은 일제히 박장대소했고, 문 대통령은 이어 "요즘은 육군사관학교, 공군사관학교 수석졸업자들이 거의 해마다 여성들이던데 만만치 않다"며 여성들의 뛰어난 능력을 치켜세웠다. 이에 주영훈 경호실장은 "경호실에서도 여성 채용 비중을 높이기 위해 이번에는 여성을 우선적으로 선발할 계획"이라며 거들었다. 이대남의 진지한 요구에 그들이 돌려준 건 조롱과 비아냥이었다.

민주당의 박주민 의원도 숟가락을 얹었다. 여성징병제에 대해 "그게 그렇게 필요한가요?"라고 포문을 열며, "국방의 의무는 모든 국민이 지는 것인데, 병역의 의무만 남자가 지는 것이고 병역의 의무는 국방의 의무의 좁은 분야"라며 말장난을 친 것이다. 이어 "국방이라는 개념은 보다 더 다양하고 다채롭다"며 "그런 차원에서 봤을 때 여성이 국방의 의무를 안 한다고 보긴 어렵다"고 덧붙였다. 이 또한 동문서답이었다. 같이 땅을 파자니까 "꼭 삽을 들어야 땅을 팔 수 있는 건 아니"라며 자신은 망이나 보겠다는 꼴이니 말이다. 그래서 여성들은 어떤 국방의 의무를 다하고 있다는 건지, 지금까지도 박주민

의원은 제대로 된 답을 내놓지 못하고 있다. 그렇게 이대남은 또 한 번 버려졌다.

그래서 어쩌겠다는 것일까. 예비군 재활용까지 불사해가며 빨래 비틀기를 계속하겠다는 것일까? 아니면 국방력 약화를 정말 흥미로운 이슈 정도로 생각하는 것일까? 공교롭게도 민주당이 내놓은 답은 훨씬 단순하고 무책임했다. 모병제 도입을 당론으로 내세운 것이다.[19] 어떻게든 여성징병제는 피하겠다는 의지의 표명이기도 했다. 그러나 모병제로의 전환은 쉬운 일이 아니다. 필요한 만큼 병력을 모집하는 것부터가 난관이기 때문이다. 더구나 우리나라는 세계 유일의 분단국가다. 섣부른 모병제 도입이 심각한 안보 공백으로 이어질 가능성이 크다는 의미다. 모병제의 가장 큰 문제는 모집부터가 어렵다는 점이다. 국방 전문가들은 모병제 정예병을 기준으로 인구의 0.5%를 적정 병력으로 권장한다. 우리나라의 경우 산악지형이 많아 보병이 더 필요하다는 걸 고려하면 최소 25~30만 명이다. 2년 복무를 가정했을 때는 매년 15만 명을 모집해야 한다는 의미이며, 4년 복무를 가정해도 매년 7~8만 명을 모집해야 한다는 소리다.

가당키나 한 숫자인가? 군인에 대한 인식과 처우가 좋은 미국마저 인구대비 0.5%의 병력을 간신히 유지하고 있다. 일본은 자위대 모집을 위해 CF 홍보까지 하는데도 병력의 수가 고작 24만 명, 인구

---

19) 2021년 7월 28일 민주당의 싱크탱크인 민주연구원은 '대선 핵심공약 개발 계획안' 중 하나로 정예강군 및 단계적 모병제를 언급했다. 유력한 대선주자인 이재명 후보도 모병제를 공약했다.

의 0.2% 수준에 불과하다. 그뿐인가. 2013년 모병제를 도입한 대만은 더욱 처참하다. 첫해 모집 목표치가 약 3만명이었는데 지원자가 약 9천명으로 모집률이 30% 수준에 불과했다. 보병·포병 등 전투병과는 특히 참혹했는데, 기갑병은 3천 명 모집에 41명이 지원했다. 전체 모집인원의 1%를 간신히 넘긴 것이다. 하물며 군대에 대한 인식이 최악인 우리나라는 어떨까. 30%는커녕 10%라도 넘기면 다행이라고 본다. 실현 가능성이 떨어지는 궁여지책으로, 당장 이대남의 성난 민심을 잠재우려는 시도에 불과한 것이다.

필자가 생각하는 현실적인 대안은 '**여성희망복무제**[20]'다. 여성들의 반발을 최소화하면서 제대군인에 대한 보상 마련의 물꼬를 틀 수 있기 때문이다. 여성희망복무제가 도입되어도 초기에는 그리 많은 여성들이 입대하지 않을 것이다. 그러나 갈 수 없어서 못 간 것과 갈 수 있는데 안 간 것은 엄청난 차이가 있다.[21] 군대가 진정한 '국민의 군대'로 거듭날 수 있다는 점에서 부조리 문제도 획기적으로 개선될 것이라고 본다.[22] 나아가 현재 여성계에서 여성징병제에 반대하

---

20) 모든 여성이 아닌 희망하는 여성에 한해 병사로 입대하는 길을 열어주자는 주장이다.

21) 헌법재판소가 군가산점제 위헌판결을 내렸을 때도 여성·장애인 등 구조적으로 군대에 갈 수 없는 사람들에 대한 차별이라는 점을 가장 주요한 요인으로 꼽았다.

22) 실제 징병제 옹호 근거 중 하나가 국민의 군대다. 전 국민이 국방에 대한 책임을 공유하고, 군 내 병폐를 치유해나갈 수 있다는 의미다. 모병제의 경우 군대의 폐쇄적인 문화가 더욱 강화되어 부조리 등 병폐가 심화 될 우려가 있다. 실제 우리나라의 징병제 역시 미약하게나마 내부의 병폐가 공론화되며 개선되는 양상을 보이는데, 여성들의 입대까지 촉진된다면 더 가속도가 붙을 것이다.

는 가장 큰 이유인 '군대 내 성차별 및 성범죄 문제'를 서서히 개선해 나간다면, 여성징병제 전환을 위한 교두보 역할까지 수행할 수 있을 것이다.[23)]

관건은 스윗남을 자처하는 민주당의 기득권 남성들이 결단을 내릴 수 있느냐다. 군대는 결코 흥미로운 이슈가 아니다. 가부장제 과도기 속 여전한 의무 중에서도 가장 불합리한 의무 중 하나이며 남성혐오의 장으로 변질되어 남성들의 박탈감을 부추기는 젠더갈등의 최전선이다. 이대남들이 원하는 건 성평등을 가장한 복수의 여성징병제가 아니다. 의무를 나누려는 노력과 합리적인 대안이다. 아직도 이대남들은 전향적인 답변을 받아내지 못했다. 그런 작용들에 대한 반작용이 2022년 대선에서 여성징병제를 비롯한 병역의 의무 논의를 뜨거운 화두로 만들었다. 이제는, 정치권의 어른들이 대답해야 할 때다.

---

23) 노르웨이의 경우 여성징병제를 시행하고 있으나 사실상의 여성희망복무제에 해당한다. 여성들에게도 병역의 의무를 부과하고 신체검사까지 진행하지만, 의무를 거부했을 때 불이익이 없기 때문이다. 우리나라에서 논의 중인 여성징병제 역시 대부분 이 노르웨이 모델에 착안한 것이다.

04

확증편향과
질소과자

'**민주주의**'에서 표현의 자유가 중시되는 이유는, 표현을 통해 생각이 부딪힐 때 자정작용을 거쳐 더 좋은 결론에 도달할 수 있기 때문이다. 반대로 서로 다른 표현의 물길이 멈추게 되면 고인 물이 썩어가듯 편향되고 치우친 견해만 남게 된다. 이와 같은 현상을 '확증편향[24]'이라고 한다. 젠더갈등 해결이 난망한 가장 큰 이유가 바로 이 확증편향 때문이다. 이는 주로 젠더갈등이 논해지는 장소의 특성에서 비롯되는 문제다. 젠더갈등은 주로 인터넷 커뮤니티 혹은 SNS를 통해 논의된다. 아직은 청년세대의

---

[24] 자신의 신념과 일치하는 정보는 받아들이고 신념과 일치하지 않는 정보는 무시하는 경향으로, 기존에 옳다고 생각했던 정보를 유지하기 위해 새로운 정보를 걸러내는 편향적 과정을 일컫는다. 논리학에선 '불완전 증거의 오류' 또는 '체리피킹'이라고 하며 자신의 주장을 뒷받침할 증거나 자료만 선택적으로 제시하는 걸 가리킨다.

의제로 여겨지고 있어, 공론장 자체가 부족하기 때문이다.

　한편 커뮤니티의 가장 큰 특징은 비슷한 취향을 가진 사람들끼리의 모임이라는 점이다. 이때 가장 직관적인 구분 중 하나가 다름 아닌 성별이다. 실제 많은 커뮤니티가 '**남초**(남자 중심의)25)' 혹은 '**여초**(여성 중심의)26)' 현상을 나타내고 있다. 같은 성별끼리 모여 극단적인 사례들을 공유하며 분노를 키우는 것이, 확증편향에 의한 젠더갈등 확산의 원인 중 하나라는 것이다. 특히 여초 커뮤니티는 폐쇄성을 특징으로 하는 경우가 많다. 회원가입 과정에서 주민등록증을 요구하는 식으로 남성들의 가입 자체를 차단한다. 그런 연유로 필자 역시 여초 커뮤니티의 의견을 수렴하는 데 애를 먹었다. 반대로 남초 커뮤니티는 개방성을 표방하지만, 커뮤니티 규칙에 어긋나는 회원을 제재하는 방식으로 나름의 정체성을 견지한다. 여초는 PC주의적, 남초는 자유주의적 성향이 가미된 문화를 향유하는 것이다.

　이런 경향성에 따라 남성 중심의 커뮤니티는 일관된 反 페미니즘 정서를, 여성 중심의 커뮤니티는 페미니즘에 친화적인 정서를 갖는다. 인터넷이라는 같은 공간에서 활동하면서도, 완전히 다른 세계에서 살아가는 것이다. 그런 이대녀와 이대남의 인식은 김어준 씨의 방송을 보는 4050세대와 TV조선의 〈뉴스나인〉을 시청하는 6070세대만큼이나 극명하게 나뉘어 있다.

---

25)　주요 남초 커뮤니티로는 '에프엠코리아(20대 중심)', 'MLB파크(30대 이상)', '디시인사이드 갤러리(다양한 연령대)', '루리웹(20대 중심, 진보성향)' 등이 있다.

26)　주요 여초 커뮤니티로는 레디컬 페미니즘 성향을 나타내는 '워마드'와 '메갈리아', 페미니즘에 친화적인 '여성시대', '쭉빵카페', '82쿡', '레몬테라스' 및 각종 '맘카페' 등이 있다.

커뮤니티의 또 다른 문제는 언론에 의해 가공된 정보를 헤드라인만 따오거나, 본문 몇 문단만 발췌하는 방식으로 재차 가공해 소비한다는 점이다. 본래 정치적인 주제를 다루는 커뮤니티는 그나마 양반이다. 토론을 통한 최소한의 검수는 거치기 때문이다. 그러나 게임 커뮤니티 등 정치적 정보가 산발적으로 주어지는 환경에서는 잘못된 정보가 문제의식 없이 받아들여지는 문제 상황들이 빈번하게 발생한다. 젠더갈등을 해소하기 위해 제대로 된 공론장을 만드는 게 무엇보다 시급한 이유다. 또한, 확증편향에 의해 과장되거나 왜곡된 인식을 바로잡기 위한 노력들이 필요하다.

◆ 젠더갈등의 오해와 진실

젠더갈등은 실재하지만 '**실체**'가 없다. 이대남과 이대녀 각자가 느끼는 피해의 실체가 없다는 말이 아니다. 서로를 가해자로 지목하는 과정에서 사용되는 근거의 실체가 없다는 것이다. 정확히는 20%의 진실과 80%의 오해가 뒤섞인, 질소를 사면 과자를 주는 '**질소과자**'와도 같다. 체감하는 젠더갈등의 피로감이 어마어마한 것에 비해, 막상 다뤄지는 이슈들이 지엽적으로 느껴지는 이유도 그 때문이다.

이는 커뮤니티의 정보 소비 방식과 결부되는 문제기도 하다. 이를테면 여성들은 커뮤니티를 통해 여성이 피해자인 범죄를 공유하며 세상에 대한 두려움을 키운다. 그러나 실제 살인사건으로 사망하는 20대 여성의 수는 매년 10여 명에 불과하다. 불안의 경중을 숫자로 따지는 것이 부적절하다고 생각할 수도 있겠으나 모든 연령과 성별을 통틀어 가장 적은 숫자인 것도 사실이다. 남성들도 마찬가지다. 커뮤니티를 통해 여성들을 위한 각종 우대정책과 할당제·가산점의 존재를 공유하며 분개하지만, 오직 여성에게만 혜택을 주는 할당제는 비례대표할당제와 여대에 할당된 약대·로스쿨 등 극히 일부다. 이렇게 하나씩 진실을 규명하다 보면 생각보다 서로를 미워할 이유가 없다는 결론에 도달하게 된다. 파편적인 정보로 청년들을 선동하는 정치인에 대한 분노와 커뮤니티의 잘못된 정보 소비 방식에 대한 문제의식이 남을 뿐이다.

다시 처음의 논의로 돌아가 보자. 이대남과 이대녀는 '**무고**'하다. 빼앗을 것도, 빼앗길 것도 없는 철저한 약자들이기 때문이다. 이대남의 남성성이 박탈당한 이유는 자연스러운 시대변화의 결과였지 이대녀들의 잘못은 아니었다. 잘못은 유리바닥 밑에 놓인 남성들을 보호하기는커녕, 그들의 절규마저 묵살한 기득권 남성들에게 있다. 이대녀가 범죄의 불안에 떨어야 하는 이유도 소수 범죄자의 문제지 이대남들의 잘못이 아니다. 잘못은 그런 불안을 잠재우기는커녕 되레 부추기고, 남성들을 잠재적 가해자로 몰아 범죄자에 향해야 할 분노의 화살을 무고한 남성들에 겨누도록 만든 나쁜 정치인들에게 있다.

애초에 투쟁이란 빼앗을 게 많은 기득권을 상대로 하는 것이다. 그게 마르크스가 주창했던 투쟁의 본질이다. 지금 서로를 향한 분노는 나쁜 정치인들이 만든 착시에 불과하다. 문재인 정부와 민주당의 나쁜 정치인들 말이다. 청년세대의 연대를 위해선 서로를 향한 80%

의 오해부터 걷어내야 한다. 이제 질소과자는 그만 사자. 건강한 먹거리를 찾아 나서자. 지금부터 불량식품 판독에 나서려고 한다. 특히 통계에 숨겨진 교묘한 갈라치기 술책들을 파헤쳐 철저히 바로잡을 것이다. 흥미로운 시간이 될 거라 믿는다. 누군가에게는 불편한 진실일 수도, 누군가에게는 새로운 통찰일 수도 있는.

Chapter 2

오해와
진실

01

성범죄와
성인지 감수성

성범죄는 페미니즘의 '역린'이다.

부정할 수 없는 기울어진 운동장이기 때문이다. 필자 역시 성범죄에 있어선 여성들이 철저히 피해자로 전락하며 실질적인 불안에 시달리고 있음에 동의한다. 이 불안의 실체를 이해하기 위해, 많은 또래 여성들과 대화를 시도했다. 열에 아홉은 성범죄 피해를 경험한 적이 있다고 말했다. "동아리방에서 자다가 깨니 선배가 신체를 쓰다듬고 있었다"는 추행 경험부터, 스토킹, 몰래카메라에 이르기까지. 각양각색의 피해 사실을 전해들을 수 있었다. 여기에 여전히 사회적으로 만연해 있는, 여성의 성에 대한 각종 혐오표현과 음담패설 등 사회·문화적 차별과 폭력까지 생각한다면, 적어도 성범죄에 있어선 여성들이 피해자이자 약자라는 사실을 부정하기는 어려워 보인다.

통계의 증언도 일치했다. 성범죄를 제외한 강력범죄 피해자는 남자가 더 많았지만, 성범죄를 포함하게 되면 여성 피해자가 압도적으로 많았다. [27] 특히 강간 피해자는 2019년 기준 여성이 5,245명으로 남성(34명)의 150배가 넘었다. 여성들이 성범죄에 특히 민감하게 반응할 수밖에 없는 이유다.

성범죄를 근절하기 위한 다양한 시도들이 이루어졌다. 형량을 높이는 건 기본이고 전자발찌 등 보호관찰을 강화했으며, 피해자를 보호하기 위한 기관과 인력을 보충했다.

그러나 성범죄 문제는 쉽게 해결되지 않았다. 성범죄의 특수성 때문이다. 일단 성범죄는 주변인에 의해 자행되는 경우가 많다. [28] 피해자들이 "나만 참으면 된다"는 생각으로 신고 자체를 꺼리게 되는 이유다. 또한, 성범죄는 증거가 남지 않는다. 신고가 잘 이루어지지도 않는데 신고하지 않으면 범죄 사실을 인지할 수도 없다는 의미다. 그리고 재판 과정에서도 수사의 상당 부분을 피해자의 진술에 의존할 수밖에 없어 2차, 3차 가해가 발생할 우려가 있다. 나아가 성범죄는 '위력'이나 '가스라이팅 [29]' 등 권력 관계 하에서 이루어지는 경우가 많다. 물리적인 힘의 우위를 넘어 사회적인 지위를 이용한 '권력형

---

27) 2021년 8월 31일 KOSIS에 따르면 범죄별 피해자의 성별, 연령으로 살인미수(남성 290명, 여성 172명), 강도(남성 418명, 여성 367명), 방화(남성 610명, 여성 478명) 피해자는 남성이 더 많았다. 단 살인기수(여성 154명, 남성 138명), 강간(여성 5245명, 남성 34명)은 여성이 더 많았다.

28) 한국여성인권진흥원의 '2017 전국 성폭력피해자통합지원센터(이하 해바라기센터) 운영통계'에 따르면 해바라기센터를 이용한 피해자 중 성폭력 피해자는 1만9423명이었으며, 성폭력 피해자와 가해자의 관계는 '아는 사람에 의한 피해'가 59.7%(1만1587건)로 가장 많았다.

29) 타인의 심리나 상황을 교묘하게 조작해 그 사람이 스스로를 의심하게 만듦으로써 타인에 대한 지배력을 강화하기 위한 행위를 말한다.

성범죄'가 만연한 이유도 그 때문이다. 마지막으로 성범죄는 합의 여부를 따져봐야 하는 어려움이 있다. 성적 행위 그 자체를 처벌할 수는 없기 때문이다. 이는 성범죄의 보호법익이 '성적 자기결정권'인 이유와도 맞닿아있다. 그러나 당연하게도 사적영역에서 벌어지는 성행위의 합의 여부를 규명하기란 쉬운 일이 아니다. 성관계 후에 주고받은 메시지 등 주관적인 정황에 의존해서 판단할 수밖에 없기 때문이다. 그래서 성범죄의 유죄판결률은 2~3% 수준에 불과하다. 많은 여성들이 페미니즘에 감화된 이유도 이런 부정적인 경험들이 축적된 결과일 것이다.

◇ 성인지 감수성 판결과 무고의 불안

그런 '**응어리진 분노**'가 터져 나온 사건이 바로, 미투운동이었다. 서지현 검사를 시작으로 각계각층의 여성들이 피해 사실을 고백하며, 가부장제 권력으로 포장된 기득권 남성들의 추악한 실체를 폭로했다. 문화계 고은 시인부터 안희정 지사 등 정계 핵심 인사들까지. 예외 없이 도마 위에 올랐다. 피해자 대다수는 직장 내 불이익이나 사회적 복수 때문에 법적 구제조차 요청하지 못했다며 울분을 토했다.

물론 사적 복수는 옳지 않다. 법치주의를 부정하는 행위이기 때문이다. 실제 미투운동의 부작용도 있었다. 가해자로 지목된 남성 일부는 무고로 판명되었으며, 인민재판의 중압감에 못 이겨 자살이라는 극단적 선택을 한 남성들도 존재했기 때문이다. 그러나 기득권 남성들이 축적해온 가부장제의 업보를 해체하는 과정에서 한 번쯤은 거칠 수밖에 없었던 사건이었다고 생각한다. 한편 기득권을 허물어뜨리는 과정이었던 만큼 거센 반발이 뒤따랐다. 특히 민주당이 그랬다. 안희정 지사부터 오거돈 시장까지, 유감스럽게도 지목된 가해자 대다수가 민주당 인사들이었기 때문이다. 심지어 안희정 지사는 자신이 가해자로 지목되기 6시간 전에 "미투운동은 남성 중심적 성차별문화를 극복하는 과정"이라고까지 발언한 사람이었다.

민주당의 지지층 역시 혼란에 휩싸일 수밖에 없었다. 그러나 그들은 피해자보다는 진영의 이익을 택했다. 피해자를 '꽃뱀'으로 몰아 광기에 가까운 언행을 쏟아내기 일쑤였다. 한술 더 떠 김어준 씨는 팟캐스트 방송에 나와 미투운동을 "섹스, 좋은 소재. 주목도 높다"고 평가하며 "공작의 사고로 보면 (중략) 진보적 지지자들을 분열시킬 기회"라는 음모론을 폈다. 부끄러운 우리 정치의 민낯이었다.

'성인지 감수성' 판결이 나타나기 시작한 것도 미투운동이 대한민국을 한바탕 휩쓸고 간 직후였다. [30] "법원이 성희롱 관련 소송을 심리할 때에는 그 사건이 발생한 맥락에서 성차별 문제를 이해하고 양성평등을 실현할 수 있도록 성인지 감수성을 잃지 않아야 한다"고 판시한 것이다. 필자가 이야기하고 싶은 것도 바로 이 성인지 감수성 판결이다. 성범죄에 있어선 여성들에게 기울어진 운동장이 존재한다

---

30) 2018년에 선고된 2개의 대법원 판결 (2018. 4. 12. 선고 2017두74702 교원소청심사위원회 결정취소 사건 판결 및 대법원 2018. 10. 25. 선고 2018도7709 강간 등 사건 판결)이다.

는 사실을 인정하면서도, 성인지 감수성 판결이 올바른 해결책이었는지에 대해선 의구심이 들기 때문이다.

일단 대표적인 성인지 감수성 판결인, 안희정 전 지사의 판결부터 살펴보자. 2018년 8월 무죄를 판결한 1심과는 달리 2심 재판부는 "안 전 지사가 수차례 진술을 번복했으며, 범행 이후 피해자에게 '미안하다'고 한 점" 등을 근거로 유죄를 판결했다. "성폭행 이후 이모티콘을 보내거나 미용실에 간 행동은 강간을 당한 직후의 행동으로 보기 어렵다"는 안 전 지사 측의 주장은 받아들여지지 않았다. 성인지 감수성의 관점에서, **'피해자다움'**을 강요해선 안 된다는 요지였다. 이후 대법원에서도 "안 전 지사가 유력한 대선후보였다는 사실만으로 피해자에게 위력이 될 수 있다"며 징역 3년 6개월의 유죄를 확정했다.

피해 여성은 '일관된 진술'만으로, 안희정 전 지사는 '물적 증거'로 맞섰다. 통상의 '증거재판주의'에 따르면 물적 증거 쪽에 손을 들어주는 게 맞다. 그리고 '무죄추정의 원칙'에 따라 '합의된 성관계'가 아닌 '성범죄'였다는 사실을 증명해야 할 책임은 피해자 측에 있었다. 그러나 이 재판은 '죄 없음'을 증명해야 할 책임을 피의자 측에 전가했다. 더불어 죄 없음을 증명하기 위한 물적 증거들은 '존재 자체가 위력'이라는 무형의 논리에 무너졌다. 그야말로 **가불기**(가드가 불가능한 기술)'에 걸린 것이다.

결과적으로 이 판결은 증거재판주의와 무죄추정의 원칙, 무엇 하나 지켜지지 못한 판결이었다. 안희정 전 지사에 대한 호불호를 떠나, 피의자의 방어권이 충분히 보장된 판결이라고 말할 수 있는지 의문이 드는 이유다. 같은 이유로 아직도 이 판결에 대한 시민사회의

갑론을박은 계속되고 있다.

성인지 감수성 판결로 남성들의 불안이 증폭되었음은 분명하다. 물증조차 거부될 수 있는 유죄추정의 재판 상황에 놓이게 됐기 때문이다. 따라서 그만큼의 효과성이 증명되어야 한다. 성인지 감수성 판결이 성범죄에 대한 여성들의 불안이라도 불식시켰어야 한다는 의미다. 법을 만들 때는 '침해되는 기본권(부작용)'보다 '보호법익(효과성)'이 커야 한다는 비교형량의 논리에 입각한 분석이다.

그러나 유감스럽게도 성인지 감수성 판결이 이루어진 뒤에도 여성들의 절대다수는 여전히 불안해했다. 효과성이 미미했다는 것이다. 반면 무고에 대한 남성들의 불안감은 엄청나게 커졌다. 실제로 2021년 9월 7일 〈시사IN〉 보도에 따르면 이대녀의 87.6%가 성범죄에 대한 두려움이 크다고 답했다. 문재인 정부 들어 여성을 향한 범죄를 엄단하겠다는 선언이 줄을 이었으며 관련 법규들이 수차례 개정되었음에도 여성들의 불안은 오히려 증폭된 아이러니한 상황이다. 반대로 이대남의 73.6%는 한국에서 남성이 부당하게 잠재적 성범죄 가해자로 몰리고 있다는 데 동의했다. 무고 피해 때문에 불안하다는 응답도 54.8%에 달했다.

남성들의 불안은 실제 사례로도 나타났다. 만취한 여성(A씨)이 40대 남성(B씨)의 가족 앞에 나타나 캔 맥주를 건넸는데, B씨가 이를 거부하자 무차별 폭행을 가한 사건이 대표적이다. B씨는 신체접촉을 우려해 10분간 일방적으로 맞기만 했다고 전해졌다. 그리고 실제 A씨는 경찰이 도착하자 적반하장으로 B씨를 성희롱으로 몰았다고 한다. 과하다 싶을 만큼의 무대응이 전화위복이 된 것이다. 이조차 일부의 극단적 사건에 불과하다며, 그렇게까지 유난스러울 일이냐고 반문할 사람도 있을지 모른다. 그러나 남성이라는 이유로 '그냥' 신고당해 유죄를 전제한 심문에 시달리는 상황은 막연한 남의 일이 아니다. 심지어는 "누구 한 명 그냥 고소하고 싶었다"며 땀 닦던 남성을 음란죄로 신고하는 여성까지 등장한 걸 보면 말이다. 수사관은 성인지 감수성을 발휘해 "여자가 앉은 자리 앞으로 접근해 본인의 성적 욕구를 풀기 위해 자위행위를 한 건 아니냐", "그 여자분 입장이라면 어떤 기분이 들었을까" 등 유죄를 전제한 심문을 계속했으며, 심지어는 증거를 만들기 위해 잠복 수사까지 감행했다고 한다. 성인지 감수성이 여성은 물론 남성들을 불행하게 만들었다는 명제를 부정하기 어렵게 된 근거다.

　문제는 여기서 끝나지 않는다. 서로에 만연한 불안을 불식시키기 위해 노력해야 할 책임마저 오직 남성에게만 부과됐기 때문이다. 필자만 해도 대학에서 학점을 확인하기 위해 30분 남짓의 성교육 동영상을 강제로 시청해야 했으며, 강제로 끌려간 군대에서 또 다시 남성을 '잠재적 가해자'로 규정하는 성교육을 강제당해야 했다. 잠재적 가해자라는 프레임부터가 불쾌한데, 그런 불쾌한 내용으로 '세뇌교육'까지 당해야 하는 상황을 유쾌하게 받아들일 사람이 얼마나 될까. 심지어 지금의 10대 학생들은 학교에서 "남성은 스스로 가해자가 아님을 증명해야 한다"는 내용의 교육영상을 시청해왔다고 한다. 이때 사용된 〈잠재적 가해자와 시민적 의무〉라는 제목의 영상은 무려 세금으로 운영되는 '양성평등진흥원'에서 제작된 것이다. 여성이 성범죄에 취약하다는 사실을 인정하는 남성들조차 페미니즘에 노이로제에 가까운 거부감을 느끼게 된 배경이다.

가장 큰 책임은 정치권에 있다. 미투운동에서 드러났듯 성범죄의 가장 큰 가해자이면서 무책임하게 불안감만 증폭시켰기 때문이다. 특히 무고에 대한 이대남의 불안감이 커진 데는 문재인 대통령의 잘못이 크다. 문재인 대통령은 혜화역 시위 당시 "몰카범죄 등 여성 대상 성범죄는 수사가 되면 해당 직장이나 소속기관에 즉각 통보해 가해한 것 이상의 불이익이 돌아가게 만들어야 한다"며 유죄추정의 논리를 당당히 피력하기도 했다. 정확히는 유죄추정을 넘어 사적 복수까지 지지하는 듯한 발언으로 논란이 됐다.

일반인이라면 실언으로 넘어갈 수 있을지 모른다. 그러나 문재인 대통령은 인권변호사 출신의 법률전문가이자, 국민의 대표다. 그런데 재판은커녕 기소가 된 것도 아닌 상황에서 일단 사회적으로 매장시키고 보자는, 학부 수준의 법학 지식만 있어도 절대로 할 수 없는 발언을 내뱉은 것이다. 그렇게 만들어진, 모든 남성은 잠재적 가해자라는 프레임은 지금도 젠더갈등의 불을 지피는 땔감처럼 사용되고 있다. 젠더갈등을 불식시키기 위해 가장 먼저 배척해야 할 대상이 있다면 정치권의 기득권 남성들이어야 한다고 보는 이유다.

논의를 정리해 보자. 여성들이 성범죄에 느끼는 불안은 '**진실**'이었다. 그러나 성인지 감수성 등 피해자의 입증책임을 줄여주는 것으로 그 불안을 잠재울 수 있다는 발상은 '**오해**'였다. 하물며 성범죄에 무고죄를 적용하지 않겠다는 주장은, 영원히 젠더갈등을 해결하지 말자는 말과도 다르지 않아 보인다. 잘못된 해결책은 여성과 남성 모두를 불행하게 만들었다. 그리고 젠더갈등을 심화시켰다. 그러니 다른 해결책을 찾아야 한다. 핵심은 무고한 남성들을 몰아세우는 게 아닌, 증명된 범죄자를 엄벌하는 데 있다. 한편 피해자는 확실하게 보호해야 한다. 따라서 피의자의 방어권을 충분히 보장하면서, 가해자에 대한 법적 책임을 강화하는 형태의 대안이 정답에 가까울 것이다. 상습적인 성범죄에 대해선 전자발찌 등의 보호관찰을 넘어 재범방지를 위한 화학적 거세까지 적극적으로 활용해야 한다고 생각한다. 나아가 성범죄자 신상공개 제도의 적용 범위를 확대해 성범죄 예방과 재범방지에도 만전을 기해야 할 것이다.

02

흉악범죄와
자살

성범죄만큼 여성들을 불안하게
만드는 게 바로 살인 등 **'흉악범죄'**다. 실제 여성가족부(이하 '여가부')
조사결과 스스로 안전하다고 느끼는 여성은 전체의 20%에 불과했
다. 여성의 신체적 약자성에서 비롯된 문제로서 남성들을 대상으로
한 흉악범죄보다 특별하게 다루어야 한다는 주장도 일견 타당해 보
인다. 그러나 성범죄와 달리 흉악범죄에 대한 여성들의 불안은 과대
포장된 질소과자다. 20%의 진실과 80%의 오해가 섞인 과장된 불안
이라는 의미다. 우선 여성들이 살인범죄의 불안을 호소하기 시작한,
'여성혐오 사회'의 기원부터 살펴보자. '강남역 살인사건'이다.

2016년 5월 17일 강남역에서 한 여성이 살해당했다. 논란이 된
건 CCTV였다. 범인이 여성이 들어오기만을 기다렸다 범행을 저지
르는 장면이 담겨있었기 때문이다. 레디컬 페미니즘 진영에선 이 사

건을 '여성혐오 범죄'로 규정하고, 대규모 집회를 열었다.[31] 사태는 일파만파 커졌고 온라인·오프라인을 막론하고 이 사건이 여성혐오 범죄인지 아닌지에 대한 갑론을박이 이어졌다. 개인적으로 틀린 주장은 아니라고 생각한다. 강남역 살인사건이 **'여성혐오 범죄'**라는 주장 말이다. 필자 역시 이 사건의 동기가 여성혐오였을 수 있다고 생각한다. 이 사건에서 가해자는 남성을 범행의 대상으로 삼지 않았기 때문이다.

그러나 사회 전체를 하나의 사건으로 재단할 수는 없는 법이다. 여성혐오 범죄와 **'여성혐오 사회'**는 완전히 다른 개념이기 때문이다. 한 번의 여성혐오 범죄가 벌어졌다고 해서 여성 전체가 두려움에 떨며 살아갈 필요는 없다는 말이기도 하다. 지금부터 우리나라가 살인 범죄에 있어 여성혐오 사회라는 주장에 담긴 80%의 질소를 논리적으로 걷어내려 한다.

일단 "여자라서 죽었다" 따라서 "우리나라는 여성혐오 사회다"라는 명제가 성립하려면, '오직 여성이라는 이유로' 살인범죄에 노출되는 이대녀의 평균적인 숫자가 다른 세대와 성별에 비해 많다는 사실이 증명되어야 한다. 실제 사례의 정합성으로 증명하는 귀납적 증명 방식에 의한 분석이다. 이제 통계를 보자. 강남역 살인사건이 벌어진 2016년 당시의 통계, 그러니까 2015년까지의 범죄 통계다.

여성들의 오해와는 달리 우리나라는 남성혐오 사회에 가까웠다.

---

31) 지금도 매년 5월 17일 '강남역 여성살인사건'을 추모하는 시위가 각지에서 열리고 있다.

일부 여성계의 주장대로 살인범죄에 노출되는 건수가 특정한 성별에 대한 혐오를 뜻한다면 그렇다는 말이다. 2015년 살인범죄 피해자의 56%는 남성으로 44%인 여성보다 12% 많았다.[32] 20대 여성으로 한정해도 결과는 달라지지 않았다. 20대 여성 피해자는 매년 10여 명으로, 아동을 제외한 모든 성별과 세대를 통틀어 가장 적었다.

하물며 해당 사건들의 범행동기가 여성혐오에서 비롯되었다는 인과관계를 증명하기란 불가능에 가깝다. 강남역 살인사건 자체가 매우 이례적이고 특수한 사건에 해당한다는 의미다. 반대로 가장 많이 살인범죄에 노출되는 건 40대 남성이었다. 피해자의 성별과 나이가 사회의 정체성을 규명한다고 하면, "남자라서 죽었다" 혹은 "40대라서 죽었다"라고 주장하는 편이 차라리 타당하다는 뜻이다. 그러나 성별과 세대로 분열시키려는 목적이 있는 게 아니고서야, 그런 터무니없는 주장을 하는 사람은 없다.

하지만 어디에나 질소만 가득 채워 폭리를 취하려는 악덕 기업주들이 있다. 성별과 세대로 분열시키려는 나쁜 의도를 가진 정치인들이 그들이다. 이번에도 선봉장은 문재인 대통령이었다. 그는 강남역 살인사건을 두고 이런 트윗을 남겼다. "다음 생엔 부디 같이 남자로 태어나요. 슬프고 미안합니다." 해석하자면 "여자라서 죽었다"는 주장에 대한 동의 표시다. 소름이 끼치지 않나. 공당의 대표였으며, 지금은 대통령이라는 사람이 남성은 가해자고 여성은 피해자라는 프레

---

[32] KOSIS 통계에 따르면 강남역 살인사건이 발생하기 직전인 2015년까지 살인범죄 피해자의 성별을 분석한 결과 남성이 56%로 더 많았다. 연령별로는 '41~50세' 피해자가 가장 많았다.

임을 대놓고 선동한다는 사실이. 하물며 객관적인 수치 자료도 아닌 하나의 사건에서 드러난 피해자의 성별과 범행동기만으로. 통계를 알려줄 보좌진이 없어서 그랬을까? 알았다면 부덕한 것이며, 몰랐다면 무능한 것이다.

한편 이 발언은 페미니즘을 지지하는 여성들이 보기에도 불쾌한 발언이었다. 영원히 성차별이 해결되지 않을 것을 전제하는 말이었기 때문이다. 그들이 외친 슬로건은 '남자라서 안전한 사회'가 아닌 '여성도 안전한 사회'다. 여성혐오가 해결된다면 다음 생에 어떤 성별로 태어나건 아무 상관이 없다는 것이다. 부족한 성인지 감수성에 부끄러움조차 느끼지 못하는, 그러면서 일단 숟가락부터 얹고 보는 그는 자칭 '페미니스트 대통령'이다.

피해자는 얼마든지 위로할 수 있다. 가해자를 미워할 수도 있다. 그러나 피해자는 피해자일 뿐이다. 마찬가지로 가해자도 가해자일 뿐이다. 거기에 굳이 성별을 끼워 넣어 분탕 칠 하등의 이유가 없다는 것이다. 그러나 여성계와 정치인들은 사사건건 성별을 대입해 대결 구도를 만들었다. 그 결과, 여성은 불안을 호소하고 남성은 억울함을 호소하게 됐다. 그리고 사건만 터지면 가해자와 피해자의 성별부터 찾고 각자의 성별에 이입해 박 터지게 싸우는 현재에 이르렀다. 이게 문재인 대통령이 바라던 결과인지 의문이다.

◇ 마피아 게임부터 중단해야

질소과자는 여성들에게도 '독'이다. 세상에 대한 막연한 불안감을 증폭시키기 때문이다. 객관적인 증거 없이 자국의 치안과 자국 남성들에 대한 막연한 불안감에 휩싸여 불신을 키우는 상황은 여성 스스로에게도 이롭지 못하다. 각국의 치안수준을 확인할 수 있는 자료로는 객관적 지표(10만명당 범죄발생건수)와 주관적 만족도조사(NUMBEO 등)가 있다. 전자가 국가의 실제 치안수준을 뜻한다면, 후자는 심리적 안전도를 뜻한다. 객관적 지표에 따르면 우리나라의 치안수준은 OECD 회원국 중에서도 가장 뛰어난 편에 속했다.[33] 관광객 역시 서울을 가장 안전한 관광지로 인식하고 있었다.

그러나 여성들은 이런 현실을 받아들이지 못했다. 문재인 정부 들어 각종 여성보호 정책이 시행되었는데도, 여성들이 느끼는 심리적 불안감은 되레 커지기만 했다. 앞서 소개한 여성가족부 통계[34]는 물론 국제 통계 비교사이트 NUMBEO에서 시행된 주관적 만족도조사에서도 우리나라의 순위는 꾸준히 하락해 2015년 1위에서 2020

---

33) 2021년 9월 30일 KOSIS 통계에 따르면, 우리나라의 10만명당 살인비율은 꾸준히 감소해 2018년에는 0.6명을 기록했다. 일본(0.3), 노르웨이(0.5), 슬로베니아(0.5)를 제외하면 가장 낮은 수준이었다. 아동성범죄·마약소비인구·주거침입절도·차량절도·강도 등의 발생 빈도 역시 최하위 수준이었으며, 그나마 높은 편에 속하는 성범죄·강간 역시 평균 미만이었다. OECD 통계 목록 중 '치안' 참조

34) 2021년 9월 5일 여성가족부가 발표한 '2021 통계로 보는 여성의 삶'에 따르면 2020년 대한민국 여성의 사회 안전에 대한 전반적 인식도는 27.6%였으며 '범죄 안전' 항목에서 '매우 또는 비교적 안전하다'고 답한 여성은 21.6%에 불과했다.

년에는 54위로 추락했다.[35] 객관적인 지표가 안전하다고 말해주는데도 심리적으로 그렇지 않다며 거부한다는 의미다.

이 같은 현상을 전문용어로 '민 월드 신드롬(Mean World Syndrome)'이라 한다. 매체 속 폭력적인 세계를 실제처럼 느끼게 되는 심리 현상이다. 나쁜 정치인들이 "여성은 늘 불안하며 보호받아야 할 존재"라며 피해자 서사를 주입해온 결과 세상에 대한 막연한 불안감만 남았다는 것이다.

더 큰 문제는 **'범죄의 일반화'**다. 멀쩡한 남성들조차 잠재적 범죄자로 인식하게 되기 때문이다. 물론 범죄자 중에서는 남성이 많은 게 사실이다. 그러나 범죄자 중 남성이 많은 것과 남성 중 범죄자가 많은 건 완전히 다른 개념이다. 0.1%의 흉악범 중 남성이 90% 이상이라고 가정해도, 전체 남성 중 흉악범의 비율은 0.09%에 불과한 것이기 때문이다. 작은 수치가 아니라고 생각할 수도 있다. 그러나 남성 전체를 잠재적 범죄자로 매도할 만큼 큰 숫자라고도 볼 수 없다.

'마피아 게임'에 비유하면 쉽다. 마피아 게임은 누가 마피아가 될지를 결정하는 것부터 시작된다. 근처의 누군가는 나를 해칠 수도 있다는 불안감이 게임의 서막이 되는 것이다. 따라서 시민들은 서로를 의심하고, 조금만 수상한 행동을 보이면 마피아로 몰아 인민재판을 실행한다. 그러나 인민재판에 희생된 대다수는 선량한 시민들이다.

---

35) 국제 통계 비교사이트 NUMBEO는 매년 "당신이 사는 도시나 지역의 경찰력에 대한 확신이 있는가?" 등 치안에 대한 주관적(심리적) 만족도를 시행한다. 2015년 우리나라는 이 조사에서 1위를 기록(위험지수는 15.60으로 가장 낮고, 안전지수는 83.10으로 가장 높음)했다. 그러나 2018년에는 142개국 중 43위를, 2020년에는 54위를 기록하며 꾸준히 하락했다.

무수한 참가자 중 마피아는 한두 명에 불과할 테니 당연한 결과다. 하물며 현실은 어떨까. 절대다수의 국민은 범죄와는 전혀 무관한 삶을 살아간다. 오직 문재인 대통령과 민주당만이 "이 사람들 중에 마피아가 있다"며 찬물을 끼얹고 있다는 것이다. 의심은 전염병과도 같다. 민 월드 신드롬 세계관에서 우리는 서로를 마피아로 인식하고, 끝없이 의심한다. 그러니 범죄자를 향해야 할 분노의 화살조차 평범한 서로를 향하게 되고 갈등이 끊이질 않는다. 젠더갈등에 앞서 마피아 게임부터 끝내야 하는 이유다.

◇ 높은 자살률과 높아지는 자살률

나쁜 정치인들은 끝없이 질소바람을 불어넣는다. 그렇게 불안을 조장한다. 이번에는 20대 여성들의 높아지는 자살률을 문제 삼는다. 실제 민주당의 정세균 후보는 "코로나 사태 이후 20대 여성들의 자살률이 높아지고 있으니 특별한 보호가 필요하다"고 주장했다. 여기서 의문이 하나, 어째서 정세균 후보는 20대 여성들의 '높은' 자살률이 아니라 '높아지는' 자살률을 언급했을까. 답은 간단하다. 애초에 여성의 자살률이 남성에 비해 높지 않기 때문이다. 특히 20대 여성의 자살률은 살인범죄와 마찬가지로 전 세대와 성별을 통틀어 가장 낮은 수준이다. 사망재해 피해사례를 보나, 자살률을 보나, 기대수명을 보나,[36] 우리나라 여성들은 남성보다 훨씬 건강한 삶을 영위하고 있다.

2019년 기준 성별 자살률은 남성(38.0명)이 여성(15.8명)의 2.4배였다.[37] 남성은 1.4% 하락했고 여성은 6.7% 높아졌는데도 이 정도 차이다. 그런데도 오직 여성에게만 특별한 보호가 필요하다고 주장하는 이유는 무엇일까. 혹시 20대 자살률을 보면 결과가 달라지나 해서 다시 찾아봤다. 물론 앞서 이야기한 것처럼 결과는 달라지지 않았다. 2020년 자살자 중 20대 여성은 534명이었다. 적지 않은 숫자이기는 하나 20대 남성은 772명으로 오히려 더 많았다. 30대도 비슷한 양상을 보인다. 30대 여성은 692명이, 남성은 1,222명이 자살로 사망했다. 벌써 차이가 2배 가까이 벌어진다. 40대 이상부터는 더 극명해지는데, 남성의 자살률이 여성의 3배가 넘는다.

정세균 후보의 주장처럼 자살률이 어려움의 기준이라면, 우리 사회에서 가장 불행한 사람들은 다름 아닌 40대 이상 남성이다. 반대로 가장 행복한 사람들은 20대 여성이다. 말도 안 되는 논리로 접근하니 기성세대 남성이 최대 피해자가 되고, 청년 여성이 최대 기득권자가 되는 모순적인 결론이 도출되는 것이다.

정치인들에게 '여성'이라는 수식이 일종의 '도구'로 인식되는 건 아닌지, 우려를 표할 수밖에 없는 지점이다. 정확히는 자신들의 스윗함을 선전하기 위한 예쁜 포장지로 여성이라는 수식을 이용하는 게 아니냐는 의문이다. 실제 정치권의 모습을 보면 달리 설명할 길이 없다. 여성 관련 사건이 터지면 앞 다퉈 '여성' 폭력 방지법이니, '여성'

---

36) 2021년 KOSIS 자료에 따르면 2019년을 기준으로 여성의 기대수명은 86.0세로 남성 80.3세보다 6년 가까이 높았다. 건강 수명 역시 74.7년으로 남성(71.3년)보다 3.4년 더 길었다.

37) 이때 자살률은 '인구 10만명당 자살 사망자 수'를 말한다.

안심귀가 서비스니, '여성' 자살방지센터니, 가당치도 않은 명목으로 여성, 여성을 외친다. 마치 여성은 반드시 불안해야만 하는 존재인 것처럼 끊임없이 보호받아야 할 존재로만 규정한다. 하지만 폭력피해자의 수조차 남성이 여성보다 훨씬 많다.[38] 정말 아무 근거도 없이 떠드는 '아무 말 대잔치(말에 맥락도, 개념도, 논리도 없는 상태)'인 것이다.

여성 자살방지를 주장한 정 후보께 묻고 싶다. 이대녀의 자살률이 늘고 있다는 사실은 확인했으면서, 원래 이대남들이 더 많이 자살하고 있다는 사실은 정말 몰랐나? 알았다면, 어째서 이대남 이야기는 쏙 빼고 여성들만 보호하겠다고 한 것인가? 이대남이 죽는 건 '당연하다'고 생각하기 때문인가? 지금도 이대남이 더 많이 자살하고 있는데, 이대남을 위해선 어떤 보호와 배려를 해줄 생각인가? 아마 단하나의 질문조차 답하지 못할 것이다. 애초에 논리는 포기한 지 오래일 테니.

다시 이대남의 불안으로 돌아와 보자. 이대남의 불안은 남성을 소모품 취급하는, 이러한 정치권의 풍조와도 깊이 연결되어 있기 때문이다. 이대남은 사회적 강자가 아니다. 사회적 남성성은 박탈당했으며, 같은 선상에서 또래 여성들과 경쟁하는 또 하나의 약자로 전락했다. 아니. 오히려 자살 통계에서 확인할 수 있듯, 한편으로는 여성

---

38) 2021년 KOSIS 자료에 따르면 2019년 기준 전체 폭력범죄 피해자는 남성이 157,679명으로 여성(98,254명)보다 1.5배 이상 많았다. 20대의 경우도 남성(22,274명)이 여성(16,231명)보다 많았다.

들보다 더한 약자로 전락했다. 그러니 "네가 더 오빠니까 참아"라고 다그쳐봐야 그들의 불안은 해소되지 않는다. 오히려 반발심만 키울 뿐이다. 실제 세대를 거듭하면서 남성들의 불안과 분노는 서서히 증폭되고 있다. 현재 20대는 순한 맛이라고 할 만큼, 10대 남성들의 불안과 분노는 정점에 달해있다. 이제 젠더갈등은 언제 폭발해도 이상하지 않을, 최대의 화약고로 자리한 것이다.

문득 독일의 화가 '빌리 마이스터'의 문장이 떠오른다. 그는 저서 〈소모되는 남자〉에서 "자연과 문화 모두 여성보다 남성을 더 소모품으로 여긴다. 여성보다 더 많은 남성이 막대한 부를 형성하지만, 마찬가지로 많은 남성이 결국 감옥에 가거나 처형당한다"고 했다. 과거에도 남성들은 더 많은 위험을 감수해왔다는 의미다. 그렇다면 2021년 현재의 이대남들은 어떤가. '남성이 더 막대한 부를 형성한다'는 명제는 무너진 지 오래다. 그런데 '더 많은 남성이 감옥에 가거나 처형당하는 현실'은 그대로다. 설상가상 그런 불안한 현실을 보듬어야 할 정치권은 오직 여성의 불안만을 부각하며, 남성 담론 자체를 무력화시키고 있다. 그러니 심각한 문제라는 것이다. 가부장제 과도기의 특성을 제대로 이해하고, 올바른 해법을 내놓지 못하는 한 남성과 여성 모두 불안에 떨 수밖에 없는 현실은 개선될 수 없다. 결정권을 가진 정치인들에게 정돈된 논리로 강력한 고발장을 날려, 각성을 촉구해야 하는 이유다. 이제는 여성들에게만 불안한 사회라는 '**오해**'를 거두고, 남성들도 불안에 떨 수밖에 없는 '**진실**'을 마주해야 한다.

03

임금격차와
여성할당제

여성계와 정치권은 우리나라의 성별 '임금격차'가 여전히 심각하다고 주장한다. 아직 경제적 평등이 달성되지 못했다는 것이다. 일견 타당한 주장이다. 여전히 어머니세대 여성들의 임금은 같은 세대 남성의 절반 수준에 불과하기 때문이다. 그러나 젠더갈등의 주체인 이대남과 이대녀를 떼어놓고 보면 완전히 다른 결과가 도출된다. 지금부터 성별 임금격차 통계에 담긴 질소를 제거해보려 한다. 우선 여가부 통계부터 살펴보자.[39] 2021년 성별 임금격차는 69.6%로 나타났다. 남성이 100의 임금을 받는다면 여성은 70밖에 못 받는다는 의미다. 많이 개선되었지만, 여전히 심각한 수준이다. 고용률 격차도 만만치 않게 심각하다. 여성의 고용률은

---

[39] 2021년 9월 5일 여성가족부에서 발간한 '2021 통계로 보는 여성의 삶' 보고서

50.7%에 불과했다. 반면 남성은 69.8%로 20% 가까이 차이가 난다. 이에 여가부는 "20년간 여성의 가정과 사회에서의 지위가 향상되고 일부에서는 성별격차가 조금씩 완화되고 있다"면서도 "여전히 유리천장, 열악한 근로여건 등 개선이 필요한 분야도 있다"고 평가했다.

성별 임금격차 통계는 경제적 차별의 가장 강력한 근거다. 이 통계 하나만으로 많은 걸 설명할 수 있기 때문이다. 첫째, 교육이다. 이 통계에 따르면 교육에 있어 여성이 남성에 비해 불리한 여건에 처했을 확률이 높다. 통상 교육수준과 소득수준은 비례하기 때문이다. 둘째, 고용과 승진이다. 교육수준이 비슷한데도 임금격차가 존재한다면 오직 여성이라는 이유로 노동시장에서 배제된다는 증거가 될 수 있기 때문이다. 셋째, 경력단절이다. 노동시장에 진입한다 해도 '독박육아(여성만 육아에 참여)' 등 가부장제의 잔재 때문에 경력이 단절되고, 노동시장에 재진입할 때는 질 낮은 일자리로 밀려나게 되기 때문이다. 상기 주장은 실제 여성계와 여가부의 주장이다. 나아가 여성들을 위한 교육지원·취업지원·경력단절지원 정책의 근거로 활용된다. 이 통계만 놓고 보면 부정할 수 없는 사실이다.

그러나 성별 임금격차 통계는 '허구'다. 정확히는 여성계와 정치권의 입맛에 맞게 가공된 통계다. 근거는 두 가지다. 첫째, 성별 임금격차 통계는 세대별 차이와 업무의 강도, 산업구조의 차이 등을 반영하지 않는다. 오직 성별 하나로 단순화된 통계라는 의미다. 둘째, 차별을 해소하기 위한 정책의 혜택이 엉뚱한 계층에게 돌아가고 있다. 최대 피해자인 50대 이상 여성은 배제되고, 이대녀만 혜택을 받는 것이다. 이는 한편 임금격차의 가장 큰 수혜자인 50대 남성의 빚을, 이대남이 대신 갚는 모양새로 이대남이 불만을 갖는 가장 큰 이유기도 하다.

한번 성별 임금격차를 세대별로 나눠보자. 55세 이상 어머니세대의 경우 임금격차가 45%에 달한다. 같은 세대 남성과 비교했을 때 거의 두 배 차이다. 경력단절이 시작되는 30대 이상부터는 약 35%의 차이가 난다. 이 또한 심각한 문제다. 그렇다면 20대는 어떨까? 5% 내외의 차이에 불과했다. [40] 20대 남성이 100을 받으면 20대 여성은 95를 받는 것이다. 크다면 큰 차이겠으나 "성차별이 심각하다"고 항변하기에는 애매한 수치다.

심지어 그 5%의 차이마저 논리적인 설명이 가능하다. 바로 산업 구조다. 우리나라 40대 기업을 보자. 삼성전자·현대자동차·LG전자 등 예외 없이 제조업·IT 중심이다. 당연히 종사자 대부분은 남성이다. [41] 이공계로 진학하는 학생부터가 남성들이 압도적으로 많기 때문이다. [42] 비단 40대 기업만의 문제가 아니다. 우리나라 고부가가

---

40) 2021년 약 8%로 차이가 다소 벌어지기는 했으나 여전히 유의미한 차이는 아니다.

41) 2021년 9월 2일 한국CXO연구소가 발표한 '2020년 기준 국내 주요 기업 여성 직원 인원 및 여성 관리자급 현황 조사' 결과에 따르면 국내 40여 주요 대기업에서 지난해 책임졌던 전체 임직원 중 여성의 비율은 23.2% 수준이었다. 예외적으로 화장품 업체 아모레퍼시픽만 여성 임직원 비중이 70%에 육박했다. 오 소장은 이런 결과에 대해 "우리나라 대기업 중 상당수는 제조업이 차지하고 있기 때문에 회사에서 인력을 뽑거나 경력자 등을 충원할 때 이공계 인력을 선호할 수밖에 없다"고 덧붙였다.

42) 2021년 4월 20일 여성가족부가 개최한 '제4차 여성 고용실태 분석 및 정책과제 발굴 전문가 간담회'에 따르면 대학에서 공학계열을 전공하는 비율은 남성(42.5%)가 여성(10.1%)의 4배 이상이었다.

치 산업 대부분이 제조업이다. 불가피한 임금격차가 존재한다는 것이다. 제조업 중심의 산업구조를 가진 독일 역시 유럽 내에서 임금격차가 큰 편에 속한다.

혹자는 여성들이 이공계를 기피하는 것조차 '성 역할구분'의 병폐라고 주장한다. 일상에 퍼진 성차별의 결과라는 것이다. 그러나 이런 주장에는 어폐가 있다. 생득적인 차이를 전면 부정하는, 극단적인 주장이기 때문이다. 성차별이 해소된다고 여성의 골격이 남성보다 커지지는 않는다. 개인차는 있겠으나 평균적으로는 그럴 수밖에 없다는 말이다. 또 성차별이 해소된다고 남성의 출산이 가능해지는 것도 아니다. 그게 바로 생득적 차이다. 뇌와 호르몬의 작용도 마찬가지다. 테스토스테론과 에스트로겐의 작동에는 분명한 차이가 있다. 진로 결정에 있어서도 선호 차이가 존재하는 것이 오히려 자연스럽다는 의미다. 다른 나라의 사례를 봐도 똑같다. 청년층의 경우 완전한 성평등이 달성되었다 평가받는 EU조차 ICT 전공자 중 여성의 비율은 오히려 줄어들고 있다. [43] 미국도 비슷한 양상을 보인다.

가부장제가 사라진다면 이 결과가 단숨에 뒤바뀔 수 있을까? 그게 아니라면 여성들에게 유리한 환경이 조성되어야만 가부장제가 사라진 거라는, 순환논리의 오류를 범하고 있는 것은 아닌가? 오히려 여성의 권익이 진전될수록 이공계를 기피하게 된다는 연구결과도 있다. 부양부담이 없기 때문이다. 반대로 여성에게 부양이 강제될 경우

---

43) 국제전기통신연합(ITU)에 따르면 2013년~2017년 사이 남녀간 인터넷 보급률 격차는 11%에서 11.6%로 증가했고, EU와 미국에서 모두 ICT 관련 전공자 중 여성 비율은 꾸준히 하락했다.

실용성이 높은 직종에 진출하는 경향을 보였다. 노르웨이의 역설이다. 앞서 제1장 '유리천장과 유리바닥'에서 살펴본 것처럼 가부장제 의무가 남성들로 하여금 고소득·고위험군 노동을 강제한다는 해석과도 일맥상통한다. 필자만 해도 심리학과를 지원하고 싶었지만 "남자는 상경계(경영·경제)"라는 학원 선생님의 조언에 따라 경제학과를 택했다. 성 역할구분은 사라져야 하는 게 맞지만, 성 역할구분이 반드시 여성들에게만 불리하게 작용한다는 오해는 거두어야 한다고 생각하는 이유다.

물론 임금격차만으로 경제적 평등을 따질 수는 없다. **'대학진학률'**과 **'고용률'**을 비롯해 각종 **'시험합격률'** 등도 종합적으로 비교해야 한다. 그러나 해당 지표들을 따져 봐도 여전히 이대녀들이 이대남들을 앞서고 있었다. 2021년 여성의 대학진학률은 81.6%로 남성의 대학진학률(76.8%)보다 오히려 높게 나타났다. 44) 남녀의 대학진학률 격차는 시간이 지날수록 커지고 있다. 고용률도 마찬가지다. 20대 남성의 고용률은 65.6%, 여성은 70.0%로 역시 여성이 5% 가까이 높게 나타났다. 45) 각종 공무원 시험에서도 여성들의 약진이 도드라지고 있다. 인사혁신처 발표에 따르면 2021년 9급 공채 필기시험 합격자

---

44) 2021년 종로학원하늘교육의 분석에 따르면 여성의 대학진학률은 81.6%로 남성 76.8%보다 높았다. 2010년 이전에는 차이가 1% 안팎이었으나 2010년 이후로는 5% 내외로 차이가 더 벌어지고 있다.

45) 2021년 4월 통계청의 고용률 통계에 따르면 25~29세 고용률은 여성이 70.0%, 남성이 65.6%로 나타났다. 2018년 4월 이후 줄곧 20대 여성의 취업률이 20대 남성의 취업률보다 높았다.

중 여성 합격자는 53.6%로 남성보다 많았다. 국가직 7급 시험에서도 여성 합격자가 41.2%로 역대 최고치를 기록했다. [46] 적어도 20대의 경우에는 경제적 평등이 달성되었다고 봐도 과언이 아닌 것이다.

한편 유리바닥 밑을 보면 이대남들의 불안이 더욱 돋보인다. 한국경제인연합회에 따르면, 2019년 기준 우리나라의 비경제활동인구 대비 '니트족(직업이 없고 훈련과 교육도 받지 않는 젊은이)'의 비중은 22.3%로 OECD 평균(12.9%)보다 9.4%나 높았다. 그중에서도 남성 니트족 비중은 2010년 17.1%에서 2019년 25.9%로 나타나 여성(2010년 17.1%, 2019년 18.2%)보다 절대적 수치가 높았음은 물론 증가폭도 훨씬 가팔랐다. 이런 니트족들은 잠재적 '히키코모리(은둔 청년)'다. 구직활동 포기를 넘어 완전히 사회를 등지게 될 수 있다는 것이다. 이처럼 사회와 단절될 위험 또한 남성들이 더 높다. 비슷한 전철을 밟은 일본 정부의 2018년 통계에 따르면, 일본 내 히키코모리 역시 남성이 76%로 여성(24%)의 3배였다. 우리나라는 아직 실태조사조차 미비한 상황이다. 가부장제 과도기에서 바닥 밑에 나락으로 굴러 떨어진 이대남들에게는 성별 임금격차를 따지는 것조차도 한가로운 푸념에 불과하다. 그러나 정치권은 25%가 넘는 이대남 니트족보다도 이미 상층에서 유리천장을 논하는 여성들의 목소리에만 주목한다. 중산층 이상 여성들의 논의에만 매몰된 국내 페미니즘 논의가 바닥 밑의 약자들을 등한시하는 결과를 초래한 것이다.

---

46) 합격률이 큰 차이가 없음에도 양성평등채용목표제 적용으로 일반행정(우정), 통계, 일반기계, 전기, 화공 등 5개 모집단위에서 여성 32명이 추가 합격하기도 했다.

◇ 여성할당제 논란에 담긴 오해와 진실

상황이 이런데도 이대남의 고통은 오직 '청년'이라는 범주 안에서 공통의 꼭지로 다뤄질 뿐이다. 사회적 약자로 전락한 이대남에 대한 보호조치는 온데간데없고, 오직 여성들을 위한 가산점과 할당제만 도입하고 있다. 심지어는 군필자에게 주어지는 알량한 혜택들, 이를테면 군대에 복무한 기간을 승진에 가산하는 것마저 성차별이라며 없애버리는 판국이다. 그러니 이대남들이 정치권에 불만을 표출하지 않는 편이 오히려 이상한 것 아닐까? 여성할당제에 대한 이대남들의 불만 역시 그러한 관점에서 분석해야 한다. 본질은 여성할당제 그 자체가 아닌 오직 여성의 고통에만 주목하는 정치권의 차별이다.

실제로 그렇게 만들어진 여성할당제는 이대남들의 박탈감을 자극하고 있다. 현재 여성들의 취업을 돕기 위한 정책으로는 양성평등 채용목표제[47], 여대 로스쿨·의대·약대·한의대 할당(입시요강에서 남성 배제), 장학금 이공계 할당 권고 및 각종 취·창업 가산점[48] 등이 있다. 예외 없이 이대녀들의 취업을 돕기 위한 정책들이다. 특히

---

47) 9급 공무원 시험의 경우 남성들이 혜택을 본다는 반론도 있다. 그러나 남성들이 혜택을 본다는 건 그만큼 성차별이 존재하지 않는다는 증거이기도 하다. 할당제 자체가 불필요하다는 의미다.

48) 중소벤처기업부 연도별 공고를 살펴보면 청년창업사관학교 주요 가점 사항으로 여성이 3.0점(2018년)으로 장애인(0.5점)보다 높았다. 2021년에는 장애인 가산점이 사라지고 여성은 0.5점으로 조정됐다.

약대의 경우 직업선택의 자유를 침해할 정도의 심각한 역차별이다. 서울 정원 573명 중 절반이 넘는 320명이 여대 몫이기 때문이다. 이에 헌법소원이 제기되었지만, 헌법재판소는 "진학기회가 제한되기는 하나 결정적인 영향이라 단정 짓기는 어렵다"는 모호한 근거로 청구를 기각했다. 군 가산점제를 단칼에 폐지한 것과 대조적이다.[49] 통계는 여성 전체를 뭉뚱그리는데 혜택은 이대녀에게만 돌아가고 역차별의 피해는 이대남만 받는 아리송한 상황들이 계속되는 것이다.

반면 기성세대 남성들은 여전히 기울어진 운동장을 바로잡는 과정을 수반하지 않은 채, 같은 세대 여성의 두 배에 달하는 임금을 받아가면서 정년연장까지 외친다. 어떻게 봐도 불합리한 상황이다. 그러니 이대남들이 느끼는 박탈감은 분명한 실체를 가진 '**진실**'이다. 하지만 여성할당제 때문에 이대남들의 일자리가 줄어든다는 결론에 도달하는 건 무리수이자 '**오해**'다. 여성할당제의 부당함은 호소해야 하지만 질소를 첨가해 과도한 박탈감에 휘말릴 필요는 없다는 것이다.

현행 할당제의 면면만 봐도 알 수 있듯, 여성할당제가 전체 채용에 미치는 영향력은 극히 미미하다. 일단 양성평등채용목표제만 해도 남녀 모두가 혜택을 보고 있다. 약대·로스쿨 역시 지원을 희망하는 남성들에게는 차별적이나, 전체 남성에게 돌아오는 피해는 아니다. 자유주의적 관점에서 실효를 마친 여성할당제는 폐지 수순을 밟아나가야하는 게 맞지만, 여성할당제 논의에만 매몰되어 먹고사니즘

---

49) 물론 군가산점제는 합격 커트라인을 100점 이상으로 만들어 여성의 직업선택의 자유를 실질적으로 침해했다는 차이는 있다. 그러나 부여하는 가산점 자체를 조정한다거나, 시험의 난이도를 조정하는 등의 부수적인 노력 없이 일단 폐지하고 본 것은 비판의 여지가 있다.

문제의 책임을 또래 여성들에게 전가하는 어리석음을 범해서는 안 된다는 것이다.

역시 나쁜 건 정치권의 기득권 남성들이다. 규칙을 정하는 게 기득권 남성들이기 때문이다. 권한이 자신들에게 있는데, 자신들에 불리한 규칙을 만들 리가 없다. 그게 정치적 기득권까지 거머쥔 기득권 남성의 가장 큰 무기다. 기득권 남성의 입장에선 적당히 이대남의 것을 뺏어다 이대녀에게 나눠주고 관망하면 그만이다. 그러면 이대남과 이대녀가 알아서 싸울 것이고 기득권을 향한 비판은 무뎌질 것이기 때문이다. 차라리 관망만 하면 다행이다. 지켜보는 걸 넘어 비아냥대는 이들도 있다. 한 예로 법륜스님은 "남성 역차별은 가부장제 역사의 죄, (너희가) 물려받아라"는 망언으로 빈축을 샀다.

서울시의 연구 사례도 흥미롭다. 기득권 남성들이 "내 임금은 안 된다"는 이기심을 노골적으로 드러냈기 때문이다. 2018~2019년 서울시에서 산하기관의 성별 임금격차를 분석했다. 그리고 2019년 분석 결과를 내놨는데, 결론이 기가 막힌다. "성별 임금격차의 크기가 모두 여성에 대한 차별은 아니"라는 결론이었기 때문이다. 또 보고서는 기관마다 왜 임금격차가 발생할 수밖에 없는지를 설명하며 "중요한 건 남녀 생산성 차이를 해소하는 것"이라 제언한다. 다른 말로 여성들의 생산성이 부족해 남성들보다 임금을 못 받는다는, 전형적인 反 페미니즘 논리를 펼친 것이다. 국가 전체의 성별 임금격차를 따질 때는 성차별 때문이라고 주장하더니, 정작 자신들의 임금격차를 소명해보라니 생산성 차이 때문이라고 말을 바꾸는 이 모순을 어떻게 이해해야 할까.

더 놀라운 점은 해당 보고서가 박원순 전 시장의 시정 당시 작성되었다는 사실이다. 정확한 속사정은 모르겠으나 "내 임금만은 안 된다"는 의지와 이기심만큼은 분명해 보인다.

혜택은 '**필요한 사람**'에게 '**필요한 만큼**' 돌아가야 한다. 성평등의 관점에서 임금격차의 핵심은 '**경력단절 여성**'에 대한 보호다. 실제로 신혼부부에게 돌아가는 혜택이나 육아를 돕기 위한 공보육 지원 및 육아휴직 등의 정책을 비판하는 사람은 거의 없다. 일반적인 이대녀는 약자가 아니지만, 어머니가 된 여성은 약자로 전락할 수밖에 없음을 인정하기 때문이다. 여성들의 경제력이 향상되었음에도 선뜻 남성을 부양하려 하지 않는 이유도 마찬가지다. 앞서 이야기한 것처럼, 아무리 능력이 뛰어난 여성이라도 출산 이후에는 남성의 경제력에 의존할 수밖에 없기 때문이다. 그러니 경력단절 이후 임금격차 문제를 젠더이슈의 가장 무거운 화두로 다루어야 하는 게 맞다.

핵심은 노동시장 진입 당시의 차별이 아니다. 출산 이후 노동시장에 재진입할 때의 차별이다. 비용 역시 기득권 남성들이 감당해야 한다. 지금처럼 "내 임금만은 안 된다"며 책임을 청년세대에 떠넘기지 말라는 것이다. 특히 신규채용에 적용되는 여성할당제는 이미 노동시장의 주류인 기득권 남성들이 아무런 비용도 내지 않고 생색만 내는 전형적인 책임 떠넘기기다. 경력단절은 보육시설 미비와 노동시장 이중구조, 호봉제 등 다층적인 문제로부터 비롯된다. 경력단절을 겪은 후에는 예외 없이 비정규직 일자리로 밀려나는 현상부터 해결해야 한다. 비정규직 처우 개선과 육아휴직 기간 경력인정 등 다양한 대책을 고려해볼 수 있을 것이다. 성과가 아닌 연차로 임금을 결정하는 호봉제 폐지도 적극적으로 고려해야 한다. 지금까지 이런 대안들이 논의되지 못한 이유는, 기득권 남성의 이해관계와 직결되는 사안이기 때문이다.

기울어진 운동장의 존재를 인식하는 걸 넘어, 운동장이 어떤 방향으로 어떻게 기울었는지도 꼼꼼히 따져봐야 한다. 그 과정이 생략된 결과가 현재의 여성할당제이며, 이대남의 소외와 젠더갈등이다. 그렇게 만들어진 오해와 진실을 바로잡는 과정에서 젠더갈등 종식의 실마리를 찾을 수 있을 것이다.

04

성평등과
여성가족부

사실 통계 왜곡의 '**원조**'는 성평등 통계다. 여성계와 정치권을 중심으로 자신들의 당위를 강화하기 위한 도구로서, 선별적으로 이용해왔기 때문이다. 실제 세계 각국의 성평등 수준을 평가하는 두 개의 통계가 있다. 하나는 유엔개발계획(UNDP)이 189개국을 대상으로 조사하는 성불평등지수(GII, Gender Inequality Index)다. 이 통계에 따르면 우리나라의 성평등은 189개국 중 10위 수준이다. [50] 주요 20개국(G20)으로 한정했을 때는 1위였다. 전 세계를 기준으로 비교해도 성평등이 상당히 달성되었다는 의미다.

반면 다른 하나의 통계에서는 완전히 상반된 결과가 나타난다. 세계경제포럼(WEF)의 성격차지수(GGI, Gender Gap Index)다. 2017년

---

[50] 여성가족부에서도 공시하는 통계로 우리나라는 2016년 이래로 10위권을 유지했다.

기준 우리나라는 144개국 중 118위를 기록했다. 2021년에는 소폭 상승했으나 여전히 100위권 밖(102위)이었다.

무엇을 믿어야 할까. 한 번 진위를 가려보자. 일단 세계경제포럼의 통계가 뭔가 이상하다는 사실만큼은 분명해 보인다. 이 통계에 따르면 우리나라와 일본을 비롯한 동아시아 국가의 성평등 수준은 중동과 북아프리카만도 못한 것이기 때문이다. [51] 참고로 중동에는 여성에 대한 '할례[52]' 등 여성혐오 문화가 만연한 인도 · 우간다는 물론, 여성에게 '히잡'과 '브루카' 등을 강제하는 아프가니스탄도 포함되어 있다. 대다수 국민들이 세계경제포럼의 성평등 통계를 불신하는 이유다. 아무리 우리나라의 성평등이 나쁘기로서니 중동만도 못하겠느냐는 것이다.

실제 세계경제포럼 통계는 조사 방식부터 문제가 많다. 먼저 교육 분야다. 우리나라의 경우 여성의 대학진학률이 남성을 추월했음에도 100위권 밖으로 나타났다. 남성의 군 복무기간까지 재학기간에 포함시키고 있었기 때문이다. 이 통계에 의하면 우리나라 남성의 대학진학률은 100%가 넘는다. 남성들에게만 강요되는 병역의 의무가, 되레 여성혐오의 근거로 둔갑해버린 순간이다. 또한, 우리나라에서

---

51) WEF 통계에 따르면 세계 지역별로 남녀 불평등이 심한 곳은 인도 · 스리랑카 · 파키스탄 등이 있는 남아시아로 조사됐다. 남아시아는 남녀평등 달성에 필요한 시간이 195.4년이었고 그다음은 한 · 중 · 일 등이 포함된 동아시아가 165.1년, 중동 · 북아프리카가 142.4년으로 나타났다.

52) 여성 성기 절제술(FGM, Female Genital Mutilation)을 뜻한다. 여성의 생식기의 전체 혹은 일부를 제거하거나 좁은 구멍만 남긴 채 봉합하는 행위로, 우간다와 케냐와 같은 아프리카와 중동은 물론 인도와 인도네시아 · 말레이시아 등에서 여성의 성욕을 억제하고 임신 가능성을 키운다며 수천 년간 이어져 내려온 악습이다.

완전평등에 가까운 문해율은 2008년 이후 집계가 중단됐다는 이유로 반영조차 되지 않았다. 여성혐오 문화 등 정성적인 요소를 고려하지 않는다는 것도 문제다. 할례와 같은 원시적인 문화가 잔존하는 중동 국가들이 우리나라보다 상위에 랭크된 배경이다. 여담으로 우리나라는 남성할례(포경수술)가 공공연히 자행되고 있는데, 이 또한 하루빨리 해결해야 할 문제라고 생각한다.

아무튼, WEF 통계는 각국의 현실을 제대로 반영하지 못한 엉터리 통계라는 결론이다. 물론 눈여겨볼 지점들도 있다. 조사 방식의 오류가 없는 정치·경제 분야에서도 우리나라는 낮은 순위를 기록했기 때문이다. 그러나 이 또한 여성들이 누리는 권리의 절대치가 아닌 남성들과 비교한 상대치를 뜻하는 것으로, 곧이곧대로 믿을 게 못된다. 나아가 앞서 살펴본 성별 임금격차 통계처럼, 세대별 차이 등을 고려하지 않는다는 점에서 20대가 중심이 되는 젠더갈등을 관통하는 자료로 통용되기는 어려울 거라는 판단이다.

이번에도 나쁜 건 정치권이다. 엉터리 통계를 인용하며 젠더갈등을 유발해왔기 때문이다. 그중에서도 문재인 정부와 민주당 인사들이 가장 나쁘다. "세계경제포럼(WEF)이 발표한 세계 성 격차 보고서에 따르면 한국의 성평등 수준은 전체 149개국 중 115위에 불과하다. 그러므로 이런 현실을 개선하기 위한 여성가족부의 노력을 이해해야 한다." 불과 2년 전 민주당의 이철희 의원이 여성가족부의 '아이돌 외모 가이드라인[53]'을 옹호하며 했던 발언이다. 잘못된 통계를 당당하게 인용했다는 문제는 제쳐두더라도, 성평등과 아이돌 외모 규제가 무슨 관련이 있는지 도무지 알 길이 없다. 문재인 대통령도 빠지지 않는다. 2019년 1월 신년 기자회견에서 이 보고서를 토대로 한 외신기자의 질문에 "우리의 부끄러운 현실"이라고 시인한 것이다.

그들의 진심이 뭔지 궁금하다. 그들은 정말 우리나라의 성평등 수준이 인도와 우간다만도 못하다고 생각하는 것일까? 절대 그렇지 않을 것이다. 만약 그 통계가 사실이라고 할지라도, 그 책임은 전적으로 그들 자신에게 있기 때문이다. 기득권을 향한 도전의 가장 강력한 근거를 스스로 인정하는 기득권은 없다. 정말 그 사실을 인정한다면 가타부타 떠들 것도 없이 당장 자신들의 자리부터 내어놓는 게 순서일 테니 말이다. 그들이 터무니없는 성평등 통계를 인용하는 목적은 두 가지다.

첫째, 여성들이 스스로 약자라고 인식하게 만들려는 목적이다. 그래야 기득권 남성들에게 의존할 것이니까.

둘째, 청년세대의 분열이다. 엉터리 통계를 언급하는 것만으로도 젠더갈등이 확산되기 때문이다. 실제로 여성들에게 끊임없이 "사실 너는 차별받고 있었다"는 염불을 외며 불안이라는 질소를 주입하고, 이대남들은 그런 터무니없는 주장에 동조하는 여성들에게 반감을 키우는 방식으로 갈등은 계속돼왔다. 그들의 노련한 갈라치기 앞에 놀아나는 이대남과 이대녀 모두 피해자에 불과한 것이다.

---

53) 2019년 2월 여성가족부가 방송국과 프로그램 제작사 등에 배포한 자료로 "비슷한 외모의 (아이돌) 출연자가 과도한 비율로 출연하지 않도록 한다" 등의 내용이 담겨있다. 또 안내서는 "음악방송 출연자들의 외모 획일성이 심각하다"며 "대부분 출연자가 아이돌 그룹으로 음악적 다양성뿐만 아니라 출연자들의 외모 또한 다양하지 못하다"고 지적했다.

◆ 여성가족부(이하 '여가부') 존폐론에 대한 생각

한편 성차별의 존재가 곧 여가부의 존재 이유다. 달리 말하면 성차별이 사라지면 여가부는 더 이상 필요가 없게 된다는 것이다. 그러니 여가부 존립의 관점에서는 성차별이 존재하는 쪽이 바람직하다. 위안부단체가 한일합의를 달가워하지 않는 것과도 같은 이치다. 그러니 여가부 입장에선 우리나라의 성평등 수준이 100위권 밖이라고 떠들고 다닐 수밖에 없다는 것이다. 옳고 그름을 떠나 그들에겐 실존의 문제이니 이상할 것도 없다. 다만 화가 나는 건 그렇게 성차별이 심각하다고 강변하면서 정작 제대로 하는 일은 없다는 사실이다.

문재인 정부 4년간 여가부가 한 일이 뭐가 있나. 혜화역 시위에 장관이 직접 참여해 갈라치기의 소재로 삼거나, 여가부 차관이 윤지오의 도피자금을 마련해주는[54] 등 논란을 일으킨 게 전부였다. 그러면서 진짜 성희롱 피해자가 나타나니 '피해호소인[55]'이라 지칭하며 민주당의 하수인 노릇이나 한 것이 지금의 여가부다. 그러니 적어도 문재인 정부의 여가부는 당장 사라져도 할 말이 없는 것이다. 정권 내내 여가부 폐지 청원만 수차례 등장하고, 그때마다 삽시간에 20만 청원인을 달성하는 기염을 토할 수 있었던 배경이다.

---

54) 여성가족부는 윤지오 씨에 대한 숙박비 지원 의혹을 해명하면서 "익명의 기부자로부터 받은 돈을 건네준 것"이라고 주장했다. 그러나 여가부에서 주장한 익명의 기부자가 김희경 여가부 차관이라는 사실이 밝혀지면서 "사실상 여가부가 윤지오 씨를 후원한 것 아니냐"는 비판을 받았다.

55) 故 박원순 전 시장 성희롱 사건에서 여가부가 보인 반응이다. 자세한 내용은 후술하겠다.

여가부는 탄생 직후부터 '폐지 논란'에 휩싸인 부처다. 여기서부터는 여가부에 대한 정책적 접근이다. 과거 여가부가 도마 위에 올랐던 이유는 별다른 역할도 없이 자리만 차지하는 부처였기 때문이다. 오죽하면 출범하고 20년이 넘은 지금까지도 호적제 폐지 외에 이렇다 할 공적이 없다고 할까. 실제 이명박 정부 때 여가부 폐지를 추진하기도 했는데, 민주당의 반대로 무산됐다. 지금도 여가부는 별 쓸모가 없다. 정확히는 제대로 된 역할이 없다.

여가부의 예산 구성부터 살펴보자. 2021년 기준 전체 예산이 1조4000억 원이다. 크다면 큰 예산이지만 부처 치고는 작은 편에 속한다.[56] 그리고 여성을 전면에 내세우는 부처인 것이 무색하게 여성 정책에 사용되는 예산은 약 10%에 불과하다.[57] 나머지는 가족 돌봄, 청소년 보호, 성범죄 예방 및 피해자 보호 등에 사용된다. 게다가 조직도상 여성 정책을 담당하는 곳은 '여성정책국'으로 분류되어 '가족·청소년과'에 비해 하부조직으로 취급된다. 애초에 여성 정책을 제대로 추진하는 것도 아니라는 소리다. 심지어 성폭력 피해자 보호를 위한 관할 범위 역시 '공공부문'으로 한정되어, 민간기업 피해자는 여가부의 도움을 받을 수 없다. 가족·청소년 분과의 역할조차 애매하다. 가족을 보호하기는 하는데, 대상이 '한부모가족' 등 위기 가족에 국한된다. 청소년도 마찬가지다. 보호하기는 하는데, '학교 밖 청

---

56) 2022년 확정된 기획재정부 예산안을 보면 전체 정부 예산은 약 600조원이며 여성가족부 예산은 1조4000억원으로 편성됐다. 여성가족부 예산은 전체의 약 0.2%에 해당한다.

57) 2021년 여성가족부 예산의 59.8%는 가족돌봄에, 19.6%는 청소년 보호에, 10.0%가 권익보호(디지털 성범죄 예방 및 피해자 지원 등)에 7.9%가 여성 취업 지원에 사용됐다.

소년'만 보호한다. 예산 분배와 조직도만 놓고 보면 '여성'을 빼고 '가족 · 청소년부'라고 불러야 할 정도인데, 심지어 그 가족 · 청소년부로서의 역할마저 '잔반처리반'에 불과하다는 의미다.

이런 관점에서 보면 각종 논란을 파생시킨 여가부의 숱한 무리수들도 이해가 된다. 어떻게든 존재감을 드러내야 하기 때문이다. 지난 7월 31일에도 여가부는 코로나 확진자 급증에도 불구, '인터넷 · 스마트폰 치유캠프'를 강행하다 8명의 확진자를 발생시켰다. 여가부는 즉시 "매우 안타깝고 송구하다"고 사과했지만, 글쎄. 이렇게 사고만 치는 부처가 또 있을까 싶다. 존재감을 드러내려다 더 큰 논란만 낳는 악순환의 연속이다.

물론 여가부 입장에서 억울한 측면도 있다. **'성인지 예산'**이 곧 여가부 예산이라는 오해다. 2020년 기준 성인지 예산은 35조원으로, 여가부 예산의 30배에 달한다. 그러나 성인지 예산은 하나의 부처에서 사용되는 예산이 아니다.[58] 한편 사업의 구분 역시 '직접목적 사업'과 '간접목적 사업'으로 나누어져 있다.[59] 모든 예산이 오직 여성들만을 위해 쓰이는 건 아니라는 소리다. 그러나 각종 여성단체 지원

---

[58]   기획재정부에 따르면 2021년 성인지 예산이 쓰이는 곳은 38개 정부 부처이며 전체 304개 사업이다. 보건복지부가 11조4000억원으로 가장 많고, 다음은 중소벤처기업부가 9조4000억원이었다. 여가부가 사용하는 예산은 8800억원으로 전체 예산의 2.5% 수준에 불과했다.

[59]   직접목적 사업은 '여성만을 대상으로 하거나 여성에 대한 적극적 조치를 포함하고 있는 사업'을 말하며, 간접목적 사업은 '사업 수행의 결과가 간접적으로 성평등에 영향을 줄 수 있는 사업'을 말한다.

60) 및 성인지 교육 시행61) 등에 사용되고 있어 사실상 여가부와 궤를 같이하는 측면이 있다. 분명한 점은 성인지 예산과 여가부는 별개이며, 따라서 여가부를 폐지하더라도 여성 관련 정책들이 사라지지는 않는다는 사실이다. 여가부 이슈와 별개로 성인지 예산의 당위와 쓰임에 대한 별도의 논의가 필요한 이유다.

일단 여가부 이슈부터 정리해 보자. 현재 여가부의 지위와 역할이 애매하다는 건 부정할 수 없는 사실이다. 실효성은 뚜렷하지 않은 데 반해 젠더갈등의 심장부로 자리해 논란의 중심에 섰다. 그러니 정책적 관점에서 실효성과 부작용을 비교했을 때, 폐지가 됐건 개편이 됐건 변화가 필요하다는 생각이다. 일단 '女性가족부62)'로서의 정체성은 버려야 한다. 여가부 예산과 성인지 예산을 합쳐 10년간 평균 30조원의 예산이 편성되었음에도 여성들의 불안은 물론 남성들의 불안도 커지기만 했기 때문이다. "여성이 행복해지면 남성들도 자연스레 행복해진다"는 명제 역시 부정당한지 오래다.

필자는 '(양)성평등가족부'로 개편하고 가족·청소년부로서의 기

---

60) 지원하는 여성단체로 한국양성평등교육진흥원, 한국여성인권진흥원 등이 있다. 한국양성평등교육진흥원은 "남성 스스로 가해자가 아님을 증명해야 한다"는 교육 프로그램을 제작해 논란이 됐다.

61) 국방부의 양성평등담당관 활동·성인지력향상 대외위탁교육, 교육부의 성인지교육·성고충상담관운영, 법무부의 양성평등정책 지원, 여가부의 성매매피해여성 지원 등의 예산이 성인지 예산에서 나온다.

62) 여성가족부의 영어표기는 'Gender Equality and Family State'다. 이 표기에 따르면 '여성가족부'의 '여' 자는 如(같을 여)로 표기되는 게 맞다. 그러나 여전히 女(여성 여)를 사용하고 있다.

능을 강화하는 게 맞다고 생각한다. 여전히 이대남과 이대녀 모두 각자의 불안을 안고 있기 때문이다. 따라서 폐지라는 극단적인 방식으로 논의 자체를 회피하기보단, '(양)성평등부'적 요소를 가미해 적극적인 공론장으로 삼는게 서로에게 이롭다. 실제 여가부를 폐지하겠다는 정치인들 역시 기능을 분리하겠다는 것이지, 여성 관련 업무 자체를 제거하겠다는 건 아니다.

국민의 힘 유승민 후보만 해도 가족·청소년 업무는 보건복지부로 통합하고 대통령 직속의 양성평등위원회를 만들겠다고 했는데, 예산은 예산대로 많이 들고 분산처리로 효율성만 떨어지는 방식이다. 모든 업무를 보건복지부로 통합하는 방식도 마찬가지로 바람직하지 않다. 보건복지부는 이미 국가 전체 예산의 30~40%를 차지할 만큼 비대화된 부처이기 때문이다. 정체성 측면에서도 보건복지부가 성범죄피해자·한부모가정·미혼모·위기청소년 등 다층적인 업무들을 총괄하기는 어려울 것으로 보인다.

한편 가부장제 과도기가 기존의 가족제도에 미친 영향력을 고려했을 때, 0.7명까지 치달은 저출산 문제를 극복하기 위해서라도 성평등과 가족·청소년 업무를 총괄하는 부처는 꼭 필요하다. 다만 장·차관 등 결정권을 가진 고위직 선정에 있어 이대남과 이대녀의 목소리가 균형적으로 반영될 수 있도록 대책을 마련해야 할 것이다. 그렇게 젠더갈등 해소를 위한 공론장으로서의 기능을 수행하지 못할 바에야, 여가부는 차라리 폐지되는 편이 낫다.

지금까지 젠더갈등은 너무 극단적인 방식으로 논의되어왔다.

20%의 진실과 80%의 오해로 이루어진, 그런 갈등의 양상을 필자는 질소과자라고 표현했다. 특히 젠더이슈에 활용되는 각종 통계 등 '숫자'들은 오염될 대로 오염되어 합리적인 판단 자체를 불가능하게 만들었다. 그런 오염된 숫자들을 각자의 아지트(커뮤니티)에서 선별적으로 수용하며, 서로에 대한 증오는 걷잡을 수 없이 커졌다. 따라서 질소과자의 질소를 빼내는 게 선결과제라고 생각했고, 그 과정을 거친 결과 다음과 같은 '실질적인' 결론들이 도출됐다.

첫째, 여성은 '성범죄'의 불안에 시달리고 있다. 따라서 성범죄에 있어서만큼은 여성이 약자라는 관점에서 출발하는 게 맞다.

둘째, 성범죄 이외의 강력범죄에 대한 위협은 남녀를 가리지 않았다. '데이트폭력' 등 이성 관계에서 벌어지는 폭력을 제외한다면 여성에게만 특별한 보호가 이루어질 필요는 없다는 결론이다. 자살도 마찬가지다. 남성의 자살에는 무관심한 사회 분위기는 여전히 남성이 소모품으로 취급된다는 강력한 증거다. 따라서 자살을 성별의 논의로 치환하려는 시도 자체가 부적절하며, 그래야 한다면 남성들의 자살에 대한 고민부터 선행되어야 할 것이다.

셋째, 여성들이 느끼는 '경력단절 이후'의 불안에 대해선 전 방위적 고민이 필요하다. 그러나 경력단절 이전, 노동시장 진입 당시를 상정하였을 때는 유의미한 성차별의 근거를 찾기 어려웠다. 또한, 여전한 가부장제의 의무는 이대남들에게 더 많은 실패의 책임을 묻고 있었으며, 실제 더 많은 이대남들이 니트족으로 전락해 유리바닥 밑의 아픔을 오롯이 떠안고 있었다. 일자리에 관한 이대남의 박탈감을 흘려들어서는 안 되는 이유다.

E(Environment) · S(Social) · G(governance) 경영이 대세라고 한다. 더 이상 기업이 이윤추구라는 전통적인 역할에만 충실해서는 안 된다는 의미에서다. 정치권도 다르지 않다. 표를 얻는 데 급급한 편 가르기 정치의 결과는 부메랑이 되어 돌아오게 되어있다. 주먹구구식으로 잘못된 숫자들을 쏟아내며 젠더갈등을 야기한 민주당이 미투운동과 박원순 사태를 거치며 이대녀들에게도 버림받은 것처럼, 앞으로도 젠더갈등을 이용하는 나쁜 정치인들은 어떤 형태로든 배척될 것이다.

같은 실수를 반복해선 안 된다. 멀리 돌아가더라도 정도를 택해야 한다. 다음 챕터에선 그런 문재인 정부와 민주당의 실수를 반면교사로 삼기 위한, 정치권에 의한 젠더갈등의 역사를 되돌아보려 한다. 한편 이는 反 페미니즘 정서를 적극적으로 수용하며 이대녀들을 내치는 국민의 힘 후보들에 대한 제언이기도 하다.

Chapter 3

정치권의
놀이

01

20대
GSGG론

이대남도 문재인 정부의 '**핵심 지지층**'이었다. 정권 초까지는. 출범 당시 문재인 정부에 대한 이대남의 지지율은 90%에 육박했다. 그야말로 초당적인 지지와 성원이었다. 그만큼 많은 기대와 믿음이 있었다. 더 공정한 나라를 만들어줄 거라는 기대, 먹고 살만한 나라를 만들어 줄 거라는 믿음 말이다. 실제 민주당의 구호가 그랬다. '기회평등·과정공정·결과정의'를 외치며 청년들이 행복한 나라를 만들겠다고 이야기했다.

그러나 기대와 믿음이 깨지기까지 그리 오랜 시간이 걸리지 않았다. 20대, 특히 남성들의 지지율이 수직으로 하강하기 시작한 것이다. 2018년 초에는 60%, 2018년 말에는 40%로 떨어졌다.[63) 일부 여론조사 기관에서는 더 드라마틱한 변화가 일어나 20대 남성의 지지율이 30%를 밑돌 정도였다.[64) 모든 연령대와 성별을 통틀어서도 가장 낮은 수치였다. 이에 리얼미터 관계자는 "그동안 20대 전체를 문 대통령의 핵심 지지층으로 간주해왔으나 20대에서 남성은 더 이상 핵심 지지층이 아니며 오히려 핵심 반대층으로 돌아섰음을 보여주는 결과"라고 밝혔다.

다양한 반응이 쏟아졌다. 너무도 극명한 변화였기 때문이다. 중론은 청년 정책의 실패였다. 먹고사는 문제가 해결되지 않자 이대남들이 정부에 돌아섰다는 것이다. 타당한 분석이다. 그러나 먹고사는 문제만으로는 "왜 하필 이대남의 지지율만 떨어졌는가"를 설명할 수 없었다. 먹고사는 문제는 비단 이대남만의 문제가 아니었기 때문이다. 그러자 일각에서 제기되기 시작한 것이 '페미니즘'이었다. 문재인 정부의 여성 친화적 정책이 청년 남성들의 박탈감을 부추겼다는 것이다. 같은 청년인데 유난히 남성들만 이탈했다면, 핵심 변인은 젠더갈등이 될 수밖에 없다는 주장이다. 필자가 지금까지 논증해온 내용과도 일치하는 지적이었다. 실제로 문재인 정부에 대한 이대녀들의 지지율은 여전히 공고했다.

그러나 '**여성계**'는 동의할 수 없다며 반발했다. 문재인 정부의 정책 실패에 대한 책임을 페미니즘에 묻지 말라는 것이다. 그 또한 타당한 지적이었다. 문재인 정부의 여성정책은 이대녀들조차 만족시키

---

63) 한국갤럽 여론조사 추이를 보면 20대 남성이 문재인 정부의 국정수행을 "잘하고 있다"고 평가한 비율은 2017년 6월에는 87%로 최고점을 기록했으나 2018년 2월 큰 폭으로 하락해 60%를 기록했다. 이후 12월 2주차 조사에서는 38%로 더더욱 낮아졌다.

64) 2018년 12월 17일 리얼미터가 발표한 '주간집계'에 따르면 문재인 대통령의 국정수행 지지율은 전주대비 1% 내린 48.5%를 기록했다. 20대 남성의 지지율은 29.4%로 60대 남성을 포함한 모든 연령대별 남녀 계층 중 가장 낮았다.

지 못한 실패작이었기 때문이다. 문제는 여성계가 비난의 화살을 이대남들에게도 겨눴다는 데 있었다. 실제 한겨레신문은 이대남의 지지 철회를 두고 "기존 남성 집단이 누리고 있던 기득권이 해체되는 과정의 일부"이며 "먹고살기 힘들어지니 만만한 소수자 집단에 책임을 전가하는 사회현상"이라 비판하는 내용의 칼럼을 실었다.

동의할 수 없는 주장이다. 이 칼럼의 주장 또한 만만한 소수자(이대남) 집단에 책임을 전가하는 것에 불과하기 때문이다. 구체적으로 두 가지 측면에서 반박하고 싶다.

첫째, 기존 남성 집단과 이대남을 싸잡아서는 안 된다. 직접 가부장제의 혜택을 누린 집단과, 낡은 의무만 강제되고 있는 이대남은 분명 다른 층위에 놓여있기 때문이다. 앞서 살펴본 것처럼 이대남의 분노는 막연한 피해의식이 아닌, 분명한 피해로부터 비롯되고 있었다. 또한, 피해의 규모 역시 이대녀와의 비교가 무의미할 만큼 크고 치명적이었다.

둘째, 백번 양보해 기득권이 해체되는 과정의 정당성을 인정하더라도, 그 과정에서 수반되는 과도기적 갈등을 '잡음' 취급하며 무시하자는 주장은 받아들이기 어렵다. 그렇게 얕잡아보고 가르치려 들수록, 반발심만 커질 뿐이기 때문이다. 논리도 안 맞지만, 실재하는 사회적 현상을 도덕의 잣대로 따지고 드는 건 아무런 의미도 없다.

실제 기울어진 언론지형 속 자칭 전문가들이 이구동성 남성 기득권을 뭉뚱그려 "과거 남성 집단이 가부장제 혜택을 누렸으니 그 대가는 너희(이대남)가 감당하라"는 연좌제적 주장을 펼쳤지만 당연하게도 이대남의 불만은 잠식되지 않았다. 주장의 방점을 문제 해결과 설득이 아닌 선언과 가르침에 둔다는 것이 지식인들의 가장 큰 문제다.

◇ 이대남은 어쩌다 네오나치가 되었나

민주당이 '**노력**'을 안 한 건 아니다. 이대남의 목소리를 듣겠다며 발 벗고 나선 의원들도 있었다. 일례로 표창원 의원은 〈20대 남성들의 이야기를 듣겠습니다〉라는 이름의 간담회를 열고 이대남을 불러모았 다. 그러나 간담회 분위기는 생각보다 험악했고, 졸지에 이대남의 성 토장이 되어버렸다. 이대남들은 "민주당이 여성계와 동의어는 아니 지 않느냐", "민주당이 페미당이란 의견도 나온다", "20대 남성은 완 전히 고립됐다" 등 울분을 토했다. 페미니즘 때문에 이대남들이 문재 인 정부에 대한 지지를 철회했다는 주장은 인터넷에 떠돌던 낭설이 아니었다는 것이다. 그러나 민주당의 노력은 딱 여기까지였다. 각종 망언들이 훨씬 크게 부각되었기 때문이다.

가장 먼저 논란이 된 건 설훈 의원이었다. 그는 〈폴리뉴스〉와의 인터뷰에서 20대 남성의 지지율 하락에 대해 묻자 "이분들이 학교 교 육을 받았을 때가 이명박 · 박근혜 정부 시절이었다. 그때 제대로 된 교육이 됐을까"라고 답했다. 정말 경악스러운 세대인식이 아닐 수 없 었다.

첫째, 교육이 청년세대의 인식을 좌지우지한다는 생각부터가 청 년세대를 얕잡아본다는 증거다. 다른 말로 언제든 주입식 교육을 통 해 전향시킬 수 있는 가벼운 존재로 취급하는 것이다.

둘째, 논리적 정합성도 떨어진다. 남성이나 여성이나 같은 교육을 받았기 때문이다. 정말 교육이 문제였다면 오직 이대남의 지지율만 바닥을 뚫은 이유가 대체 뭔가? 이대녀들은 반공교육에 면역이라도 되어있다는 말인가? 심지어 사실관계도 안 맞는다. 당시 20대 후반을 기준으로 봤을 때, 의무교육 기간의 대부분을 김대중·노무현 정부 시절에 보냈기 때문이다. 올해로 만 28세인 필자만 해도 노무현 정부 시절 중학교를 졸업했다. 설 의원의 주장대로 교육이 문제였다고 치더라도, 김대중·노무현 정부 시절 전교조 교육의 반작용이라고 보는 편이 차라리 타당한 것이다.

한술 더 떠 이대남을 '네오나치'에 비유하는 사람도 있었다. 민주당의 홍익표 의원이다. 그는 국회 토론회에서 "왜 20대가 가장 보수적이냐. 1960~70년대 박정희 시대를 방불케 하는 반공교육으로 아이들에게 적대감을 심어줬기 때문"이라고 주장했다. 설 의원과 마찬가지로 사실관계부터 틀렸다. 김대중·노무현 정부 시절은 두말하면 잔소리고, 현재도 교육에 정치를 뿌리는 건 다름 아닌 친여 성향의 전교조 교사들이다. 당장 올해만도 전교조 교사 한 명이 천안함 사태를 비하하는 등 구설수가 끊이질 않는다. [65] 대체 무슨 억하심정으로 20대가 반공교육 때문에 보수화되었다는 억지를 쓰냐는 것이다.

잇따른 논란에 민주당의 홍영표 원내대표가 공식적으로 사과했

---

65) 2021년 6월 10일 휘문고등학교 교사 A씨는 페이스북에 "천안함이 폭침이라 치면 파직에 귀양 갔어야 할 함장이란 새끼가 어디서 주둥이를 나대고 지랄이야, 천안함이 무슨 벼슬이냐? 천안함은 세월호가 아냐 병신아, 넌 군인이라고! 욕 먹으면서 짜져 있어 씹탱아"라는 내용의 글을 남겼다.

다. 그러나 홍익표 의원은 "사과에 동의하지 않는다"며 끝내 잘못을 인정하지 않았고, 되레 20대 현상을 '유럽 사회의 신나치(네오나치)'에 비유하며 사태를 악화시켰다. 일부 민주당 의원들에 의한 일말의 노력마저 무색하게 만들어버린 사건이었다.

대체 '왜' 그러는 걸까? 그들도 과거 20대 시절을 겪었을 텐데 말이다. 586세대의 20대를 떠올려보자. 누구보다 피 끓는 20대를 보낸 그들이다. 지금까지도 20대 당시 학생운동의 경험을 가장 강렬하게 기억하고, 그 토대로 기득권을 획득한 게 586세대라는 것이다. 40대도 마찬가지다. 노무현 정권을 탄생시킨 주역이 다름 아닌 20대 당시의 그들이었다. 기성세대의 만류에도 불구하고 호기롭게 새로운 시대에 한 표를 던진 게 지금의 40대라는 것이다.

그런데 정작 기성세대가 된 지금은 어떤가. 자신들의 기득권을 위해, 자신들의 신념을 관철하기 위해 과거의 거울(지금의 20대)을 보며 자아비판을 자행하고 있다. 그렇게 그들이 젊을 적 비판했던 기성세대의 실수를 그대로 답습하고 있다. 그러니 논리조차 궁색하기 짝이 없다. 그들이 원인으로 지적하는 먹고사는 문제와 교육 문제는 비단 이대남들만의 문제가 아니기 때문이다. 그걸 모를 리 없는데도 그 두 가지를 근거로 오직 이대남만을 공격한다.

이유는 생각 외로 단순하다. 그들은 철저히 진영논리로 접근하기 때문이다. 그들이 공격의 대상으로 삼는 건 보통의 20대가 아니다. 민주당을 지지하지 않는 20대다. 공교롭게도 그 대상이 20대, 그중에서도 이대남이었을 뿐이다. 그들에게 "민주당이 잘못했다"는 결론은 존재하지 않는다. 그들에게 민주당은 절대선이기 때문이다. '기득권 좌파'라는 형용모순의 한계가 그대로 드러나는 대목이다. 누군가는 그들의 기득권에 짓눌려 숨도 못 쉬는데, 좌파적 정의라는 당위를 앞세워 정당화하는 것이다. 그러니 반성하지도 않는다. 문재인 대통령의 신년 기자회견만 봐도 그렇다. 그토록 부르짖었는데도 "젠더갈등은 특별한 문제라고 생각하지 않는다"고 했다. 그런 아집과 객기가 문제의 원인이라는 생각조차 못 하는 게 그들이다. 결과적으로 이대남은 버려졌다. 민주당의 정의에 도전했다는 죄로.

'세대전쟁'은 **'프레임전쟁'**이다. 네오나치설은 시작에 불과했을 만큼 이대남을 겨냥한 민주당의 프레임전쟁은 계속됐다. 민주당이 들고 나온 새로운 카드는 이대남이 '사회적 배려심이 부족한 집단'이라는 것이었다. 정확한 발단은 대통령 직속 정책기획위원회(이하 '정책위') 보고서였다. 〈20대 남성지지율 하락요인 분석 및 대응방안〉이라는 제목의 보고서에는 "20대 남성의 공정성이 능력주의에 기반한 절차적 공정성으로 축소됐다", "사회적 배려심이 매우 낮은 것으로 보인다" 등의 내용이 담겨 있었다.

심지어 보고서에는 민주당의 핵심 지지층인 이대녀에 대해서도 부정적인 평가가 이어졌다. 이대녀는 '페미니즘 등의 가치로 무장한 새로운 집단이기주의 감성의 진보집단'이라는 것이다. 그들이 얼마나 진정성 없이 젠더갈등을 이용하고 있는지가 적나라하게 드러나는 대목이었다. 청년들이 동시에 반발하고 나서자 궁색한 변명이 돌아왔다. "일부 위원들이 자유롭게 토론한 내용을 토대로 작성된 것"이며

"확정된 입장은 아니"라는 것이다. 그러나 사태는 진정되지 않았다. 중요한 건 말이 나온 경위가 아닌, 그 말에 담긴 그들의 생각이었기 때문이다.

'**후속타자**'는 진보지식인이었다. 이번에도 유시민 이사장의 발언이 논란의 중심에 섰다. 발언의 요지는 "20대 남성은 축구도 봐야 하고 롤(LOL)도 해야 하는데, 여성들은 열심히 공부해 경쟁에서 뒤처진 20대 남성들이 페미니즘에 적개심을 갖게 되었다"는 것이었다. 그야말로 천박한 세대인식이 아닐 수 없었다. 일단 비교 대상부터가 틀렸다. '축구 보고 게임하는 남성'의 비교 대상은 열심히 공부하는 여성이 아닌 '드라마 보고 쇼핑하는 여성'이기 때문이다. 모든 남성이 축구 보고 게임하는 게 아니듯, 모든 여성이 열심히 공부만 하는 건 아니다. 오히려 거의 모든 모의고사 · 수능 등의 시험에서 최상위권은 남학생이 훨씬 많다.[66] 본인 말마따나 "60살이 넘어서" 뇌에 문제가 생긴 게 아니라면, 이대남에게 나쁜 프레임을 만들기 위한 전략적 발언이라고밖에 생각할 도리가 없는 것이다.

논리도 틀렸다. 남성들이 시험에 뒤처지기 시작한 건 노력이 부족해서가 아닌 강제된 병역의 의무 때문이다. 남성들은 입대 후 학력 단절 상황을 생각하지 않을 수 없다. 그래서 평균 3년 이상이 걸리는 고시 공부에 선뜻 뛰어들기 어려운 것이다. 과거 여성들이 뒤처진 이유가 사회적 차별 때문이라고 주장하던 그들이다. 남성들도 마찬가

---

66) 한국교육과정평가원에서 발표한 대학수학능력시험 1등급 성비 분포를 살펴보면 매해 남학생들의 1등급 비율이 10% 이상 높았다. 2005년 수능부터 남성 57.5%, 여성 42.5%로 15% 차이가 나타났으며 2017년 수능에서도 남성 57.6%, 여성 42.4%로 큰 차이가 났다.

지다. 축구와 게임 때문이 아닌 보상 없는, 심지어는 최소한의 선택권조차 없는 독박병역 때문에 뒤처지는 것이다. 여성이 뒤처지는 건 차별 때문이고 남성이 뒤처지는 건 축구와 게임 때문이라는 주장은 모순이자 기만이다.

마지막으로 부끄러움을 모르는, 기득권 남성스러운 성 고정관념을 꼬집지 않을 수 없다. 이대녀도 축구 보고 게임한다. 반대로 이대남도 드라마 보고 쇼핑한다. 정작 성인지 감수성이 가장 떨어지는 세대는 대체 누구인가? 그런 기본조차 모른다면 청년 문제에 입을 열지 않는 것이 상책이다.

◆ '그힘찍(그래서 국민의 힘 찍을 거냐)'의 딜레마

그리고 2020년, '21대 총선'이 시작됐다. 필자에게도 의미 있는 선거였다. 문재인 정부와 민주당을 향한 분노는 충분했다. 시기도 괜찮았다. 민주당이 입법거래 식으로 '준연동형 비례대표제'를 통과시켜놓곤 실리를 앞세워 위성정당을 만든 직후였기 때문이다. 투표장에서 적어도 민주당 후보에 투표하지 않을 것은 분명했다. 문제는 대안이었다. "그래서 국민의 힘에 투표할 수 있느냐"는 것이다. 단지 민주당이 싫다는 이유로 반대 세력에 표를 줄 수는 없었다. 그건 또 다른 역치를 요구하는 일이었다. '이제 그만 국민의 힘을 용서할 수 있느냐'는 차원의 문제였기 때문이다. 그만큼 필자를 비롯한 청년들이 가진 국민의 힘에 대한 인식은 좋지 않았다.

하물며 아직 국정농단 사태의 상처가 충분히 아물기도 전이었다. 그래서 필자는 21대 총선을 '분노의 임계는 넘었지만, 용서의 임계는 넘지 못한' 시기로 정의한다. 투표권을 얻고 나서 처음으로 투표를 포기한 선거이기도 했다. 필자만 그런 생각을 한 것은 아닌 듯하다. 통계를 보면 말이다.

20대 국회의원 선거에서 이대남의 **투표율**은 20~24세가 59.3%, 25~29세가 51.6%로 나타났다. 모든 연령층과 성별 구분을 통틀어 가장 낮은 수준이었다. 동 선거에서 여성 20~24세의 62.6%, 25~29세의 62.4%가 투표에 참여한 것과 비교하면 10% 가까이 차이가 난다. 청년층의 경우 전통적으로 여성의 투표율이 남성에 비해 높았다는 걸 감안하더라도 큰 차이다. 19대 대선 당시 20대 남성 투표율(약 73%)과 비교해도 엄청나게 낮아졌다. 아직도 이대남의 정치적 영향력이라는 게 한 줌에 불과하다는 비아냥의 근거이기도 하다. 득표율 역시 민주당에 기울었다. 먼저 지역구 득표율을 보면 이대남은 민주당에 47.7%, 국민의 힘(당시 미래통합당)에 40.5%를 투표했다. 이대녀는 민주당이 63.6%, 통합당이 25.1%였다. 성별 투표 성향은 지금과 같이 극명하게 나뉘고 있었다는 것이다. [67] 다만 여성은 결집했고, 남성들은 그렇지 못했기에 민주당 '180석'이라는 초유의 결과를 받아들여야 했다. 당시를 회상하면 그저 무력했던 것 같다. 2021년 벌어질 변화의 바람은 예상하지 못한 채.

---

67) 비례대표 투표에서는 20대 남성의 31.3%가 국민의 힘 위성정당에, 28.4%가 민주당 위성정당에 투표했다. 반면 20대 여성은 16.6%가 국민의 힘에, 41.7%가 민주당에 투표했다. 투표에 참여한 이대남들은 차츰 국민의 힘에 지지를 보내기 시작했던 것이다.

02

가짜
페미니스트

박원순 전 시장은 '자칭 페미니스트'였다. 남인순 민주당 의원과 함께 최초의 성희롱 판결을 이끌어낸 인권변호사이자 한국 페미니즘의 바이블 〈82년생 김지영〉을 읽고 눈물까지 흘렸다고 하니 말이다. 한 행사에서는 "사실 나는 여성"이라며 수줍은 커밍아웃을 했다고도 한다. 그뿐인가. 미투운동 직후 안희정 전 지사의 1심 무죄 판결에 대해선 "무죄 판결을 내린 판사도 비판받을 대목이 있다"며 날을 세웠다. 그러니 그가 살아온 삶의 궤적만 본다면, 그는 의심할 여지 없는 페미니스트였다.

그랬던 박 전 시장이 성추문으로 자살을 택할 거라고 누가 상상이나 했을까. 내용도 충격적이었다. 인권위와 재판부에 따르면 박 전 시장은 피해자에 "냄새를 맡고 싶다. 쿵쿵", "섹스를 알려주겠다"와 같은 성희롱성 문자는 물론 속옷만 입은 사진까지 보냈다고 한다. 이에 재판부는 "피해자가 정신적 고통을 받은 것 또한 틀림없는 사실"이라고 강조했다. 심지어 가해는 4년이나 계속됐다고 한다. 4년이면 미투운동이 촉발되고 박 전 시장이 안 전 지사의 1심 무죄 판결을 비판한 시점까지 포함된다. 안에서는 가해를 지속하고 있었으면서, 밖으로는 여전히 페미니스트 코스프레를 하고 있었다는 소리다. 그러니 박 전 시장이 "이 파고는 넘기 힘들 것 같다"고 판단한 것도 무리는 아닐 것이다. 남루한 사건에, 남루한 결말이 아닐 수 없다.

더 충격적인 건 '**여성계**' 인사들의 행보였다. 박 전 시장을 둘러싼 여성계 인사들이 피해자가 아닌 박 전 시장을 두둔하고 있었다는 사실들이 속속 드러났기 때문이다. 남인순 의원과 한국여성단체연합은 성추행 피의사실을 박 전 시장에게 알렸다는 사실이 밝혀지며 빈축을 샀고, 서울시 임순영 젠더특보는 4년간 성추행이 계속됐다는 사실조차 몰랐으며 피의사실을 확인한 직후에는 박 전 시장과 대책을 논의하는 비상식적 행동을 보였다. 권력에 의한 일방적인 가해가 계속되는 와중에 피해자의 편은 아무도 없었다는 것이다. 오히려 대표적인 페미니스트라는 박 전 시장의 상징성이, 박 전 시장을 지켜주는 울타리로 작용했다. 페미니스트라는 벙커 안에 추악한 본성을 숨긴 채 더 노골적으로 사리사욕을 채워온 셈이다.

다급할 때 인간의 본성이 나온다고 했던가. 페미니스트라는 가면 뒤에 숨어있던 가짜 페미니스트들이 하나둘 정체를 드러내기 시작했다. 지금 이 글을 쓰면서도 한숨밖에 안 나오는, 한평생을 통틀어서도 손에 꼽는 참담한 시기였다. 여성계 인사들의 만행은 계속됐다. 검찰 내 성추행 피해 사실을 폭로하며 국내 미투운동을 촉발했던 서지현 검사는 물론 같이 목소리를 냈던 임은정 검사 모두 이 사건에 함구했다. 서울시가 서울특별시장으로 5일간 박 전 시장의 장례를 치른다고 했을 때조차 단 한마디 비판도 하지 않았다. 심지어 이때 서지현 검사는 법무부의 양성평등정책 특별자문관이기도 했다.

그나마 입이라도 다문 게 다행이라고 생각될 정도였다. 이어지는 만행들을 보면 말이다. 진혜원 안산지청 부부장검사는 박 전 시장과 나란히 팔짱을 낀 사진과 함께 "자수한다. 팔짱을 끼는 방법으로 성인 남성을 추행했다"는 글을 올리며 피해자를 비난했다. 임은정 검사의 팬클럽인 '임은정 검사를 지지하는 모임'에도 박 전 시장은 물론 안 전 지사 건의 피해자를 모욕하는 글과 댓글들이 쏟아졌다. 한 회원은 커뮤니티 토론게시판에 안 전 지사 피해자의 얼굴과 저서를 올리며 "참 한심한 여자. 그 가족들에게 2차 가해, 즉 정신적 피해를 가중시키는 행위"라고 비난했다. 댓글은 더했다. "정신병 관심종자 꽃뱀", "수치심을 모르는 여자" 등의 원색적인 비난이 줄을 이었다. 진보세력을 표방하는 이들 모두가 사실 페미니즘의 적이었다는 사실을 스스로 실토한 셈이었다.

가짜뉴스도 속출했다. 민주당과 강성지지층이 그토록 증오하는 가짜뉴스 말이다. 각종 SNS와 커뮤니티에는 "피해자가 나경원의 비서였다"는 둥, "강용석이 변호사"라는 둥 온갖 음해와 욕설들이 난무했다. 친여 커뮤니티 '클리앙'에는 피해자를 관노에 비유하며 "관노와 수차례 잠자리에 들었다는 구설 때문에 이순신은 존경받지 말아야 할 인물이냐"고 되물으며 당당하게 2차 가해를 자행하는 글이 올라왔고, 심지어 많은 회원의 공감까지 얻었다.

박 전 시장의 자살에 대한 책임론도 등장했다. "그래도 자살로 속죄한 것 아니냐"는 주장은 양반이고 피해자가 고소했기 때문에 박 전 시장이 자살한 거라면서 "사실이 아니면 당신은 어떻게 속죄할 거냐"며 적반하장 피해자에게 책임을 묻는 지경까지 이르렀다. 정말 자고 일어나면 망언이 쏟아지는 광란의 시기였다.

민주당도 빠지지 않았다. 이해찬 대표를 시작으로 여가부 장관에 이르기까지, 일제히 피해자를 피해호소인이라 명명하는 희대의 장관을 연출했다. 최초의 성희롱 판결로 피해자의 범위를 확장시킨 박 전 시장의 공로를, 그의 추행을 비호하기 위해 스스로 철회하는 막장극의 진수를 보여준 것이다.

최후의 망언은 김어준 씨의 몫이었다. 그는 '피해사실'과 '정치적 행위'를 구분하며 "피해자의 정치적 행위를 비판하는 건 2차 가해가 아니다"라는 궤변으로 민주당과 강성지지층의 극악무도한 내로남불을 옹호했다. 박 전 시장은 거물 정치인이었다. 당시 민주당과 강성지지층들이 보여줬던 2차 가해와 억지, 망언들이 곧 피해자가 정치적 행위를 할 수밖에 없었던 이유다. 정치적 행위마저 없었다면 피해자는 어떻게 됐을까? 그 답은 2차 가해자들이 더 잘 알고 있을 것이다.

◇ 자살은 면책 사유가 될 수 없다

박 전 시장의 자살도 비판하지 않을 수 없다. 자신의 명예를 지키기 위한 책임 회피성 선택에 불과했기 때문이다. 그래도 자살로 책임진 것 아니냐고? 궤변이다. 노무현 전 대통령의 자살과도 또 다르다. 명백한 피해자가 존재하는 사건이기 때문이다. 박 전 시장이 자살함에 따라 사건은 미궁에 빠졌다. 수사조차 중단되었기 때문이다. 달리 진상을 규명할 수단은 어디에도 없었다. 심지어 박 전 시장의 유족 측은 박 전 시장의 업무용 휴대전화의 디지털 포렌식까지 반대하고 나섰다. 피해자가 의지할 수 있는 건 오직 박 전 시장의 비행을 비토하는 여론뿐이었다.

한편 박 전 시장의 강성지지층은 진상규명이 불가능하다는 사실조차 무기로 삼았다. 피해자 때문에 박 전 시장이 죽었다는 책임 전가는 기본이고 피해자를 꽃뱀으로 몰아 더 악랄하게 괴롭혔다. 박 전 시장의 죽음으로 촉발된 서울특별시장 논쟁은 또 어떤가. 코로나 사태에도 불구하고 서울 한복판에서 5일간 대대적인 장례식을 치르며, 엄청난 사회적 갈등이 촉발됐다. 정부의 실정을 비판하는 광화문 집회에는 '살인자'라고 맹폭했던 문재인 정부와 여당은 박 전 시장의 불명예스러운 5일장에는 일제히 입을 닫았다. 무리한 결정을 강행하고 그 결정을 막지 못한 박 전 시장의 측근과 정부·여당에도 책임이 있지만, 일차적인 책임은 피해자와 시민들을 뒤로 한 채 무책임하게 자살을 택한 박 전 시장 본인에게 있다.

문재인 정부의 민주당은 의심할 여지 없는 **'가해자'**였다. 나아가

진보세력을 자처하며 페미니스트 대통령과 민주당을 지지해온 강성지지층들의 추악한 민낯은, 사회적 약자와 기득권이 절대로 함께할 수 없다는 가설에도 종지부를 찍었다. 그들 스스로 공범임을 자백한 꼴이었기 때문이다. 실제 박 전 시장 사건 직후 민주당에 대한 여성의 지지율은 10% 이상 폭락했다. 한편 박 전 시장 자살로 성사된 4 · 7 서울시장 보궐선거에서 이대녀의 15%가 기타 정당에 표를 던졌다는 사실 역시 변화의 발로였다. 기득권 연장을 위해 페미니즘을 이용해온 민주당은 그렇게 청년 남녀 모두에게 버림받았다.

03

이대남의
태동과 백래시

총선 직후 민주당은 '**기고만장**'했다. 윤미향·조국 사태 등 악재가 겹쳐 문재인 대통령의 지지율이 폭락했음에도, 역대 최고의 대승을 거뒀기 때문이다. 2020년을 기준으로 2년 가까이 남은 20대 대선 전까지 큰 선거도 없었다. 누구도 부정할 수 없는 민주당의 세상이었다. 민주당은 모든 상임위원회를 독점하고 야당의 협의 없이 쟁점법안들을 통과시키기 시작했다. 그야말로 '입법독재'의 서막이었다.

한편 법무부에는 조 전 장관의 후임으로 추미애 장관을 임명하며 강력한 검찰개혁 의지를 천명했다. 다음은 언론개혁이라며 으름장을 놓기도 했다. 180석의 일당독재라는 비판이 입방아에 오르내렸지만 개의치 않았다. 거리낄 건 아무것도 없었다. 어차피 민주당을 견제할 수단은 어디에도 존재하지 않았기 때문이다. 그런 민주당에 박원순 시장의 자살은 청천벽력 같은 소식이었을 것이다. 꿈에도 생각지 못한 악재였을 것이기 때문이다. 서울시장 3선에 성공하며, 민주당 내에서도 특히 입지가 컸던 박 전 시장이었다. 인권변호사로서 최초의 성희롱 판결을 이끌어낸 상징성 있는 인물이기도 했다. 그런 박 전 시장이 다른 일도 아닌 성추문에 휩싸여 자살했다. 박 전 시장 개인의 명예를 넘어 민주당의 정체성 자체를 크게 뒤흔든 사건일 수밖에 없는 것이다.

민주당과 지지자들은 패닉에 빠졌다. 필자의 눈에는 그렇게 보였다. 그간 지켜왔던 최소한의 양심조차 내던진 채 안하무인 야당과 피해자에 비난과 원성을 쏟아냈다. 이대남은 물론 민주당에 호의를 갖고 있던 이대녀들마저 혀를 내두를 정도였다. 앞서 언급한 것처럼 정말 '눈에 뵈는 게 없는' 수준이었다. 조국 사태조차 넘지 못한 '그힘찍'의 임계가 완전히 박살 나버린 순간이었다.

졸지에 '**큰 선거**'가 생겼다. 서울시와 부산시 지자체장 자리가 모두 공석이 되었기 때문이다. 물론 문재인 대통령이 당대표 시절 만든 당헌대로라면, 민주당은 후보를 내면 안 됐다. 그러나 민주당에 그런 상도덕 따위 기대할 수 없는 게 당연하다. 준연동형 비례대표제 당시 아무렇지 않게 약속을 깨고 위성정당을 만든 게 민주당 아닌가. 그리고도 총선에서 대승한 터였다. 민주당은 "공당으로서 마땅히 후보를 낼 책임이 있다"는 핑계로 전당대회를 열어 당원투표로 당헌을 바꿨다. 그리고 서울시에는 박영선 후보를, 부산시에는 김영춘 후보를 공천했다. 이번에도 총선 때와 크게 다르지 않다고 생각했을 것이다. 그러니 일체의 망설임조차 없이 당헌을 바꿔 후보를 공천한 것 아니겠나.

　그러나 민주당이 간과한 사실이 하나 있다. 이제 기꺼이 국민의 힘에 투표할 수 있다는 사람들이 상상 이상으로 많아졌다는 것이다. 특히 청년세대가 그랬다. 20대 투표율이 높아야 민주당에 유리하다는 공식을 만든, 그 청년들이 이제는 민주당이라면 학을 뗄 만큼 완벽하게 돌아서게 된 것이다. 그렇게 4 · 7 보궐선거가 시작됐다. 초기에는 팽팽한 분위기가 형성됐다. 선거 약 한 달 전까지도 정권심판론과 국정안정론이 비슷한 양상을 보일 만큼.[68] 정당 지지율은 민주당이 36.8%, 국민의 힘이 28.6%로 오히려 야당이 열세였다. 섣불리 한쪽의 승리를 예단하기 어려운 상황이었다. 경선 과정도 민주당에 웃어줬다. 당원들의 민심이 일찍이 박영선 전 장관 쪽으로 결집해있었기 때문이다. 박 전 장관은 다자 구도에서 꾸준히 1위 자리를 수성했으며[69], 당내 경선에서도 압도적 표차로 후보 자리에 올랐다.[70]

　반면 국민의 힘은 내부 경선부터 당심과 민심이 나뉘어 있었으며[71], 안철수 후보와의 단일화까지, 지난한 과정들을 거쳐야 했다. 심지어 범야권 단일화 가상대결에서는 안철수 후보가 국민의 힘 나경

---

[68]　2021년 2월 28일 PNR에서 서울시의 18세 이상 남녀 804명을 대상으로 조사한 결과 '여당 심판을 위해 야당에 힘을 실어줘야 한다'는 의견이 43.6%, '국정안정을 위해 여당에 힘을 실어줘야 한다'는 의견이 42.9%로 팽팽하게 맞섰다.

[69]　2021년 2월 7~8일 TBS와 YTN에서 의뢰해 리얼미터가 조사한 결과 전체 후보 적합도 조사에서 민주당 박영선 후보가 26.2%로 1위를 차지했다. 2위부터는 국민의 당 안철수 후보(19.0%), 국민의 힘 나경원 후보(15.1%), 국민의 힘 오세훈 후보(9.4%), 민주당 우상호 후보(7.7%) 순이었다.

[70]　2021년 3월 4일 더불어민주당의 서울시장 후보 경선 결과 박영선 후보가 69.56%로 우상호 후보(30.44%)를 두 배 이상의 표차로 누르며 최종 후보로 확정됐다.

원, 오세훈 후보 모두에 앞서 국민의 힘이 후보를 낼 수 있을지조차 미지수였다.[72) 반전은 오세훈 후보의 약진이었다. 특히 청년세대에 소구하기 시작하며 지지율을 뒤집기 시작한 것이다. 결국, 오세훈 후보는 여론조사 100%로 진행된 국민의 힘 당내 서울시장 후보 최종 경선에서 41.64%를 득표해 나경원 후보(36.31%)를 누르고 서울시장 후보로 당선됐다. 이후 여세를 몰아 안철수 후보와의 단일화 경쟁에서도 승리해 야권 최종 후보가 됐다. 이대남을 필두로 한 물밑의 반향은 이때부터 시작됐다. '이대남의 태동'이었다.

본선은 '**LH와 청년**', 두 단어로 설명할 수 있을 것이다. LH 사태와 청년세대의 반란이 승패를 가른 가장 결정적인 요인이었기 때문이다. 안 그래도 흉흉하던 서울의 부동산 민심은 LH 사태까지 겪으며 완전히 야당 쪽으로 돌아섰다. 청년들은 민주당을 완전히 외면하는 모양새였다. 오죽 청년이 궁했으면 유세차량에 오를 청년이 없어 전·현직 당직자를 동원했겠나. 나이도 제대로 확인하지 않고 만17세 고등학생을 유세차량에 올렸다, 황급히 철수시키는 촌극이 벌어지기도 했다.[73) 모두 민주당의 업보다. 정권 내내 청년들을 그토록 괄시해왔으면서 지지를 기대한다면, 그만큼 몰염치한 일이 또 있겠나.

그러나 박영선 후보는 청년들이 자신을 지지하지 않는 이유에 대

---

71) 2021년 2월 28일 PNR 여론조사 결과, 국민의 힘 나경원 후보와 오세훈 후보 양자대결에서 지지정당별로는 국민의힘 지지자들에게선 나 후보(49.5%)의 지지율이 오 후보(32.3%)보다 높게 나타난 반면, 더불어민주당·정의당·국민의당 지지자들은 오 후보를 더 지지했다.

72) 2021년 2월 28일 PNR 여론조사의 '범야권 단일화 가상대결'에서 안철수 후보가 나경원 국민의 힘 후보를 상대로는 42.4%대 26.2%로, 오세훈 후보를 상대로는 41.1%대 26.1%로 각각 앞섰다.

해 "4050세대에 비해 역사 경험치가 부족하기 때문"이라고 답하며 되레 청년들의 일천함에 책임을 물었다. 우스꽝스러운 주장이 아닐 수 없다. 당장 청년들에게 체감되는 역사는 문재인 정부의 4년이다. 그 역사는 청년들이 겪었던 어떤 정부보다 끔찍했다. 그런데 잘못을 인정하기는커녕 적반하장 청년들에게 나쁜 프레임을 씌우려고 한다. 도의적인 문제를 떠나, 청년 유권자들에게 소구해야 할 정치인으로서 실격이다. 물론 타격감은 없었다. 양심도, 정치인으로서의 실리도 평생을 의존해온 진영논리 앞에서는 아무런 의미도 없다고 여기는 게 바로 민주당의 정치인들이라는 사실을 재차 확인한 것에 불과했기 때문이다. 그러니 더 이상의 어떤 질문도 무의미했다. 그저 투표로 보여주면 그만이었다.

◇ 오세훈 후보의 당선과 킹 메이커의 탄생

이미 **'결과는 정해져'** 있었다. 오세훈 후보의 압도적 승리로. 실책과 망언은 제쳐두더라도, 토론회에서조차 "생태탕이 민생"이라며 네거티브 일색의 구태 정치를 자행했으니 너무도 당연한 결과였다. 선거 직전 마지막 여론조사에서 오세훈 후보는 압도적 차이로 박영선 후

---

73) 2021년 4월 1일 시사포커스TV 보도 영상을 보면 박영선 후보 캠프 유세차량의 사회자는 "이 분은 생애 첫 투표자"라며 강모 씨를 불러냈다. 이에 등장한 강 씨는 "제가 생애 첫 투표라고 소개를 받았는데 사실 제 나이는 열여덟, 아직 고등학교 2학년입니다. 저에게는 투표권이 없습니다"라고 밝혔다. 공직선거법상 선거운동을 할 수 없는 나이다. 사회자는 황급히 강모 씨를 내려보냈다.

보에 앞섰다.[74] 한편 같은 날 공표된 여론조사에서 응답자의 86.5%는 "서울시장 지지후보를 바꿀 의향이 없다"고 답했다. 바꿀 의향이 있는 사람들이 모두 박영선 후보로 돌아선다고 해도 결과가 달라질 일은 없다는 의미였다.

그리고 4월 7일, 드디어 뚜껑이 열렸다. 결과는 생각 이상으로 충격적이었다. 특히 이대남이 그랬다. 방송3사 출구조사 결과 20대 남성의 72.5%는 오세훈 후보를 지지한 것이다.[75] 투표율도 높았다. 20~24세 남성의 투표율은 같은 세대 여성보다도 높게 나타났다.[76] 민주당도 국민의 힘도 놀랐고, 언론도 놀랐다. 심지어는 생애 처음 국민의 힘에 투표한 필자도 놀랐다. 물밑에 응어리진 분노를 어렴풋이 감지하고 있었는데도, 이 정도의 차이까지는 예상하지 못했기 때문이다. 그렇게 이대남은 킹 메이커가 됐다. 정치권과 언론의 주목과 함께 이대남 열풍이 시작됐다.

'이대남 열풍'은 여기서 그치지 않았다. 보궐선거 직후 국민의 힘 당대표 선거가 예정되어 있었기 때문이다. 이대남 열풍의 중심에 선 이준석 전 오세훈 후보 캠프 뉴미디어본부장과 나경원 전 의원의 대

---

74) 적게는 15% 많게는 22%까지 차이가 났다. 리얼미터의 경우 오세훈 후보가 57.5%로 박영선 후보(36.0%)를 크게 앞섰고, 엠브레인 여론조사 역시 오세훈 후보 46.7%로 박영선 후보(31.3%)를 앞섰다. 리서치앤리서치도 오세훈 후보가 51.5%로 박영선 후보(32.4%)보다 압도적 우세였다.

75) 4·7 서울시장 보궐선거 방송3사 출구조사 결과를 보면 20대 남성의 72.5%가 오세훈 후보를 지지했다. 민주당 박영선 후보는 22.2%의 지지를 얻었다.

76) 2021년 재·보궐선거에서 19세 남성의 투표율은 48.1%, 여성의 투표율은 48.7%였다. 20대 전반 남성의 투표율은 49.5%, 여성은 48.7%로 나타났다. 20대 후반은 남성 41.3%, 여성 49.8%였다.

결이었다. 이준석 후보가 절대 이길 수 없는 싸움이었다. 이전까지의 국민의 힘을 생각한다면 말이다. 국민의 힘 당원 연령 분포만 봐도 50대가 30.6%, 60대 이상이 42%다. 중장년층 이상 기성세대가 절대다수를 차지하고 있다는 의미다. 하물며 36살의 '0선' 출신이 명함을 내밀기에는 너무도 척박한 땅이었다. 그러나 이미 시류는 변해 있었다. 국민은 변화를 원했고 국민의 힘에도 젊은 피의 수혈이 필요했다. 그 구심점 역할을 할 수 있는 게 바로 이준석 후보였다. 그리고 6월 11일 국민의 힘 전당대회에서 이준석 후보가 43.8%의 득표율로 나경원 후보(37.1%)를 제치고 국민의 힘의 당대표가 됐다. 당심에서는 미세한 차이로 밀렸지만, 민심에서 큰 차이로 승리한 결과였다.[77] 그렇게 한국 정치사상 최초의 30대 제1야당 대표라는 대기록이 탄생했다.

한편 이대남을 주축으로 한 청년세대는 이준석 대표 당선까지 견인한 두 번째 킹 메이커가 됐다. '**이준석 효과**'는 대단했다. 그는 당대표 당선 직후 '선출직 자격시험 도입'은 물론 '토론배틀을 통한 대변인단 선출' 등을 약속했다. 능력주의를 중심으로 한 공정한 사회를 만들겠다는 포부였다. 청년들도 이에 호응했다. 당원 가입이라는 적극적 방식으로. 6월 16일 국민의 힘에 따르면 지난달 12일부터 한 달간 전국에서 새로 입당한 당원 수는 약 2만3000명에 달했다고 한다. 온라인 입당이 약 1만 명, 오프라인 입당이 1만3000명이다. 지난해 같은

---

77) 6월 11일 국민의 힘 전당대회에서 이준석 신임 대표는 당원조사에서는 37%의 지지를 얻어 2위를 기록한 나경원 후보(40%)에 비해 뒤졌으나 국민여론조사에서는 과반이 넘는 58%의 표를 가져가면서 나 후보와의 전체 득표에서 차이를 지었다.

기간 입당 규모의 10배에 달하는 수치였다. 그렇게 가입한 신규 당원의 38.8%는 30대 이하 청년세대였다. 이준석 효과가 실재한다는 증거였다. 이에 당 관계자 역시 "당이 개혁하고 변화하는 모습에 2030세대가 호응하는 것"이라고 밝혔다. 그 모든 과정이 이대남 중 한 사람인 필자에게도 엄청난 카타르시스로 다가왔다. 아직은 막연하지만, 사회를 바꿔볼 수도 있겠다는 효능감을 느끼기 시작한 것이다. 그래서 다시 정치권으로 돌아가도 괜찮겠다는 생각이 들었다. 이제 무력감을 떨쳐버려도 괜찮겠다는 생각이.

◇ 끝나지 않은 전쟁

물론 '아름다운 반응'만 있었던 건 아니었다. 작용 뒤에는 반드시 반작용이 뒤따르는 법이다. 일부 친여 매체는 노골적으로 이대남에 대한 적대감을 표출했다. 진짜 기득권 세력의 백래시였다. 이번에도 전면에 선 건 김어준 씨였다. 정말 망언으로 먹고산다고 해도 과언이 아닐 정도였다. 그는 이제라도 이대남의 마음을 사보려는 민주당 인사들을 향해 이렇게 말했다. "각 연령대는 고유한 어려움이 있고 2030세대만 어려운 것이 아닌데 왜 그들을 떠받드냐", "수명이 길어져 40대도 미래다", "4050세대가 20대보다 생각이 훨씬 젊을 수 있다", "현재 2030세대의 공정이나 정의는 굉장히 퇴행적"이라고.

한편 김어준 씨로서는 당연한 반응이라는 생각이 들었다. 그에게는 이미 민주당이 곧 정의라는 정답이 정해져 있기 때문이다. 민주당을 지지하지 않는 국민은 노인이든 청년이든 퇴행적이라는 결론 외에는 존재하지 않는 것이다. 그러나 그 결론은 오직 김어준 씨와 민주당의 세계관에서나 통용되는 결론이다. 상식 있는 국민의 보편적인 생각이 아니라는 말이다.

그들의 싸구려 논리는 참 편리하다. 언제든 자신들에게 유리하게 끼워 맞추면 그만이기 때문이다. 유시민 이사장만 해도 그렇다. "60살이 넘으면 뇌가 썩는다"더니 정작 본인은 60살이 넘은 뒤에도 숨 쉴 틈도 없이 망언들을 쏟아낸다. 누구나 나이를 먹는다는 만고불변의 진리조차 망각한 채 아무 말이나 쏟아낸 뒤 뒷수습조차 하지 않는 무책임한 모습이다. 김어준 씨도 마찬가지다. 그가 딴지일보를 만든 게 20대다. '대깨문'으로 전락한 일부 4050세대의 선봉에 서있던 사람이 다름 아닌 20대 때의 김어준 씨라는 것이다. 그런데 이제는 20대의 공정과 정의는 퇴행적이란다. 기성세대에 반발해 노무현 대통령을 만든 본인들의 공정과 정의는 진취적이나, 그런 그들에 실망해 돌아선 현재의 20대는 퇴행적이라는 내로남불 결론인데, 참으로 몰염치하고 몰상식한 주장이 아닐 수 없다.

김어준 씨의 논리에 따르면 2030세대는 퇴행적 정의를 주장해서 문제고, 60대 이상 노년층은 원래 퇴행적이었으니 민주당을 지지하는 4050세대만이 유일한 진보세력이 된다. 당최 뭔 소린지 모르겠다. 그래서 그들을 '40대 진보대학생'이라고 부르기로 했다. 오직 자신들만 진보적이라고 주장하는, 마음만은 20대 대학생인, 객관화 능력을 상실한 일부 4050세대를 뜻하는 말이다. 한편 흥미로운 관전포인트는 그들이 60대 이상이 되었을 때는 또 어떤 해괴한 논리로 자신들만 진보적이라고 주장할 것인가. 유시민 이사장처럼 시치미 뚝 떼거나 김어준 씨처럼 평균수명과 건강 운운하며 여전히 자신들은 젊다고 억지를 쓸 것이 뻔한데, 어느 쪽이건 좀스럽고 민망한 일이다. 애초에 국가의 미래인 청년세대를 버린 진보정당이 있다는 말부터가 금시초문이다. 오히려 당의 쇄신을 위해 기꺼이 30대 당대표에 투표한 지금의 60대 이상 어르신들이 훨씬 진보적이지 않나?

'KBS의 만행'도 김어준 씨 못지않았다. 아니, 오히려 KBS가 더했다. 보궐선거 직후 보도된 KBS의 '세대인식 집중조사'를 살펴보자. 조사는 중장년층 남성과 여성, 청년층 남성과 여성을 나누어 소득에 따라 "기회가 되면 내 것을 나눠 타인을 도울 것"이라는 문항에 얼마나 긍정적으로 답하는지를 10점 만점으로 평가하는 방식으로 진행됐다. 결과는 놀라웠다. 나머지 계층은 소득과 이타성이 비례하는 것으로 나타난 반면, 청년 남성층만 정반대의 결과가 나타났기 때문이다.[78] 이대남의 배려심이 부족하다던 민주당의 정책위 보고서의 분석과도 일치하는 결과였다. 끼리끼리 논다는 말처럼 진보세력의 사고회로는 대동소이한 모양이다.

그러니 당연하게도 이 조사도 잘못됐다. 민주당과 마찬가지로, KBS가 이대남에 나쁜 프레임을 씌우려 악의적인 보도를 자행했다고

---

78) 그래프에 따르면 최하층의 20대 남성들은 8점이라는 높은 수준으로 이타적이고 공동체주의적인 응답을 나타낸 반면, 최고소득층에선 4점이라는 낮은 수준을 기록했다. 같은 소득수준의 중장년층 남성과 여성이 모두 9점대를, 청년층 여성이 8점 수준을 기록한 것과 대조적인 결과다.

밖에 볼 수 없는 이유다. 세대교체를 피해가려는 발악이 정점에 달하는 순간이었다고 본다. 구체적인 근거는 이렇다. 일단 조사 방식부터가 문제였다. 이 조사의 소득 산정에는 '주관적 소득분위(내가 생각하기에 나의 소득수준은 어느 정도인가)'가 사용됐다. 소득이 10억이라도 스스로 가난하다고 생각하면 이 조사에서는 가난한 계층에 속하게 되는 것이다. 심지어 청년 남성과 청년 여성 중 자신의 소득수준을 9점 이상으로 평가한 표본은 단 한 개도 없었다. 9점 이상의 그래프는 경향성에 따라 자의적으로 유추한 결과에 불과하다는 것이다. 주관에 주관을 곁들여 억지 결과를 도출해낸, 말 그대로 '엉터리 조사'였다.

이에 데이터를 제공한 하상응 교수조차도 "KBS가 제멋대로 결과를 가져다 선동적인 기사를 내 정정이 필요하다"는 입장을 피력했다. 이게 국민의 수신료로 운영되는 공영방송사가 맞나 싶은, 어처구니없는 촌극이었다. 한편 이는 KBS조차 진영논리에 완벽하게 잡아 먹혔다는 증거이기도 했다. 누가 봐도 상식에 어긋난 결론을 억지로 짜맞추려 턱도 없는 자료를 갖다 붙인 꼴이기 때문이다.

그런 KBS의 선동에 호응하는 사람들도 있다. 바로 민주당의 강성지지층들이다. 친여 커뮤니티 '클리앙'에서는 "20대의 투표권을 박탈해야 한다"는 극단적인 주장까지 제기됐다.[79] 그야말로 이성의 끈

---

79) 2021년 4월 7일 조선일보 기사 〈"20대에 투표권을 줘야 할까" 친문 커뮤니티 대혼돈〉에 따르면 친문 커뮤니티 '클리앙'에서 한 이용자는 "20대에 투표권을 주는 것에 대해 다시 한 번 생각해 봐야 할 것 같다"며 "확실히 요즘 20대는 과거 20대와는 다른 것 같다"고 주장했다. 또 다른 이용자는 "(국민의 힘에 대한) 20대 지지율을 보면 앞으로 희망이 없다"는 등의 주장도 나왔다.

을 놓아버린 모습이었다. 지지 정당이 다르다고 투표권을 박탈해야 한다니, 공산주의 국가에서나 나올 법한 발상 아닌가?

그러나 어떠한 타격감도 없었다. 사실상 패배를 인정한 것이나 다름없기 때문이다. 반대로 승리를 견인한 이대남에게는 최고의 칭찬이었다. 게임이랑 똑같다. 지고 있는 상대가 욕설을 퍼붓는다는 건 최고의 플레이를 보여주었다는 극찬에 가깝기 때문이다. 그렇게 이해하는 것이 청년세대의 문화다. 한편 강성지지층이 난동을 부릴수록 정치권과 언론은 더더욱 이대남에 주목했다. 개가 짖어도 기차는 간다. 애처로운 노력에도 불구하고 이대남을 향한 프레임 만들기는 실패로 끝나가는 모양새다. 대다수 국민은 진영논리가 아닌 상식에 반응하니 당연한 결과다.

오히려 프레임에 갇힌 건 4050세대다. 곳곳에서 586 · 497세대의 기득권 카르텔을 무너뜨려야 한다는 주장이 제기되고 있기 때문이다. 애초에 현재 기득권의 정점이 586세대다. 문재인 정부는 586세대 운동권의 정수다. 그렇게 정치 · 경제 · 사회 전반의 기득권을 틀어쥔 586세대가 당장 일자리조차 없는 청년들의 항거를 이기주의로 매도하는데 어느 누가 동참하겠나. 당장 일자리도 없는 이대남을 두고 부자가 돼도 남을 돕지 않을 거라는 프레임을 씌운다는 게 가당치도 않다. 그러나 전쟁은 이제 시작이다. 그들은 더한 궤변으로 무장해 자신들만의 공정과 정의로 점철된 세계관을 만들어낼 것이다. 지금까지 그랬던 것처럼. 상식적인 국가라면 그런 형편없는 정당은 퇴출돼야 마땅하지만, 안타깝게도 아직 그런 정당을 지지하는 30% 가량의 유권자가 남아있다.

04

안산 사태와
언론

일단 '**개념부터 정의**(Definition)'하려 한다. 필자의 정의 말고 페미니즘 세계관에서의 정의 말이다. 페미니즘 이론에서 여성혐오와 남성혐오는 다른 개념이다. 구체적으로 여성혐오(Misogyny)는 여성에 대한 혐오나 멸시, 또는 반여성적인 편견을 말한다. 반면 남성혐오(Man Hatred)는 여성을 혐오하는 남성에 대한 증오 내지 분노다. 다른 말로 남성들이 '선빵'을 쳤기 때문에 여성혐오(Misogyny)는 부당하나, '미러링(Mirroring)' 전략의 일환으로서 남성혐오(Man Hatred)는 정당하다는 의미다. 이 세계관에서 여성은 절대적 약자이며 남성은 절대적 강자이다.

극단적으로는 남성혐오라는 개념조차 성립할 수 없다고 주장하는 페미니스트들도 있다. 그게 바로 레디컬 페미니스트다. 이때 남성은 당연히 기성세대 남성뿐 아니라 청년세대 남성 전체를 포괄한다.

장애인 남성이나 가난한 남성, 성소수자 남성 등 모든 남성은 예외 없이 강자에 속하며 얼마든지 혐오할 수 있는 존재로 분류된다. 필자는 이들의 주장이 지나치게 관념적이어서 논의 자체가 불가능한 수준이라고 생각한다.

그러나 옳고 그름을 따지고 싶지는 않다. 레디컬 페미니즘을 지지하는 측에서는 우월전략을 택한 것에 불과하기 때문이다. 시민사회 논의에서 그치지 않고 제도권의 주류 의견으로 편입되기 위해선 노이즈가 필요하다. "유명해지려면 일단 길거리에 똥을 싸라"는 현대 격언과도 일맥상통하는 전략이다. 그래서 행동에 옮긴 것이고, 그 결과 레디컬 페미니즘은 제도권에 편입되는 실질적 결실을 얻었다. 도덕적으로 옳고 그름을 따지는 건 아무 의미가 없다는 것이다.

문제는 반작용이다. 극단적인 변화에는 마땅히 사회적 거부반응이 뒤따르기 마련이다. 레디컬 페미니즘은 이 또한 무시하면 그만인 백래시로 취급한다.

그러나 반작용이건 백래시건 개념이 중요한 게 아니다. 레디컬 페미니즘을 도덕적으로 지탄하는 게 무의미한 것처럼, 반작용 역시 실재하는 현상이기 때문이다. 당장 그 반작용의 결과가 앞서 살펴본 이대남의 탄생이었다. 또한, 페미니즘 전반에 대한 혐오의 확산이다. 현재 대한민국에서 벌어지고 있는 GS · 안산 사태 등의 혐오 논란은 그런 맥락에서 살펴봐야 한다.

◇ 숏컷이 뭐길래…

시작은 한 외국인의 '**질문**'이었다. "왜 머리를 자르나요?"라는. 안산 선수는 "그게 편하니까요~"라고 간단하게 답했다. 의미 없는 질문에, 상식적인 대답이었다. 그러나 이 의미 없는 질의응답은 언론에 의해 '문제화'됐다. 지난 7월 27일 '조선일보'는 SNS상에서 이루어진 이 대화를 메인으로 〈"숏컷은 페미" 선수들 사상검증에… 인증샷 6000개, SNS 응원물결〉이라는 기사를 냈다. "머리를 왜 자르느냐"는 질문이 일종의 사상검증 공격이라는 주장이다.[80] 물론 완전히 틀린 말은 아니다. 실제 '일부 네티즌들' 사이에서는 여대·숏컷 등의 특성을 배척하는 분위기가 존재하는 것도 사실이기 때문이다. 필자도 그런 행동이 대단히 잘못된 행동이었다고 생각한다.

그러나 말 그대로 일부 네티즌들의 비행일 뿐이다. 그 자체로는 아무런 사회적 영향력도 없다는 것이다. 반면 우리 사회에 가장 강력한 영향을 가진 정치권과 언론은 어땠는지 확인해보자. 27일부터 30일까지, 단 4일 만에 조선일보와 같은 논조의 기사가 500개 가까이 쏟아졌다. 내용 역시 한 치도 다르지 않았다. 나서기 좋아하는 사람들도 빠지지 않았다. 연예인 구혜선부터 심상정·장혜영 정의당 의원과 임혜영 아나운서, 그리고 진중권 교수에 이르기까지. 직종 불문 내로라하는 인플루언서들도 한 마디씩 말을 보탰다.

---

80) 기사는 '일부 네티즌들'이라고 칭하며 "여대출신 숏컷은 90% 이상 확률로 페미" 등의 주장이 담긴 게시물과 댓글들도 소개했다. 그러나 중점적으로 다룬 것은 인스타그램에서 안산 선수에게 직접 "왜 머리를 자르냐"는 질문을 던진 한 네티즌의 댓글이었다.

거기서라도 끝났으면 다행이다. 30일부터는 "일부 네티즌이 양궁협회에 안산 선수의 금메달 박탈을 요구했다"는 보도들이 이어졌다. 심지어는 커뮤니티 '디시인사이드'에 익명으로 작성된 "페미대장부 안산 온다"는 댓글 하나로도 20개가 넘는 기사가 쓰였다. 그야말로 '분탕 치지 말라며 분탕 치는' 사람들의 전형적인 행동 양식이었다. 덕분에 해당 고등학교에선 댓글 작성자를 공개 색출하는 해프닝까지 벌어졌는데 결론은 이름 모를 외부인의 소행이었다고 한다. 작성자가 특정되지 않는 커뮤니티의 게시글 몇 개와 "왜 머리를 자르나요?"라는 SNS상의 짧은 질문 하나가 만들어낸 놀라운 나비효과였다.

여기서 필자도 질문을 하나 하려고 한다. 이 사태의 가장 큰 피해자는 누구일까? 정치권과 언론의 집중포화를 당한 일부 네티즌들? 아니다. 일부 네티즌들은 애초에 실체가 없는 존재이기 때문이다. 가장 큰 피해자는 다름 아닌 안산 선수다. 금메달 3관왕의 영예는 어디론가 사라지고, 안산 사태만 남았기 때문이다. 그렇다면 안산 선수를 괴롭히고, 이 같은 파국을 초래한 진짜 범인은 누구인가? 얼굴조차 모르는 일부 네티즌들? 이번에도 아니다. 정치권과 언론이 스피커를 달아주지 않았더라면, 안산 선수는 그들의 존재조차 몰랐을 것이기 때문이다. 그만큼 그들은 비주류이며, 아무런 사회적 영향력이 없다.

범인은 다름 아닌 정치권과 언론이다. 그들은 철저히 자신들의 이해관계에 따라 노이즈를 일으켰다. 정치권은 얼굴 한 번이라도 더 비추기 위해, 언론은 클릭 수를 유도하기 위해 안산 선수를 이용한 것이다. 필자의 말이 틀린가? 안산 선수를 보호하기 위해서였다고?

궤변이다. 애초에 안산 선수는 위협을 당하지도 않았으며 사건을 확대·재생산한 건 분탕 치지 말라며 분탕 치는 정치권과 언론이었기 때문이다.

심지어 그 언론의 주장조차 확인되지 않은 가짜뉴스로 밝혀졌다. 일단 "왜 머리를 짧게 자르나요?"라는 질문을 남긴 네티즌은 K-POP을 좋아하는 외국인이라는 게 현재까지 밝혀진 정설이다.[81] 안산 선수를 공격할 목적으로 그런 질문을 던졌을 가능성은 매우 희박하다는 의미다. 한편 "일부 네티즌이 양궁협회에 안산 선수의 금메달 박탈을 요구했다"는 주장도 사실이 아니었다. 지난 8월 3일 '더 팩트' 보도에 따르면 말이다.

대한양궁협회 관계자는 더 팩트와의 통화에서 '안산 선수의 메달과 국가대표 자격 박탈을 요구한 사람'은 단 한 명도 없었다고 밝혔다. 되레 "안산 선수를 보호해달라"는 전화만 5분에 1통씩 걸려와 사실상 업무가 마비될 정도였다고도 했다. 대한양궁협회 홈페이지 게시판도 마찬가지였다. 안산 선수를 공격하는 사람은 단 한 명도 없었고, 오직 안산 선수를 보호해달라는 요청만이 쇄도했다. 언론의 투쟁은 실체도 없는 일부 네티즌과의 '쉐도우 복싱'에 불과했다는 것이다.

---

81) 해당 네티즌의 계정을 구독하는 사람은 대부분 외국인으로 추정되는 아이디와 이름이었으며, 스토리 기능을 이용해 K-POP 리스트를 만들어 놓은 것이나 인도네시아 양궁 선수의 인스타그램에 자신의 지인을 태그한 것에 미루어봤을 때 적어도 우리나라 남성은 아닐 거라는 게 중론이다.

◇ "웅앵웅"과 "오조오억", 무엇이 문제인가

그렇게 사태는 '**일단락**'됐다. 안산 선수에 씻을 수 없는 상처만 남긴 상태로. 다만 여전히 해결되지 못한 문제가 있었다. 안산 선수의 남성혐오 발언 논란이다. 사실 처음부터 일부 네티즌들이 문제시했던 건 숏컷이 아닌 "웅앵웅"과 "오조오억" 등 안산 선수가 사용한 남성혐오 발언이었다. 철저히 정치권과 언론의 관점에서 숏컷이 강조되었을 뿐이라는 것이다. "머리를 왜 짧게 자르나요?"라는, 정확한 신분도 알 수 없는 네티즌의 댓글을 부각시킨 이유 역시 '숏컷이 공격의 이유가 되는 것'의 불합리함을 강조하기 위해서였으리라 생각한다.

아무튼, 진짜 논란의 핵심은 "웅앵웅"과 "오조오억"이었다. 그렇다면 "웅앵웅"과 "오조오억"은 정말 남성혐오 발언일까? 일부 네티즌들은 대체 왜 이런 단어를 사용한 게 문제라고 주장하는 걸까? 뭐가 문제인지 한 번 분석해보자. 분석 툴(Tool)은 단어를 사용한 맥락과 어원, 단어의 실제 활용, 크게 세 가지다.

일단 단어의 맥락을 보자. 안산 선수가 했던 "웅앵웅 과제하기 싫어"라는 표현은 맥락상 어떤 공격성도 내포하고 있지 않았다. 남성혐오를 목적으로 사용했다고 보기는 어렵다는 뜻이다.

그렇다면 남은 건 단어의 어원과 실제 활용이다. "웅앵웅"의 어원은 2016년 트위터에서 한 네티즌이 한국영화의 음향효과에 대해 불평하며 사용한 의성어다. 부정적인 뜻으로 사용한 것이나 별다른 의미는 없는 것이다. "오조오억"은 막연하게 많은 숫자를 나타날 때 사용되는 단어로, 노무현 전 대통령의 작전 통제권 연설이 시초였다.

따라서 이 또한 대단한 의미는 없다고 봐야 한다.

그러나 단어의 어원은 중요한 이슈가 아니다. 어원과 전혀 다른 의미로 사용되는 경우가 대다수이기 때문이다. 이를테면 '홍어'와 '대깨문'이 그렇다. 전자는 김대중 전 대통령과 전라도민들이, 후자는 문재인 대통령의 팬덤이 자신들을 지칭하던 말이다. 어원으로만 따지면 전혀 부정적인 의미를 찾을 수 없다는 것이다. 하지만 지금은 전라도민들과 문재인 대통령의 강성지지층을 비난하는 의미로 활용되고 있다. 따라서 중요한 건 실제 활용이다. 그리고 "웅앵웅"과 "오조오억"은 워마드 등 레디컬 페미니즘을 지지하는 커뮤니티에서 남성들을 비하하려는 목적으로 사용되고 있는 게 사실이다.[82]

구체적으로 "웅앵웅"은 '웅얼웅얼' 등 중얼거리는 모양새 내지 '논리가 없이 내뱉는 헛소리' 등의 맥락으로 쓰인다. 이에 우리어문학회 62집 '남성혐오표현의 유형과 사용 양상(박대아)'에서도 "웅앵웅"을 남성혐오 표현으로 분류하고 있다. 문제의 소지는 충분하다는 의미다. 그렇다면 남은 건 가치판단이다. 문제의 소지가 있는 단어의 사용 자체를 검열하고 배척해야 할지, 대수롭지 않은 일로 넘어가야 할지에 대한 가치판단 말이다.

---

82) 실제 워마드 등에서는 남성들을 비하하기 위한 의도로 해당 단어들을 사용하고 있기 때문이다. 〈요즘것들 탐구생활〉이라는 프로그램에서 방송인 권혁수 씨가 "같은 얘기만 반복하는 앵무새처럼 군대 얘기만 반복하는 족속을 뜻한다"는 자막과 함께 "웅앵웅"과 "초키포키" 등의 단어를 언급하기도 했다.

이때 중요한 게 '이중잣대' 문제다. 과거 일간베스트에서 쓰이던 '민주화'나 '노무노무'등의 단어가 숱하게 도마 위에 올랐기 때문이다. 심지어 '시크릿'의 전효성은 무심결에 '민주화'라는 단어를 사용했다, 사실상 연예계에서 퇴출됐다. 그만큼 우리 사회가 논란이 될 만한 단어의 사용 자체를 엄격하게 검열해왔다. 그렇다면 일관성 측면에서 남성혐오 논란이 있는 단어의 사용도 배척하는 게 맞다. 이때 레디컬 페미니스트들이 구사하는 논리가 첫째, 일간베스트와 워마드는 다르다는 것이며 둘째, 여성혐오와 남성혐오는 다르다는 것이다.

그러나 이 또한 쉽게 반박이 가능하다. 일단 워마드는 '호주 아동 성폭행 주장' 사건, '남자 아기 성기 절단 모의' 사건, '아버지 살인미수 게시물' 사건 등 끝없이 논란을 빚어온 사이트다. 일간베스트에 비해 어디가 더 해로운지를 따져보는 의미가 있을까? 두 번째 주장도 마찬가지다. 여성혐오(Misogyny)와 남성혐오(Man Hatred)가 다르다는 건 레디컬 페미니즘의 '주장'일 뿐이다. 보편타당한 진리가 아니라는 것이다. 똑같이 흙탕물 튀겨가며 피 터지게 싸워놓곤 "어쨌건 쟤가 먼저 때렸으니 나는 잘못 없다"고 우겨봐야 동의해줄 사람은 없다. 더 문제는 때린 놈 따로 있고, 맞는 놈 따로 있는 현실이다. 여성혐오(남성혐오)를 저지른 1%의 소수 때문에 나머지 무고한 사람들이 소모적인 갈등을 계속하고 있는, 작금의 현실 말이다.

필자는 표현에 대한 검열 자체가 사라져야 한다고 생각한다. 누군가를 혐오하거나 비난할 의도로 사용되었음이 명백한 경우가 아니라면 말이다. 어떤 표현은 검열하고, 어떤 표현은 용인하는 방식으로는 갈등이 종결될 수 없다. 안산 선수에 대한 검열이 온라인 학대였다면, 전효성 씨에 대한 검열도 마찬가지로 온라인 학대다. 그런 상호성의 논리로 접근해야 한다. 정말 갈등을 멈추는 게 목표라면.

◆ 친절한 어른들을 위한 제언

어른들은 이대남들에게 '**불친절**'했다. 민주당 내에선 "이대남을 전략적으로 버렸다"는 말이 나올 정도였으니, 더 부언할 필요가 있을까. 사회적 남성성은 거세당했는데, 인내가 필요할 때는 어김없이 '오빠'가 됐다. 남성성을 회복하기 위한 무한경쟁 속에 쓰러져가면서도 오랜 시간 권리 없는 의무만을 짊어져 왔다. 81.9%라는 경이로운 결집을 바라보며, "오죽했으면" 그랬겠냐는 안타까운 마음만 드는 이유다. 이제 그들은 '여성가족부'는 물론 모든 '여성할당제'의 폐지와 '여성징병제' 도입까지 주장하고 있다.

너무 극단적인 것 아니냐고? 필자도 그렇다고 생각한다. 그런데, 기성세대 어른들은 그런 말 할 자격이 없다. 그들이 "우리도 힘들다"며 절규할 때, 누구 하나 손 내밀어준 사람이 없었으니까. 사람이나 동물이나 똑같다. 처음 나를 품어준 사람을 부모로 인식하고 따르는 법이다. 지금까지의 이대남들은 '정치적 고아'나 다름없었다. 그래서 더 똘똘 뭉친 것이다. 어미 새 없는 둥지의 아가 새들이 포식자 앞에 똘똘 뭉치는 것처럼. 정치·경제·사회적으로 완전히 고립되었다는 두려움을 떨쳐내기 위해 더 강하게 결집하고 있다는 말이다.

물론 이대녀들도 불안을 안고 있다. 성범죄는 두말할 것도 없다. 경력단절 문제만 완벽하게 해결해도 '가모장'을 자처하는 여성들이 늘어나, 전업주부 남성들이 설 자리도 생겨날 것이다. 따라서 이대녀들에 대한 논의도 도외시해서는 안 된다. 다만 필자가 이대남에 방점을 찍은 이유는, 그들에게 스피커가 없기 때문이다. 우리 사회의 스피커인 정치와 언론, 학계 어디에서도 이대남의 불안을 이야기하지 않았다. 문제의 원인을 약자(여성)에게 전가한다며 꾸짖으려고만 했을 뿐이다. 그래서 '90년대생', '이대남' 당사자의 입장에서 '남자'가 되지 못한 이대남의 이야기를 해야겠다고 생각했다. "이대남의 여성혐오를 정당화한다"는 비판들을 감수하면서.

그러나 이야기는 여기서 끝나지 않는다. 청년들의 삶이 불행해질 수밖에 없었던 것에 대한, 더 근본적인 이야기들이 남아있다. 청년들이 이대남과 이대녀로 나뉘어 을과 을의 싸움을 계속할 수밖에 없었던 이유. 강 건너 비옥한 토지가 아닌 얼마 되지도 않는 척박한 땅을 두고 갈등하게 된 이유. 승자 없는 오징어게임을 계속하고 있는 이유.

지금까지 '**남자**'가 되지 못한 이대남들에 대해 이야기했다면,
앞으로는 '**어른**'이 되지 못한 청년들에 대해 이야기해볼 것이다.

젠더갈등의 근본적인 원인은 '**먹고사니즘**'이다. 맹자의 '무항산무항심(자산이 있어야 마음도 있다)'이라는 말처럼. 가진 자는 누군가를 혐오할 필요가 없기 때문이다. 영화 기생충에서 "부자들이 더 착하다"는 대사가 나온 맥락과도 일맥상통한다. "돈이 다리미질처럼 (인성까

지) 빳빳하게 다려준다"는 의미다. 유럽의 성평등 정책이 반발 없이 받아들여질 수 있었던 이유 역시 유리바닥, 즉. 사회적 안전망이 충분히 갖춰져 있었기 때문이다.

그러나 2021년 현재 우리나라는 어떤가. 청년들에게 최소한의 안전망이 보장되고 있나? 아니. 청년들의 삶은 그야말로 최악이다. 체감 청년실업률은 30%에 육박하고, 직업교육조차 받지 않는 '니트족'도 25%에 달한다고 하며, 아예 집 밖으로 나오지 않는 '은둔 청년'이 3%가 넘는다. 최소한 30%의 청년들은 사회인이자 어른이 되었다는 효능감인 **'사회적 1인분'**조차 못하고 있다는 의미다. 그렇다고 일하는 70%는 행복할까? 아니다. 자산격차는 걷잡을 수 없이 커져만 간다. 노동으로 벌어들이는 소득보다 집값이 더 빠른 속도로 치솟고 있다. 지난 8년간 전체 순자산은 43.5%가 증가했는데, 29세 이하에서만 34.5%가 '줄어'들었다. 죽어라 일해도 되레 가난해지기만 한다는 소리다.

물론 모든 **'책임'**이 문재인 정부에 있는 건 아니다. 산업구조 변화와 고령화, 코로나 사태 등 다양한 원인이 동시에 작용해 발생하는 문제이기 때문이다. 그러나 문재인 정부의 정책 실패가 이런 상황을 부추긴 것도 사실이다. '소득주도성장'은 물론 25차례나 바뀐 '부동산 정책' 실패까지. 숫자는 거짓말을 하지 않는다. 문재인 정부가 낸 성과는 박근혜 정부만도 못했다. 그뿐인가. 조국 사태로 대표되는 각종 불공정 논란은 문재인 정부의 밑바닥을 적나라하게 보여줬다. 인국공 사태는 또 어땠나. '로또일자리'를 선물 받은 소수는 행복했겠지만, 이 순간에도 그 일자리를 위해 고군분투하는 청년들의 박탈감은 이루 말할 수 없었다.

문재인 정부는 그런 청년들에게 공감할 수 없을 만큼 철저한 기득권이 되었다. 처절하게 경쟁해보지 않은 기득권이 공정의 가치를 제대로 이해할 리가 없다는 것이다. 한편 북한에는 한없이 굴종적이며 일본에만 '방구석 여포'인 철 지난 민족주의는 보편적인 청년들의 정서와 궤를 달리했다. 문재인 정부와 민주당은 능력도 없고 공정하지도 않으며 구시대적 이념에 매달리는 수구세력이자 구태정치의 대표주자로 자리한 것이다. 지금부터, 문재인 정부 5년이 청년들에게 남긴 상처에 대해 낱낱이 파헤칠 것이다. 그들의 실정이 영원한 흑역사로 남을 수 있도록.

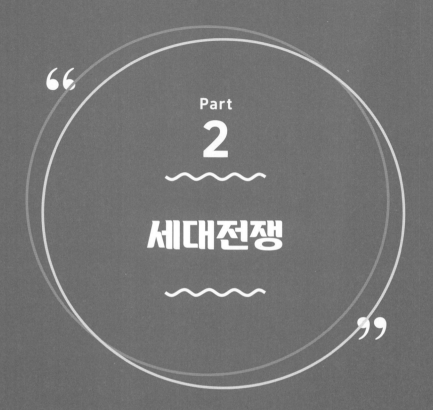

Part
2

세대전쟁

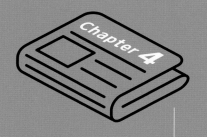

Chapter 4

부모보다 가난한
최초의 세대

01

민주당의
경제관

기득권 좌파는 그 자체로 '**형용모순**'이다. 좌파는 평등을 지향하는데, 기득권층이 평등을 지향한다는 말이 그 자체로 어색하기 때문이다. 실제 민주당은 우리나라의 가장 큰 기득권으로 자리했다. 모든 법안을 단독으로 처리할 수 있는 180석의 집권 여당이기 때문이다. 제왕적 대통령제 요소로 9명의 대법관 중 6명을 임명할 수 있으니, 사실상 삼권을 모두 장악한 셈이다. 심지어 KBS · MBC 등 공중파 방송국까지 결탁한 모양새니, 정말 무소불위의 권력이라 해도 과언이 아닐 것이다.

그런 민주당이 진짜 평등을 지향할 수 있을까? 필자는 회의적이다. 그들 역시 자신의 이익을 바라는 한낱 인간에 불과하기 때문이다. 근로자이사제로 이사 자리에 오른 근로자가, 근로자가 아닌 이사의 이익을 대변하게 되는 것과 같은 이치다. 정치적 기득권만 틀어쥔 것이 아니다. 경제적으로도 민주당은 '**강남좌파**'다.

먼저 국회부터 살펴보자. 경실련에서 발표한 21대 국회의원 300명의 총자산은 6,538억원이었다. 1인 평균으로는 약 22억원, 부동산만 따지면 약 14억원으로 국민 평균치의 4.5배에 달한다. 그중 민주당과 열린민주당은 각 평균 약 10억원, 11억원의 부동산 자산을 가지고 있었다. 미래통합당(현 국민의 힘)보단 적지만, 국민 평균의 2~3배에 달하는 수치로 평등을 지향하는 진보세력이라기엔 어쩐지 민망한 액수다. 심지어 경실련 관계자는 "21대 국회의원들이 후보자 때 선관위에 제출한 자료는 토지를 제외하고는 아파트명이나 번지 등 세부주소가 전혀 공개되지 않아 검증조차 불가능하다"며 재산 신고가 축소됐을 가능성을 지적했다.

청와대 인사들은 더하다. 2020년 10월 조선일보에서 분석한 결과, 비서관급 이상 참모 66명의 평균 재산은 약 15억원으로 드러났다. 실거래가 기준으로 환산하면 20억원에 육박할 것으로 추산돼, 사실상 국민의 힘 의원 평균과 큰 차이가 없었다.[83] 그런 그들이 누군가의 이익을 대변한다면, 그게 사회적 약자일 수 있을까? 단 4년 만에 집값이 2배 가까이 오른 희대의 참사가 문재인 정부가 정말 무능해서인지 아니면 집값이 오르는 게 자신들의 이익에 부합하기 때문인지, 판단이 안 서는 이유다.

---

83) 물론 역대 모든 의회와 정부 기관 구성원을 통틀어 국민의 힘 인사들의 재산이 민주당보다 많았다. 그러나 국민의 힘은 자유시장주의를 이념으로 하는 정당이며, 민주당은 분배와 평등을 이념으로 하는 정당이다. 지향하는 이념과 현실의 괴리가 발생하는 건 민주당 쪽이라는 의미다.

또한, 문재인 정부는 인간의 본성을 부정한다. 자신들은 본성에 충실해 무수한 부동산을 취득하고 그 자산을 중심으로 자녀들을 학력 경쟁의 승리로 이끌었음에도, 언행이 일치하지 않는 모습을 보인다. 대표적인 사례가 후술할 부동산 내로남불과 조국 사태다. 정작 본인들은 강남에서 누릴 거 다 누리면서, 강남에 진출하려는 국민의 몸부림은 '더러운 욕망' 내지 투기행위로 취급하려니 앞뒤 안 맞는 망언들만 남게 되는 것이다.

애덤 스미스는 "오늘 당신이 먹은 빵은 제과사의 자비가 아닌 이기심 때문"이라고 말했다. 인간의 이기적 본성을 터부시할 게 아니라 철저히 이용해야 한다는 것이다. 그래서 사유재산제를 근간으로 한 자유시장주의가 도래했고, 그렇게 경제가 성장했다. 그 성장의 과실을 누구보다 게걸스럽게 따먹은 게 바로 지금의, 환갑을 앞둔 586세대다. 그런데 이제와서 집과 돈을 향한 욕망을 버리라니, "나는 이미 사다리를 타고 올라왔으니 그만 사다리를 자르겠다"는 말로 들리는 게 필자만의 착각은 아닐 것이다.

문재인 정부는 시장마저 부정한다. 다른 말로 정부의 역량을 과신한다. 그래서 규제 일변도의 정책들을 자행한다. 규제의 부작용에 대한 고려 같은 건 없었다. 대표적인 게 '임대차 3법'이었다.[84] 4년간의 거주기간을 보장해주겠다는 취지인데, 결과적으로 전보다 나빠

---

84) 계약 갱신 시 증액 한도를 5% 이내로 제한하는 '전월세 상한제', 세입자가 원할 시 2년 계약 종료 후 한차례 연장이 가능하도록 한 '갱신청구권', 계약 후 30일 이내에 관련 정보를 신고해야 하는 '전월세 신고제'를 내용으로 하며 2021년 6월 1일부터 체결되는 모든 계약에 적용되고 있다.

졌다. 임대차 3법 도입 전부터 이미 서울의 민간 전월세 평균 거주기간은 4.1년이었기 때문이다. 오히려 임차인들은 집주인이 실거주 목적으로 집을 빼달라면 속절없이 쫓겨나야 하는 처지에 놓이게 됐다. 갱신 시 돈을 5% 이상 못 올려 받으니 처음부터 가격을 높게 책정해 전·월세 가격도 폭등했다.[85] 법을 만들면서 이 정도 부작용도 예측하지 못했다는 게 놀라울 따름이다.

기업에 대한 적대감도 마찬가지다. 문재인 정부 4년간 발의된 규제 법안만 4,000여 건이다. 동 기간 박근혜 정권의 3배가 넘는다. '중대재해처벌법'이니, '플랫폼 규제'니, '암호화폐 거래소 규제'니 방식과 분야도 각양각색이다. 심지어는 이중처벌의 소지가 있는 징벌적 손해배상제까지 노동·기업·언론 등을 막론하고 일단 적용하고 본다. 법을 바꾸기 이전에, 공정거래위원회의 과징금 제도 등을 손볼 생각 따위는 애초에 없는 것이다.[86] 법의 무게는 따져보지도 않은 채 무조건 만들어 놓고 보자는, 무책임한 입법의 연속이다.

---

85) 국토교통위원회 소속 김상훈 의원이 23일 한국부동산원으로부터 제출받은 자료를 분석한 결과다. 같은 아파트인데도 전월세 상한제를 적용받는 갱신계약과 그렇지 않은 신규계약 간 가격 차이가 벌어져, 서울 아파트의 신규계약과 갱신계약 간 평균 전세보증금 격차는 9638만원에 달했다.

86) 징벌적 손해배상제는 민사상 '실손배상'의 원칙에 어긋나는 제도다. 따라서 미국 등 과징금 제도를 운용하지 않는 국가에서 형벌적 의미를 가미해 징벌적 손해배상제를 도입한다. 그러나 우리나라는 이미 과징금 제도가 존재하며, 2016년 '가습기살균제 사건' 이후 민사상 위자료를 정상화하는 등의 노력을 기울이고 있음에도 매사 징벌적 손해배상제를 도입하고 있다. 명백한 과잉규제 입법이다.

◇ 고집스러운 짝퉁 케인지안

그런 인식 속에 탄생한 게 바로 '**소득주도성장**'이라는 '**끔찍한 혼종**'이다. 분배만 잘하면 자연히 성장으로 이어질 수 있다니, 그 얼마나 편리한 생각인가? 애초에 분배와 성장은 개념부터가 다르다. 분배는 원래 있던 걸 나눠주는 것이고, 성장은 원래 없던 걸 창조하는 것이기 때문이다. 성장은 곧 새로운 가치를 창출하는 행위다. 우리나라의 경우 국내에서 생산한 제품을 외국에 수출하고, 그렇게 벌어들인 외화를 다시 국내 생산에 재투자하는 방식으로 성장했다. 지금까지도 전체 경제에서 수출이 차지하는 비중이 70%가 넘는다. 그렇게 한강의 기적을 일구어냈다. 이론으로나 실전으로나 검증된 방식이라는 의미다.

반면 소득주도성장은 어떤가. 성장의 메커니즘부터 설득력이 부족하다. 소득주도성장의 메커니즘은 첫째, 분배를 통해 가계의 가처분소득이 늘면. 둘째, 가계가 더 많은 재화를 소비하게 되고. 셋째, 기업의 재고가 줄면서 고용을 늘리게 되는 선순환이 이어진다는 것이다. 과거 미국의 대공황을 극복한 케인지안 경제정책과도 유사한데, 케인지안이라는 이름을 갖다 쓰기도 민망한 수준의 아류작에 불과하다. 우리나라의 산업구조와 경제 환경을 전혀 고려하지 못했기 때문이다. 세부 정책도 허점투성이의 '짝퉁 케인지안'이다.

우리나라에서 소득주도성장의 메커니즘이 성립하려면, 다음의 전제부터 증명돼야 한다.

첫째, 우리나라에 재고가 넘쳐나는가? 그렇다는 증거도 없지만 그렇다고 해도 수출하면 그만이기 때문에 큰 문제가 없다.

둘째, 재고가 넘쳐나는 이유는 가계의 소비 여력이 부족하기 때문인가? 코로나 사태로 저소득층의 소비 여력이 떨어진 건 사실이지만, 그걸 아는 민주당이 '보편적 재난지원금'을 강변했다는 사실 자체가 모순이다.

셋째, 가처분소득을 늘려주면 즉시 소비증대로 이어지는가? 가처분소득을 늘려줘도 소비로 이어지는 비중은 일부에 불과하다. 특히 고소득층일수록 승수효과는 극히 미미해진다.

넷째, 분배과정에서 기업의 혁신 여력이 떨어지는 등 부작용은 없는가? 문재인 정부가 소득주도성장의 하나로 강행한 '최저임금 1만원' 정책과 '주52시간제' 등은 애초에 대기업을 겨냥한 것도 아니었으며, 되레 자영업자들의 인건비 부담만 증폭시켰다.

다섯째, 기업은 재고가 줄어든 만큼 고용을 늘릴 것인가? 자영업자들은 인건비 부담으로 오히려 고용을 줄였다.

마지막으로 여섯째, 이 순환이 성장으로 이어질 만큼 우리나라의 내수경제가 충분히 큰 규모인가? 우리나라의 내수시장은 일본의 절반에도 못 미치며, 내수중심으로 성장하기엔 인구 규모 및 구매력 모두 한계가 있다는 것이 전문가들의 일반적인 견해다.

애초에 최저임금 인상으로 소득을 재분배하겠다는 발상부터 잘못됐다. 자영업자나 아르바이트생이나 같은 을이기 때문이다. 최저임금 인상은 곧 자영업자의 소득을 아르바이트생의 소득으로 이전하는 제로섬게임에 불과한데, 소비 증가로 이어질 리 만무하다. 재분배의 기본은 기득권의 부를 약자에게 나누는 것이라는, 기본 중의 기본조차 숙지하지 못했기 때문에 소득주도성장은 실패할 수밖에 없었다.

　문재인 정부와 민주당의 가장 큰 문제는 잘못을 '**인정하는 법**'을 모른다는 것이다. 그러니 같은 기조로 부동산 정책을 25차례나 수정했고, 2021년 현재까지도 소득주도성장 외에 마땅한 일자리 정책을 고안하지 못하고 있는 것 아니겠나. 각종 지표로 소득주도성장과 부동산 정책의 실패가 분명하게 드러나고 있는데도 말이다. "멍청한 사람이 신념을 갖는 게 가장 무섭다"는 옛말 그대로다. 문제는 그런 신념 때문에 망가진 경제의 가장 큰 피해자가 다름 아닌 청년세대였다는 사실이다.

　청년실업난은 IMF 수준이며 아예 취업을 포기한 청년들이 30%에 육박하고, 부동산은 2배 가까이 폭등했다. 자산격차로 뼈 빠지게 일을 해도 자산이 축적되기는커녕 점점 가난해지기만 한다. 체감 청년실업률 27%, 니트족 22%, 은둔 청년 3%, 집값 2배 폭등, 빚 2배 증가, 순자산 35% 감소. 이게 바로 청년들이 마주한 2021년 대한민국의 현실이자, 문재인 정부의 경제정책이 받아든 '성적표'라는 말이다. 그렇게 문재인 정부 들어 더 거지가 되었는데 청년들이 문재인 정부를 계속 지지하는 게 오히려 이상한 일 아닐까? 그런데도 문재인 정부와 민주당 인사들은 한국의 성장률이 세계 최고라는 한가로운

소리나 하고 있다.[87]

더 이상 민주당에 '**기대**'하면 안 된다. 방향부터가 잘못됐기 때문이다. 선거에서 패배하면 신경 써주는 척하지만, 그때뿐이다. 지난 4월 13일에도 문재인 대통령은 국무회의 중 "특단의 청년 대책을 강구해달라"고 주문했다. "무엇보다 중요한 건 일자리"라며 "청년 일자리를 하나라도 더 늘릴 수 있도록 정부가 마중물이 돼야 한다"는 말도 덧붙였다. 4·7 재·보궐선거에서 패배한 뒤의 민심 달래기다. 그러나 청년들을 다독이려 했으면 최소한의 성의는 보여야 하지 않나. 아무 내용도 없이 '특단의 대책' 같은 막연한 주문이나 하는 게 무슨 의미가 있나. 문재인 대통령은 지난 2월에도 '범부처 총력전'을 주문했다. 그러나 달라진 건 아무것도 없었다.

문재인 정부 4년간 늘어난 거라곤 공공부문 일자리가 전부였다. 증가량이 노무현·이명박·박근혜 정부를 합친 것과 맞먹는다. 오죽하면 취준생의 3분의 1이 공시생이 되었다고 하겠나.[88] "공무원은 철밥통"이라는 말에서 드러나듯, 한번 늘어난 공공부문을 다시 줄이는 건 쉬운 일이 아니다. 그렇게 비대해진 공공부문을 세금으로 지탱

---

87) 2021년 3월 29일 서울시장 TV토론에서 오세훈 후보가 "문재인 정부에서 경제가 주저앉았다"고 주장하자 "경제가 주저앉았다고 하는데 어떻게 OECD에서 성장률 1위를 기록하냐"며 반박했다. 심지어 박영선 후보의 주장은 사실도 아닌 것으로 밝혀졌다. 아일랜드 중앙통계국에 따르면 2020년 아일랜드의 경제성장률은 3.4%였으며, 터키 통계청 역시 2020년 경제성장률이 1.8%라고 밝힌 것이다. 한국은행에 따르면 우리나라의 2020년 경제성장률은 -0.1%였다.

88) 2021년 9월 1일 행정안전부에 따르면 지난해 말 행정부 공무원 총정원은 113만1796명이다. 2017년 5월 9일 박근혜 정부 말 103만2331명에 비해 9만9465명이 증가했다. 올해와 내년 추가될 인원을 더하면 11만3628명이 늘어나는 셈이다.

해야 하는 것도, 다름 아닌 우리 청년세대다. 능력이 없어서건 성의가 없어서건 민주당에 아무것도 기대면 안 된다고 생각하는 이유다. 민주당은 먹고사니즘에 처절하게 실패했다. 한편 이는 곧 세대전쟁의 시작이었다. 먹고사는 문제가 곧 지키려는 자와 뺏으려는 자의 싸움이기 때문이다. 지금부터 그 과정을 상세히 살펴볼 것이다.

02

소득주도성장과
일자리 전쟁

성장과 분배는 경제의 '**두 날개**'다. 한쪽으로 치우칠 경우 국민적 분열을 초래할 수 있기 때문이다. 성장 없는 분배란 존재할 수 없고, 분배 없는 성장은 양극화의 부작용을 초래한다. 문 정부 출범 당시에는 분배 담론이 지배적이었다. 실제 문재인 대통령의 공약만 봐도 그랬다. 법인세 인상, 최저임금 1만 원 정책, 비정규직 정규직전환 등 지금은 비판받고 있지만, 당시에는 국민적 공감대를 얻었다. 이 정책들이 바로 문재인 정부의 소득주도성장 정책이다. 소득주도성장은 일단 잘 나누면 소비가 늘어, 자연히 성장으로 이어진다는 '케인즈 경제학'을 기반으로 한다. 분배를 통해 가계의 구매력을 증대시켜 성장까지 도모하겠다는, 일거양득의 전략이다. 그러나 성장과 분배, 두 마리 토끼를 동시에 잡겠다는 전략은 실패로 끝나고 말았다. 오히려 두 마리 토끼를 모두 놓치고 만 것이다. 경제 상황 등을 고려하지 않은 채 기계적으로 정책을 강행했기 때문이다. 문재인 정부는 재계의 우려에도 불구하고 취임 첫해 최저임금을 15% 이상 인상했고, 주52시간제를 강행했다.

결과는 '불행'했다. 직격탄을 맞은 건 자영업자였다. 인건비 부담이 급증했기 때문이다. 그 피해는 고스란히 저소득층 근로자들에게 전가되었다. 자영업자들과 상생하는 아르바이트생들 말이다. 최저임금 인상으로 노동의 비용 대비 생산성이 떨어졌기 때문이다. 자영업자들은 대책을 모색했다. 일단 영업시간부터 줄였다. 장사가 잘 되는 시간에만 아르바이트생을 고용하는 식으로. 아예 가족 인력으로 대체하는 가게도 많았다. 결과적으로 많은 아르바이트생이 일자리를 잃거나, 근로시간이 감소해 소득이 줄어들었다. 이는 통계상 소득 하위 20%의 근로소득 감소로 나타났다.[89] 최저임금이 인상되었는데도 근로소득은 되레 줄어든 것이다.

덩달아 소득격차도 커졌다. 정부는 거시지표 악화를 막기 위해, 부리나케 이전소득(복지)을 살포했다. 그러나 소득주도성장의 실패로 낮아진 근로소득을 복지로 메우는 건 조삼모사에 불과했다. 경제를 망쳐놓고 세금으로 때우는 어처구니없는 상황이 연출된 것이다. 그나마 복지로 청년들의 삶이 나아지기라도 했다면 다행이다. 선심성 복지는 청년들을 저소득의 수렁에서 빼내기엔 턱없이 부족했고, 청

---

89) 2019년 2월 21일 통계청이 공개한 '가계동향조사(소득부문) 결과'를 보면 작년 4분기 1분위(하위 20%) 소득은 전년 같은 분기 대비 17.7% 줄어든 123만8천200원이었다. 이 감소율은 통계 작성 이후 가장 큰 폭이다. 반면 소득 5분위 소득은 가장 큰 폭(10.4%)으로 증가했다.

년세대의 순자산이 통계 작성 이후 최초로 직전 통계보다 줄어드는 참사로 이어졌다. [90)]

성장은커녕 '**분배부터**' 실패한 것이다. 체감 청년실업률도 눈에 띄게 나빠졌다. 체감 청년실업률은 연일 최고치를 기록해 30%에 근접했다. [91)] 민주당이 그토록 비판했던 박근혜 정부보다 못한 수준이었다. 문 정부 4년간 늘어난 일자리라곤 공공부문 일자리뿐이었다. 모두 세금으로 지탱되는 일자리다. 공무원 정원도 10만명 가까이 늘었다. 이명박·박근혜 정부 당시 늘어난 전체 공무원 수를 합친 것보다 2배나 많은 숫자다. [92)] 이처럼 공무원 수를 파격적으로 늘렸음에도 실업률이 높아졌다는 건, 반대로 민간부문 일자리가 엄청나게 줄었다는 증거다.

실제 민간의 혁신 역량도 떨어졌다. 청년들이 공무원 시험에만 매달리기 시작했기 때문이다. 전체 취준생의 약 35%가 공무원 시험을 준비하고 있다고 한다. 통계상으로는 60~70만명이 공무원 준비

---

90) 2021년 5월 25일 통계청에 따르면 지난해 가구주가 29세 이하인 가구의 순자산액 중앙값은 3152만원이었다. 2012년 대비로 2020년의 중앙값을 기준으로 했을 때 전체 세대는 43.5%가 증가한 반면 29세 이하만 34.5%가 줄어들었다. 가장 큰 원인은 빚의 급증(188%)이었다.

91) 2021년 5월 2일 국회 예산정책처가 발간한 '고용보조지표를 통해 살펴본 코로나19 이후 청년층의 고용상황' 보고서에 따르면 올해 1~2월 고용보조지표3(확장 실업률)은 27.0%로 집계됐다.

92) 한국은행 '2020년 공공부문계정'에 따르면 지난해 공공부문 인건비는 166조4233억원으로 사상 처음 160조원을 넘었다. 2019년과 비교해도 5.3%(8조4275억원) 불었다. 이는 공무원의 수가 늘어난 결과다. 문재인 정부가 들어선 2017년 이래 공무원 수는 9.63%(9만9465명) 늘어났다. 박근혜 정부의 4.2%(4만1504명), 이명박 정부의 1.2%(1만2116명)와 비교해도 엄청나게 많은 수다.

에만 매달리는 것이다. 그마저도 무력감에 휩싸여 있다. 막상 공무원 시험에 응시하는 공시생의 수는 30~40만명 규모에 불과하기 때문이다. 취업을 포기했지만, 집안에 눈치가 보여 취업을 준비하는 척만 하는 '쇼윈도 취준생'이 늘었다는 증거다. 일자리 감소가 무력감과 좌절로 이어지는, 총체적 난국이다.

'**성장도**' 실패했다. 분배가 성장으로 이어지려면 구매력 증대가 소비 증가로 이어지고, 소비 증가가 다시 고용 증가로 이어지는 선순환이 만들어져야 하기 때문이다. 소득주도성장으로 구매력이 늘기는커녕, 되레 일자리만 잃었으니 성장도 실패하는 건 당연한 결과다. 복지를 통한 구매력 증대 전략도 실패했다. 보편적 복지를 지향한 결과 소비 증가 효과가 미미했기 때문이다. 이 또한 당연한 결과다. 생계비 부담이 큰 저소득층과 달리, 고소득층의 구매력 증대는 거의 소비 증가로 이어지지 않기 때문이다.

실제 자료를 봐도 그렇다. 2021년 4~5월 서울복지재단이 서울시의 복지정책을 분석한 결과, 기준 중위소득 100% 이하에 선별적으로 지급한 긴급생활비의 한계소비성향은 0.508로 추정됐다. 쉽게 말해 복지로 늘어난 소득의 50.8%를 소비에 사용했다는 의미다. 반면 2020년 전 국민을 대상으로 지급된 국가재난지원금의 한계소비성향은 0.262~0.361 수준에 그쳤다. 복지가 소비 증가로 이어지기 위해서도 보편적 복지보다는 선별적 복지가 더 효과적인 방식이라는 단적인 근거다. 결국에 소득주도성장은 과정부터 단단히 잘못된, 실패할 수밖에 없는 정책이었다.

청년들은 '**분노**'했다. 박근혜 정부의 실정을 비판하며 탄생한 게 문재인 정부였기 때문이다. "정부가 취업 잘 되는 사회를 만들어야 한다"며 갖은 현혹을 일삼던 그들이었다. 매일 청년들을 위로하겠다며 '청년콘서트'를 개최하고 위로와 공감을 이야기하던 그들이었다. 그런데 결과는 어땠나. 박근혜 정부만도 못했다. 그러니 청년들이 민주당을 비판하는 건 너무도 일관되고 상식적인 행동이었다. 한편 문재인 정부와 민주당 역시 집권 여당으로서 마땅히 감내해야 할 비판이었다. 그러나 그들은 어떤 실책도 인정하지 않았다. 심지어 2022년 대선을 앞둔 지금까지도. 민주당의 어떤 정치인도 청년들의 편에서서 목소리를 내주지 않았다.

청년들의 푸념에 민주당은 "분배율 등 거시지표는 안정되고 있다"라는, 체감경기를 전혀 반영하지 못한 엉뚱한 논리로 응수했다. 분배율과 같은 거시지표는 얼마든지 조작할 수 있다. 소득 하위계층에 세금을 뿌리면 어쨌든 개선된 '것처럼' 보이기 때문이다. 미래의 빚으로 만든 '착시효과'라는 뜻이다. 그렇게 만든 '위조 성적표'를 들고 적반하장으로 공치사하는 행위만큼 비겁한 일이 또 있을까? 그런 위조를 차단하기 위해 만든 것이 바로 '**체감도**'를 반영한 체감 청년실업률 등의 보조지표다.

물론 민주당은 자신들에 불리한 어떤 통계도 인정하지 않았다. 체감 청년실업률을 들어 비판하면 "그래도 성장률은 훌륭하다"는 동문서답이 돌아왔고, 집값이 올랐다는 통계를 제시하면 현실과 괴리된 정부의 '자체 통계'를 들이밀며 사실을 호도했다.[93] 거기서나 끝나면 다행이었다. 한술 더 떠 "최저임금도 감당하지 못하는 업체는 망하는 게 낫다"느니 "언론이 불안감을 조성해 집값이 오른 것"이라느니, 궤변과 남 탓을 쏟아내기 일쑤였다.[94] 그들은 정말 '그 무엇도' 인정하지 않았다. 얼마나 인정하기가 싫었으면 이제는 청와대 집무실에 '일자리 현황판'까지 치워버렸다고 한다. 그게 바로 청년들이 몰랐던 '여당' 민주당의 실체였다.

◇ 정년연장을 둘러싼 일자리 전쟁

대결 구도는 '**세대전쟁**'으로 이양했다. 파이를 키울 수 없다면, 남은 해법은 있는 파이를 잘 나누는 것뿐이기 때문이다. 현재 가장 큰 일자리 기득권을 쥐고 있는 건 정년을 앞둔 586세대다. 더구나 우리나라 대기업 다수는 오래 근속할수록 임금이 올라가는 '호봉제'를 채택하고 있다. 과거에는 기업에도 나쁘지 않은 조건이었다. 미래의 임금을 담보로 현재의 부담을 줄이는 방식이기 때문이다.

그러나 평균 근속연수가 늘어나고 베이비부머세대 근로자들이 정년에 다다르면서, 임금부담은 기하급수적으로 커졌다. 현대자동차

---

93) 2021년 1월 국토부는 "4년간 서울 아파트값 상승률이 17.17%"라고 답변했다. 이에 경실련은 "서울 아파트값이 17% 올랐다고 주장한 정부가 공시가격은 86%나 올렸다"며 "정부의 시세 통계를 적용한 시세 7억2000만원이 맞는다면 공시가격이 시세보다 6000만원이나 높고 현실화율은 107%나 된다"고 반박했다.

94) 2021년 9월 1일 국토연구원이 내놓은 '주택거래 가격 결정에 대한 행동경제학적 이해'는 "집값이 최고가를 경신했다고 다룬 언론보도가 늘어날수록 집값이 더 오를 것이라고 예상하는 사람들이 증가하고, 이는 주택 시장을 더욱 불안하게 만든다"는 연구결과를 내놨다.

에선 오른쪽 바퀴를 조립하는 중장년층 근로자와 왼쪽 바퀴를 조립하는 청년층 근로자의 임금격차가 4배에 달한다는 말이 나올 정도니 말이다. 이는 반대로 중장년층 근로자 한 명만 퇴사해도 청년 근로자 3~4명을 고용할 수 있다는 뜻이기도 했다. 한편 호봉제의 또 다른 문제는 연차가 쌓일수록 돈은 더 많이 받는데, 그만큼 일은 안 한다는 것이다. "짬이 찼다"는 이유로 되레 업무가 줄어들기 때문이다.

수신료 인상으로 '국민밉상'에 등극한 KBS만 봐도 그렇다. 전체 근로자의 45% 이상이 억대 연봉자라고 한다. 그 억대 연봉자의 절반 이상은 무보직이다. 95) 이런 어처구니없는 자백은 "억대 연봉자가 60%에 달한다"는 주장에 KBS가 "60%까지는 아니"라며 스스로 변호하는 과정에서 나왔다. KBS의 임금구조 문제는 여기서 끝이 아니다. 지난 9월 24일 감사원이 공개한 KBS 정기감사 보고서에 따르면, KBS는 연차수당을 기본급의 180%로 책정하고 있어 한 고위직의 연차수당은 하루 약 65만원에 달했다. 1년 동안 연차 19일을 반납하면 총 약 1,200만원의 연차수당을 받게 된다는 말이다. 이 같은 방만 경영의 결과 KBS 전체 예산에서 인건비가 차지하는 비중은 36.3%로 같은 공중파인 MBC 20.2%, SBS 19.0%에 비해 2배 가까이 높았다. KBS가 다소 극단적인 사례이긴 하나, 다른 호봉제 기업의 실정도 대동소이하다. 내로라하는 기업들이 베이비부머세대인 586세대의 정년 임박만 손꼽아 기다리는 것도 그 때문이다.

---

95) 2021년 1월 30일 KBS는 입장문을 발표해 "KBS 직원 중 1억원 60% 이상이라는 주장은 사실과 다르다"며 "1억원 이상 연봉자는 2020년도 연간 급여대장 기준으로 46.4%"라고 밝혔다. "2020년 무보직자는 1500여명 수준으로 김 의원 주장보다 500여명 이상 적다"고 해명했다.

정년연장 논의의 물꼬를 튼 건 '**현대자동차 노조**'였다. 언제나 큰 일은 현대자동차 노조가 한다. 정년연장을 요구하는 이유는 "아직 노후대비가 되지 않아서"라고 한다. 틀린 말은 아닐 것이다. 실제 우리나라의 노인빈곤율은 전 세계적으로도 압도적 1위이기 때문이다.[96] 연금시스템이 미비하며, 양육비 부담도 큰 편이라 노후대비 자체도 불리한 구조다. 설상가상 국민연금 수령 개시 연령도 2023년 63세에서 2033년 65세로 높아지면서 정년이 연장되지 않으면 월급도, 연금도 없는 소득 공백까지 발생하게 된다. 한편 정부가 검토하는 고용연장은 기업에 일률적으로 법적 의무를 부과하는 방식은 아니라고 하니, 청년세대 입장에서 달갑지 않은 소식이기는 해도 무작정 반대할 문제는 아니라고 생각한다.[97]

그러나 현대자동차 노조가 주장하는 정년연장은 '**이기적**'이다. 정년연장의 전제로 '임금피크제'조차 동의하지 않았기 때문이다. 하물며 호봉제 폐지는 동의할 리 있겠나. 다른 말로 정년만 늘리고 임금은 그대로 받겠다는 것이다. 그런 방식으로 정년이 연장되면 당연히 신규채용은 줄어든다. 실제 한국경제인연합회 자료에 따르면 근로연령 상한이 1년 증가하면 청년 취업자 비중은 약 0.3% 감소했다. 특히

---

96) 2021년 2월 17일 한국경제연구원은 한국의 고령화 속도가 OECD 회원국 중 가장 빨라 2048년쯤 세계 최고령 국가가 될 거라고 전망했다. 노인 빈곤율은 2018년 기준 43.4%로 OECD 평균(14.8%)의 3배 수준으로 나타났다. 2018년 기준 공적 · 사적 연금의 소득대체율도 43.4%로 G5 국가 평균(69.6%)에 한참 못 미쳤다.

97) 정부가 검토하는 고용연장 방식은 일본처럼 기업이 60세 정년 이후에도 일정 연령까지 근로자를 고용할 의무를 갖되 고용 방식은 재고용, 정년연장, 정년폐지 등을 선택할 수 있도록 한다.

정규직 근로자를 분석 대상으로 할 경우 악영향은 더 커진다. 근로연령 상한 1년이 늘어나면 청년 취업자 비중이 0.42% 줄었다. 이에 청년 63.9%는 정년연장이 청년 신규채용에 부정적 영향을 미칠 것이라 답했다. [98] 참고로 현대자동차 노조가 정년연장의 대표적인 모델로 거론한 미국·영국·일본 등은 호봉제가 아닌 성과제 중심이다. 불리한 내용은 쏙 빼고, 유리한 내용만 취해 주장하는 것이다.

현재 취업을 준비하는 20대 중후반 청년들은 '**베이비부머세대의 자식세대**'이기도 하다. 또래 중에선 가장 인구가 많은 세대라는 말이다. 파이의 크기는 똑같은데 입만 많아 더 치열한 경쟁에 내몰린 불쌍한 세대이기도 하다. 불행인지 다행인지, 5년만 지나도 학령인구는 30% 가까이 줄어든다. [99] 시간이 조금만 흘러도 청년 일자리 문제가 자연히 완화될 수도 있다는 의미다. 그러나 말 그대로 시간이 흐른 뒤, 뒷세대 청년들의 이야기일 뿐이다. 당장 취업을 준비해야 하는 청년들에겐 안 그래도 막힌 혈관 같은 노동시장에 닥친 또 하나의 악재에 불과하다는 소리다. 막연히 인구가 줄어들 때까지 기다리라고 할 수도 없는 노릇이다. 취업에 나이도 중요한 평가 요소이기

---

98) 2021년 9월 12일 한국경제연구원이 모노리서치에 의뢰해 전국 거주 20대 청년을 대상으로 청년 일자리 인식을 조사한 결과 '정년연장이 청년 신규채용에 미치는 영향'에 대해 '매우 부정적일 것'이 16.4%, '다소 부정적일 것'이 47.5%를 차지해 총 63.9%가 부정적인 반응을 보였다.

99) 2021년 교육부 자료에 따르면 초등학교부터 대학교 취학연령인 6세에서 21세 사이의 인구를 의미하는 학령인구는 2017년 846만1000명에서 내년 743만8000명까지 줄어들 것으로 전망됐다. 5년 간 학령인구가 12.1% 감소할 거라는 전망이다.

때문이다. 정년연장으로 또 한 번 취업이 지연된다면, 이는 곧 사회적 사형선고나 다름없다.

그래서 청년들이 집단으로 들고일어난 것이다. 청와대 게시판에는 '정년연장 반대' 청원까지 올라왔다. '국내 완성차 3사 중 한 곳에서 일하는 MZ세대 현장직'이라고 밝힌 청원인은 "변화에 대응할 수 있는 인재 공급이 필요한데 노조는 변화와 기술을 준비하지 않은 채 본인들의 존속을 위해 숙련된 근로자라는 말로 베이비붐 세대의 정년연장을 외치고 있다"고 비판했다. 그러나 현대자동차 노조는 조금도 양보하지 않았다. 그들은 "청년 일자리는 핑계에 불과하다"며 되레 총파업을 강행했다. 586세대 일자리 이기주의에 대한 환멸이 최고치에 달하는 순간이었다.

이때도 민주당은 청년들의 편에 서지 않았다. 민주당의 싱크탱크에서 발간한 '대선 핵심공약 보고서'만 해도 정년연장을 지지하는 내용이 담겨있으니 말이다. 정세균 후보 역시 저출산·고령화의 대안으로 정년연장의 필요성을 역설했다. 당연하게도 표를 얻기 위한 행보일 것이다. 586세대가 우리 사회의 주력부대 아닌가. 민주당의 핵심 지지층이기도 하며, 가져올 표도 가장 많다. 그게 바로 586세대가 가진 또 하나의 기득권이다. 1인1표제에선 숫자가 곧 권력이기 때문이다. 청년들이 세대전쟁에서 '연전연패'할 수밖에 없는 이유다.

03

부동산 실패와
LH로남불

정책이 아닌 **'정치의 실패'**였다. 투기꾼과 무주택자를 나누고, 공직자 개인에까지 무결함을 주문하는 문재인 정부의 행보는 정책이 아닌 정치에 가까웠기 때문이다. 그러나 투기꾼을 공공의 적으로 만들려는 시도는 실패로 끝났다. 투기와 투자의 경계가 불분명하기 때문이다. 하물며 투자와 실수요의 경계는 어떻겠나. 누구나 내 집 마련을 갈망한다. 안정적인 주거를 갖고자 하는 건 인간이라면 당연히 갖는 본성이기 때문이다. 그러니 투기 세력을 겨냥한 총구는 피아식별 없이 국민 모두에 향했고, 되레 정부가 공공의 적이 되고 말았다. 욕망에는 절제가 필요하지만, 욕망 자체는 나쁜 게 아니다. 시장을 움직이고 경제적 풍요를 가져다주는 근원이기도 하기 때문이다. 자유시장주의의 기본 원리이자, 오래된 가르침이다. 그러나 문재인 정부는 집을 향한 욕망 그 자체를 부덕한 것으로 몰아세웠다. 정책이 아닌 정치로 부동산 문제에 접근하기 시작했고, 예정된 0점짜리 성적표를 받아들었다.

정치에 실패했으니 '**정책도 실패**'할 수밖에 없었다. 정부가 더 강력한 규제안을 내놓을수록, 집값은 더 높이 치솟았다. 그렇게 25차례나 개정된 부동산 정책의 부작용은 아직도 지속 중이다. 정부의 규제에 국민은 다양한 방식으로 저항했다. 핀셋 규제를 하니, 규제가 없는 곳에 집을 샀다. 한쪽을 누르면 다른 한쪽이 부풀어 오르는 풍선효과다. 세금으로 압박하기 시작하자 이번에는 버티기에 들어갔다. 집을 내놓을 바에 증여를 택하는 케이스도 늘어났다.[100] 정부의 의도와는 달리 오히려 부동산 매물이 줄어든 이유다. 실제 부동산정보 사이트 '아실'에 따르면, 서울의 하루 평균 아파트 매물은 작년 약 7만 건에서 올해 5만 건으로 30%가량 줄었다. 이처럼 정책의 의도와 달리 공급이 줄어드는 가운데 오히려 수요는 늘어났다. 대출규제의 역설이다. 규제가 시작되기 전에 소위 '영끌(영혼까지 끌어모아)'을 해서라도 집을 사야 한다는 심리를 자극했기 때문이다.

결과는 참혹했다. 국민은행에 따르면 2021년 집값 상승률은 약 6%로 역대 최고인 2002년(12%)의 바로 뒤를 이었다. 집권 4년차 상승률을 따져 봐도 문 정부는 약 40%로 노무현 정권과 나란히 1·2위다. 부동산 과열은 또 하나의 참사를 낳았다. 정부가 가계대출 폭증을 명목으로 실수요자에 대한 대출까지 규제하기 시작하자 이사철

---

100) 한국부동산원이 집계한 서울 강남구의 3월 주택 증여 건수는 832건으로 1월(84건)과 2월(167건)의 실적을 크게 웃돌았다. 지난해 3월 114건에 비해서도 여섯 배 이상 많다. 다주택자 중과세를 피하기 위해 자녀에게 집을 증여하는 전략을 택한 것이다.

'대출 난민'들이 속출하기 시작한 것이다. 2021년 10월 12일 조선일보 보도에 따르면, 성남에 한 단지는 청약 당첨자 40%가 대출을 구하지 못해 계약을 포기했고 전세대출 잔금을 치르지 못한 서민들은 월세로 나앉게 될 판이라고 한다. 문재인 대통령이 "전세대출 등 실수요자들이 어려움 겪지 않게 하라"고 지시했지만, 은행권의 반응은 냉랭하다. 제대로 된 가이드라인조차 없는 막연한 주문이었기 때문이다. 국민에게 필요한 건 공감하는 척 구색만 맞추는 대통령이 아닌, 실질적인 대책을 내놓는 대통령이다.

오죽하면 마지못한 인정이라도, 문재인 정부가 실책을 인정한 유일한 분야가 부동산이라고 하겠나. 이제라도 공급중심으로의 정책 선회를 천명한 건 고무적이다. 그러나 집값을 실컷 올려놓고는 공급을 통해 다시 낮추겠다는 조삼모사에 호응할 국민이 얼마나 될지 의문이다. 또한, 대대적으로 신규주택을 공급하기 위해선 아무리 빨라도 10년은 필요하다. 현 정부 임기 내에 해결될 문제가 아니라는 것이다. 그래서 30~40년의 장기대출을 수요 대책의 하나로 내놓기도 했으나, 글쎄. 이미 오를 대로 오른 집을 빚을 내서 구매한 뒤 평생 비싼 이자를 내며 살라는 게 대책인가? 그래놓고 몇 달 뒤 가계대출이 너무 늘었다면서 실수요자 대출까지 막아버린 게 문재인 정부다.

민주당이 내놓은 어떤 대책도 늘어만 가는 자산격차를 뒤집지 못했다. 그렇게 멀어져가는 내 집 마련의 꿈에, 가장 크게 좌절한 건 단연 청년세대였다. 그나마 '영끌'이라도 가능했던 30대 일부는 어떻게든 막차를 탈 수 있었지만, 그마저 불가능했던 20대는 떠나가는 열차를 무력하게 바라볼 수밖에 없었다. 일자리도 없는데 일자리를 찾아 돈을 벌어도 자산격차로 점점 더 가난해지는, '부모보다 가난한 최초의 세대'가 탄생한 것이다.[101]

◇ 강남좌파의 사다리 걷어차기

청년들에 더 큰 좌절을 안긴 건 민주당과 청와대의 '**내로남불**'이었다. 정작 문재인 정부 인사들도 집과 돈을 향한 욕망에 충실한 모습이었기 때문이다. 본인들도 거스르지 못하는 인간의 본성을 국민에게만 자제하라니 어떻게 납득할 수 있겠나. 가장 충격적이었던 사례가 장하성 전 정책실장의 망언이었다. 본인은 잠실동에 살면서 "내가 강남에 살아봤는데 모든 국민에 강남에 살 필요는 없다"고 발언해 빈축을 산 것이다. 장하성 전 정책실장은 소득주도성장을 주도한 사람이기도 했다. 강남좌파는 절대 서민의 삶을 이해할 수 없다는 것을 스스로 시인한 셈이었다. 또한, 그들이 얼마나 무책임한 관념론으로 정책을 만들었는지 확인할 수 있는 계기였다.

현재 열린민주당의 비례대표 의원인 김의겸 청와대 비서실장도 논란에 휩싸였다. '흑석뉴타운' 재개발 지역에 25억원 상당의 복합건물을 구매한 사실이 밝혀졌기 때문이다. 김의겸 의원은 즉각 대변인

---

[101] 2021년 9월 12일 한국경제연구원이 모노리서치에 의뢰해 만 18~29세 542명을 대상으로 '청년 일자리 인식 설문조사'를 진행한 결과 응답자 62.9%는 향후 청년 일자리 상황이 악화될 것으로 전망했다. 69.5%는 원하는 직장에 취업할 가능성도 작다고 봤다.

직을 사퇴했다. 그러나 지금까지도 '조국수호'를 외치며 언론중재법을 발의하는 등 국민의 눈살을 찌푸리게 만드는 행보를 계속하고 있다. 임대차 3법에 관한 내로남불도 가관이었다. 김상조 전 정책실장은 임대차 3법의 하나인 전월세상한제가 시행되기 이틀 전 세입자의 전세보증금을 14% 인상해 논란 하루 만에 경질됐다.

민주당 의원들도 예외가 아니었다. 임대차 3법을 발의한 박주민 의원은 임대차 3법의 통과를 앞두고 본인 소유 아파트 임대료를 9%나 올려 입방아에 올랐다. 여성징병제 이슈에 대해 "국방의 의무와 병역의 의무는 다르다"며 청년들을 가르치려 들었던 그 박주민 의원이다. 이후로도 자기편에만 관대한 문재인 정부와 민주당의 내로남불은 계속됐다.

내로남불의 절정은 'LH 사태'였다. LH 직원들이 내부정보를 이용해 개발지역에 투기한 정황들이 속속 드러난 것이다. 방식도 각양각색이었다. 일례로 한 광명시 공무원은 신도시에 토지를 매입했다는 사실이 밝혀지자, "개발 정보를 전혀 알지 못했다"고 발뺌했다. 그러나 해당 공무원이 구매한 토지에는 곳곳에 묘목이 심어져 있었다. 묘목 역시 보상 목록에 포함된다는 사실을 미리 알았던 게 아니라면 도무지 개연성이 없는 행동이었다. 그토록 작은 이익 하나까지 알뜰하게 챙겨놓곤 아무튼 몰랐다고 항변하니 설득력이 있을 리 만무하다. LH 사태의 전개는 부동산을 둘러싼 부패의 온상을 보여줬다. LH는 즉각 사과하고 나섰지만, 사태는 걷잡을 수 없이 커졌다. 정부의 부동산 실책으로 곪을 대로 곪은 민심이 일거에 터져 나왔기 때문이다.

　설상가상 LH 직원들의 끊이지 않는 망언들은 불난 집에 기름을 붓는 격이었다. 그들은 벌어지는 자산격차의 수혜자로서, "나만 아니면 된다"는 이기심을 노골적으로 표출했다. 입사 6개월 차 여직원 한 명은 사내 메신저에 "다른 사람 이름으로 공공택지를 사겠다"며 "이걸로 잘리면 어차피 땅 수익이 회사 평생 버는 돈보다 많다"고 말해 공분을 샀다. 익명 커뮤니티 '블라인드'에 올라온 발언들도 논란이 됐다. "LH 직원들이라고 부동산 투자하지 마란 법 있느냐", "어차피 한두 달만 지나면 사람들 기억에서 잊혀진다", "꼬우면 니들도 우리 회사로 이직하든가", "(농민들이 기자회견을 열자) 28층이라 하나도 안 들려 개꿀" 등의 조롱 일색이었기 때문이다. KBS의 수신료 인상 계획 발표 당시와 데칼코마니처럼 똑같았다. 그때도 KBS 직원 한 명이 블라인드에 "밖에서 우리 직원들 욕하지 마시고, 능력 되고 기회 되면 우리 사우님 돼라"고 비아냥댔지 않나. 모두가 각자의 위치에서 각자의 이익만을 대변하는 파편화된 사회의 불행한 단상이었다.

　물론 LH 직원들의 주장도 일리는 있다. 정말 내부정보를 이용한 게 아니라면 말이다. 방법만 정당했다면 투자를 했건 투기를 했건 그들의 자유다. 현행법에 사각지대가 있었다면, 도덕적 해이를 적극적으로 차단하지 못한 입법기관의 방만이 근본적인 원인이다. 그러나 중요한 건 옳고 그름이 아니다. 잘못에 대응하는 태도다. LH 직원들이 자산격차의 수혜자였다면, LH 사태에 분개한 대다수 국민은 자산격차의 피해자였다. 하물며 투자는커녕 일자리조차 찾지 못해 방황

하는 청년들은 어땠을까. 매번 손쓸 도리 없이 눈뜨고 코 베이는, 그래서 남은 선택지라곤 무력하게 벼락거지가 되어가는 것밖에 없는 청년들의 심정은 어땠겠냐는 것이다. LH 사태는 부동산 내로남불의 연장이었다. LH 사태 직후 이루어진 4 · 7 보궐선거에서 민주당이 참패할 수밖에 없었던 이유기도 했다. 오죽하면 핵심 지지층이었던 이대녀들마저 대거 이탈했을까.

한편 기득권의 부정은 현 정부만의 문제가 아니다. 정권교체로 나라 전체를 세탁기에 넣고 돌리겠다는 국민의 힘 역시 마찬가지 기득권이기 때문이다. 화천대유 사태를 보라. 법조계 · 정계 · 재계 · 언론계를 막론하고 온갖 고위층들이 엮여있는 가운데, 퇴직금 명목으로 50억원의 뇌물을 받은 건 국민의 힘 곽상도 의원의 아들이었다. 250만원의 월급을 받던 대리가 퇴직금으로 50억원을 받았다고 하면, 뇌물 외에 어떤 논리로 설명할 수 있을까. 진짜 몸통이 누군지를 떠나, 정권교체로 더 좋은 사회를 만들 수 있다는 명제마저 회의감에 휩싸이게 만드는 현실이다.

04

코인과 주식,
그리고 명품

인간을 '살게 하는 것'은 뭘까.
누가 시키지 않아도 새벽까지 공부에 매진할 수 있게 하고, 몸이 고
단해도 웃으며 일할 수 있게 하는 것은 뭘까. 바로 꿈과 희망이다. 당
장 힘들어도 낙관적인 미래를 그릴 수 있다면 기꺼이 참고 견딜 수
있기 때문이다. 작게는 학창시절을 떠올려보라. 지루한 수업을 견딜
수 있게 하는 건 쉬는 시간의 달콤한 휴식이다. 시험 기간에 뜬눈으
로 밤을 새울 수 있는 건, 더 나은 미래를 위한 투자라는 믿음과 시험
이 끝난 뒤의 해방감이다. 그렇게 학창시절에는 좋은 대학을, 대학에
다니면서는 좋은 직장을, 직장인일 때는 좋은 배우자를 꿈꾸며 현재
의 어려움을 견뎌내는 게 청년들이 생각하는 평범한 삶이었다.

청년들이 보고 겪은 586세대 부모들의 삶도 마찬가지였다. 586
세대 역시 촛불 밑에서 공부하고 꼭두새벽부터 일터로 향하며 천천

히 계층이동의 사다리를 올랐다. 그러나 지금의 청년들은 어떤가. 그저 자포자기 심정이다. 왜? 그런 평범한 삶에 대한 꿈도 희망도 존재하지 않기 때문이다. 아니, 이제는 기대조차 하지 않는다. 대학을 졸업하면 뭘 하나. 모두가 대학에 가기 때문에 아무런 경쟁력도 없는데. 직장에 가면 뭘 하나. 언제 그만둘지 모른다는 생각에 전전긍긍, 월급은 통장을 스쳐 지나가고 자산격차로 가만있어도 거지가 되는걸. 정말 꿈도 희망도 없다는 말이 딱 맞는 상황이다.

그래서 많은 걸 '포기'하고 산다. 포기하면 편하기 때문이다. 현대사회는 참 편리하다. 아르바이트만 해도 굶어 죽지는 않기 때문이다. 시간을 쪼개 아르바이트를 하면서 취미만 즐겨도 적당히 만족스러운 삶을 살 수 있다. 물론 이때 결혼을 한다거나 자식을 갖는다는 선택지는 없다. 연애 역시 해도 그만, 안 해도 그만이다. 게임·드라마·애니메이션 등 훨씬 적은 비용으로 큰 만족을 얻을 수 있는 수단이 넘쳐나기 때문이다. 그렇게 탄생한 게 바로 일본의 '프리터족'이다.

지금 우리나라의 상황도 다르지 않다. 무언가를 해내겠다는 의지를 갖는 것조차 부담스럽다. 어떤 분야에 도전하건 바늘구멍을 뚫어야 하는 건 마찬가지기 때문이다. 심지어 바늘구멍을 뚫어봐야 제대로 된 보상도 돌아오지 않는다. 하물며 실패라도 하게 되면 그때까지 투자한 비용은 물론 가족의 실망까지, 많은 책임을 떠안아야 한다. 그러니 모든 도전은 하이 리스크, 로우 리턴이다. 청년 다수가 쇼윈도 취준생으로 전락했거나 프리터족의 전철을 밟아가는 이유다.

직장을 얻게 되더라도 양상은 대동소이하다. 40대까지 바짝 벌어서 남은 삶은 오직 자유를 만끽하겠다는 청년들도 등장했다. 바로 '파이어족'이다. 이러나저러나 포기하면 편하다는 전제로부터 시작된 결론인 건 똑같다. 결혼이니 출산이니 부담스러운 사회적 책임은 벗어던지고, 최소한의 비용으로 영위할 수 있는 자유로운 삶을 찾아 나서려는 몸부림이다.

아예 모든 걸 포기한 청년들도 있다. 최소한의 자유로운 삶조차도 꿈꾸지 않는, **'은둔 청년'**들이다. 그들에게 세상은 주어진 방 한 칸이 전부다. 더 정확히는 컴퓨터 속 세상이 삶의 전부다. 친구와의 연락은 고사하고 가족과의 대화도 단절된 경우가 대다수다. 무력감 속에 빠져 헤어 나오려는 어떤 노력도 기울이지 않는 것이다.

지난 9월 7일 한국청소년정책연구원이 발표한 '2020년 청년 사회·경제실태 및 정책방안 연구'에 따르면 18~34세 청년 3520명 중 112명은 아예 집 밖으로 나가지 않거나, 집에 있으며 인근 편의점 등에 외출한다고 답했다. 통계상으로 3% 이상의 청년들이 아예 세상과 단절된 채로 살아가고 있다는 의미다. 우리나라의 은둔 청년은 곧 일본의 '히키코모리(은둔형 외톨이)'와 같다. 이 또한 일본의 10년 전이 우리나라의 현재라는 명제와 정확히 들어맞는 것이다.

일본은 10년 전부터 이 문제를 제도권에서 논의하기 시작했다. 그들의 계산에 의하면 청년 한 명이 일하지 않고 은둔을 택했을 때 손실되는 사회적 비용은 우리 돈으로 약 16억원이다. 30만명의 은둔 청년을 가정했을 때 산술적으로 450~500조원의 손실이 발생하게 된다는 것이다. 그러나 여전히 우리나라는 은둔 청년은커녕, 자그마한 희망이라도 품고 발버둥 치는 청년들을 지원하기 위한 노력조차 제대로 이루어지지 못하고 있다.

◇ 마지막 남은 계층이동 사다리, '코인'

그런 청년들에게 **'마지막 남은'** 계층이동의 사다리가 있다. 어쩌면, 가장 공정한 경쟁이기도 했다. 물론 탈락자에겐 아무것도 남지 않는다. 말 그대로 인생을 건 도박이다. 그런데도 많은 청년이 이 도박판에 뛰어들기 시작했다. 주식과 코인이다. 특히 초 단위로 가격이 변하는 코인의 변동성은 상상을 초월한다. 심하게는 하루에 수천%가 오르며, 상장이 폐지되어 가격이 0으로 수렴하기도 한다. 그러니 투자라기보단 합법적인 도박에 가깝다.

코인의 또 다른 문제는 가치가 없다는 것이다. 회사는 유형의 가치를 만든 뒤 그 가치를 근거로 투자를 받는다. 그 가치에 투자하는 게 바로 주식이다. 그러나 코인은 일단 투자를 받고 가치를 만든다. 공수표를 파는 것이다. "기업의 내재가치에 투자하라" 했던 워런 버핏을 비롯한 많은 투자자가 코인의 위험성을 강력하게 경고한 이유다.

그러나 위험성에 대한 경고는 아무 의미도 갖지 못했다. 청년들 역시 그 위험성을 알고 있었기 때문이다. 알면서도 뛰어든 거다. 아니, 오히려 알기 때문에 뛰어든 거다. 위험을 감수하지 않고서는 꿈도 희망도 없는 사회에서 살아남을 수 없다고 생각했을 테니까.

그렇게 '불나방처럼' 코인 시장에 뛰어들었다. 올 4월에는 코인의 거래량이 주식시장의 거래량을 추월할 정도였다.[102] 이처럼 코인 시장이 급속도로 성장하던 시기에 가장 많은 계좌를 신설한 건 다름 아닌 2030, 청년세대였다.[103] 매일같이 언론의 입을 통해 파란만장한 인생역전 스토리가 쏟아졌다. "100만원의 시드머니로 수십억을 벌었다"는 둥, "수십억을 벌어 대기업에 사표를 던졌다"는 둥 뭐그런 벼락부자 스토리 말이다. 물론 코인으로 벼락부자가 된 경우는 극히 소수다. 한편 그들이 벌어들인 수익만큼, 누군가는 돈을 잃었다는 말이기도 했다. 필자의 주변만 해도 열에 여덟이 코인을 시작했지만, 돈을 벌었다는 사람은 한 명도 못 봤다. 그러나 중요한 건 오직하나, 어쩌면 나도 벼락부자가 될 수 있다는 0.01%의 가능성이었다. 마치 사법고시가 부활하면 '개천룡'이 될 수도 있다고 생각하는 것처럼.[104] 그러니 코인은 마지막 계층이동의 사다리로서 주사위를 굴리는 역할만 하면 그만이었다. 누가 승자가 되고, 누가 패자가 될지 결정하는 행운의 주사위를.

---

102) 2021년 4월 5일 시황 중계 사이트 '코인마켓캡'에 따르면 오후 2시 기준 국내 4대 거래소(업비트·빗썸·코인원·코빗)의 24시간 거래량은 18조1886억원으로 집계됐다. 이는 지난달 코스피(유가증권시장) 하루 평균 거래대금 15조1335억원을 넘어선 수치다.

103) 2021년 8월 금융거래소 분석에 따르면 작년 말 기준 MZ세대가 보유한 가상화폐 계좌는 233만6000개로 전체 계좌의 45.7%를 차지했다. 같은 기간 주식 투자자 가운데 MZ세대는 총 315만7000명으로 전체의 34.7%를 점유하고 있었다. 투자자 수로는 전년 대비 2배가량 늘었다.

104) 정작 사법고시는 전체 시험기간 동안 60만명 이상이 응시해 단 2만명의 합격자만을 배출한 평가방식이었다. 3%의 합격자와 97%의 탈락자를 낳은 것이다. 자산격차에 따른 과정상의 불평등을 생각했을 때 합격한 3% 중 '개천룡'이 속해 있을 가능성은 더욱 낮다.

그러나 청년들의 몸부림은 '**한여름 밤의 꿈**'으로 끝났다. 승자는 미리 시장을 선점해 이미 수익을 거둬들인 사람들뿐이었다. 나머지 455명의 탈락자는 정치권과 언론의 집중포화에 속수무책 무너질 수밖에 없었다. 정치권과 언론은 한마음 한뜻으로 코인의 높은 변동성의 위험을 강조했다. 대표적인 게 은성수 금융위원장이었다. 그는 "어른들이 가르쳐줘야 한다"고 말하며 코인거래소의 규제를 천명했다. 한편 내년부터는 코인으로 벌어들인 수익에 대한 과세도 추진하겠다고 했다. 그런 외부의 자극들은 안 그래도 민감한 코인 시장을 크게 뒤흔들었다. 은성수 금융위원장이 거래소 규제를 천명한 그 날 하루만 거래소 '업비트'의 코인 가격은 최대 50%까지 떨어졌다. 그 피해는 고스란히 투자자, 청년들의 몫이었다.

　　물론 제도권의 개입은 필요하다. 보호건 규제건 말이다. 그 필요성을 극적으로 확인시켜준 게 바로 일론 머스크였다. 그는 자신의 영향력을 이용해 '도지코인'의 가격을 좌지우지했다. 도지코인은 개발자가 직접 "장난으로 만들었다"고 언급했을 만큼 무가치한 코인이었다. 그런데도 일론 머스크는 "(당시 0.5달러인) 도지코인이 1달러가 될 것"이라고 말하며 투자자들을 유혹했다. 그리고 많은 투자자가 오직 일론 머스크의 말만 믿고 도지코인을 구매했다. 그러나 도지코인의 가격은 파도타기만 하며 우하향 곡선을 그리기 시작했고, 투자자들이 점차 이탈해 2021년 10월 현재는 0.2달러 수준의 가격을 유지하고 있다. 그 피해 역시 고스란히 투자자, 청년들의 몫이었다. 주식시장과 달리 관련법이 전혀 없어서 발생한 촌극이자, 비극이었다.

　　언제나 가장 큰 위험에 노출되는 건 청년들이다. 급변하는 상황에 대응할 수 있는 방어체계가 없기 때문이다. 그래서 제도권이 개입하면 개입하는 대로, 개입하지 않으면 개입하지 않는 대로 피해를 볼 수밖에 없다. 제도를 탓하거나 회피하려는 게 아니다. 꿈도 희망도 없기에 위험을 감수할 수밖에 없고, 위험을 감수하는 과정에서 또 한 번 좌절할 수밖에 없는 청년들의 열악한 현실을 역설할 뿐이다.

◇ 청년 명품족, 화려함 뒤에 숨겨진 불안의 그림자

청년, 특히 남성들의 '**소비패턴**'도 변화하기 시작했다. 저축을 통해 미래를 설계하기보단, 현재의 만족에 더 높은 가치를 부여하게 된 것이다. 가장 직관적인 변화는 명품소비 증가다. 일례로 명품 시계 '롤렉스'는 없어서 못 팔 지경이라고 한다. 50% 가까운 웃돈을 얹어주고 중고품을 구매하는 경우까지 심심찮게 발견할 수 있을 정도다. [105]

덕분에 백화점의 풍경도 달라지고 있다. 지난 7월 롯데백화점 소공동 본점은 아예 남성 브랜드 전문관을 새로 선보이기도 했다. 남성 고객의 명품 구매가 늘면서 별도 매장으로 대거 독립한 것이다. 여의도의 '더 현대 서울' 역시 2층에 별도로 남성 브랜드를 대거 배치했다. 백화점 관계자는 "남성 명품매장은 1인 방문이 60% 이상을 차지

---

[105] 스위스 명품 시계 '롤렉스'의 인기가 폭발하면서 중고시장에서 롤렉스 시계에 붙는 웃돈이 1000만원을 넘어섰다. "롤렉스 매장에는 공기만 판다"는 우스갯소리가 나올 정도로 롤렉스 시계 품귀 현상은 갈수록 심해지고 있다. 2021년 7월 31일 머니투데이 〈새벽부터 300명 줄… '롤렉스 오픈런' 단숨에 1000만원 번다〉 기사 참조

한다"며 "명품 소비 주축으로 새롭게 떠오른 이른바 '럭비남(럭셔리 비혼 남성)106)'은 나를 위한 소비에 매우 적극적"이라고 했다.107) 이런 변화는 통계로도 나타난다. 시장조사업체 유로모니터 등에 따르면 남성복 시장은 2010년 11조2633억원에서 지난해 12조4148억원으로 10% 성장에 그쳤으나, 남성 명품 패션시장은 같은 기간 6090억원에서 1조1041억원으로 2배 가까이 커졌다. 또 현대백화점은 루이비통 남성 전문 매장이 문을 연 6월 24일부터 7월 1일 사이, 압구정본점 '멘즈 럭셔리관' 매출은 전년 같은 기간 대비 140% 이상 증가했다고 밝혔다. 특히 2030세대 남성의 매출은 4배 이상 커졌다. 2030세대 전체 명품 고객 가운데 남성 고객이 차지하는 비중 또한 2배 이상 늘었다고 한다.

'뭔가 이상'하지 않나? 청년들이 먹고살기 힘들어졌다고 하면서 사치품의 일종인 명품소비는 늘었다는 사실이. 일부는 보복 소비로 설명할 수 있다. 코로나 사태로 가라앉은 경제가 회복세에 접어들면서, 소비가 폭발적으로 증가한 결과라는 것이다. 그러나 보복 소비만으로는 설명되지 않는 게 있다. 유독 청년 남성들의 명품소비만 늘어난 이유가 무엇이냐는 것이다. 앞서 살펴본 것처럼 오늘날 청년세대의 삶은 매우 열악하다. 오죽하면 순자산이 유일하게 줄어든 세대라

---

106)　이들을 다른 말로 '포미족(FOR ME족)'이라고도 한다. 건강(For health) · 1인 가구(One) · 여가(Recreation) · 편의(More convenient) · 고가(Expensive)의 앞글자를 따온 신조어다.

107)　2021년 9월 20일 서울신문 보도, 《"루이비통 들고 호텔에서 추석 즐기는 남자들"… 통 커진 MZ세대 비혼 남성들》 참고

고 하겠나. 그러니 돈이 남아돌아서는 아니다. 그렇다면 순자산이 줄었는데도 명품소비는 늘어난 이 모순을 어떻게 설명할 수 있을까.

답은 의외로 단순하다. 무언가를 포기하고 그 대가를 취한 것이다. 포기한 건 연애와 결혼, 그리고 출산이다. 그 대신 나 자신을 위한 투자를 선택했다. 그 현상이 가장 가시적으로 드러난 게 바로 명품소비의 증가인 것이다. 럭비남·포미족 등의 신조어가 등장한 배경이기도 하다. 필자만 해도 최근 명품에 관심이 높아졌다. 실제 명품소비도 늘었다. 돈을 모아야 할 필요성을 느끼지 않아서다. 돈을 모으려면 동기가 필요하다. 그러나 어차피 한푼 두푼 모아봐야 집을 살 수가 없다. 그래서 저축을 통한 미래설계보단 현재의 소비를 통한 만족을 추구하게 된 것이다. 사실 내 집 마련 하나만 포기해도 많은 걸 쟁취할 수 있다. 남성들의 명품소비가 증가하는 현상을 한편 씁쓸하게 바라볼 수밖에 없는 이유다.

문재인 정부의 소득주도성장과 부동산 정책은 실패했고, 청년들의 꿈과 희망을 앗아갔다. 물론 오직 문재인 정부의 잘못이라고만은 볼 수 없다. 경제 고착화와 코로나 사태 등 다양한 변수가 개입하는 문제이기 때문이다. 그러나 소득주도성장과 부동산 정책의 실패는 문재인 정부의 실책으로서 마땅히 책임을 물어야 한다. 그렇게 청년들은 꿈과 희망을 잃었다. 자산격차에 좌절당했고, 기득권의 내로남불에 희롱당했으며, 막연한 미래를 설계하기보단 현재의 만족을 추구하게 됐다. 그러나 기성세대 어른들은 청년들을 위해주기는커녕 자신의 일자리 지키기에 급급해 입금피크제 없는 정년연장을 외치며 청년들에게 주어진 최소한의 기회조차 박탈하려 한다. 그러니 계층이동의 사다리를 오르려 발악하는 청년들조차 남은 수단은 합법적 도박, 코인뿐이라는 것이다.

그렇게 지금 이 순간에도 누군가는 벼락거지가 되고 누군가는 벼락부자가 되는, 사생결단의 사투가 계속되고 있다. 하지만 정치권은 그토록 비극적이고도 처절한 경쟁의 현장마저 또 하나의 세원으로 인식하고 군침만 흘릴 뿐, 탈락자를 보호하기 위한 어떠한 조치도 모색하지 않고 있다. 철저히 기울어진 운동장 속 세대전쟁에서, 힘없는 청년세대만 희생당하는 안타까운 현실이다.

가장 먼저 책임을 물어야 할 건 민주당의 기득권층이다. 국민의 힘이 대안이 될지는 미지수지만, 이미 실패한 정권을 연장시키는 것보다는 낫다고 보기 때문이다. 이대남들이 국민의 힘에 몰려든 이유역시 그것이다. 이는 또한 세대전쟁 속 심판의 의미이기도 하다. 민주당은 청년이라는 미래를 패대기치고, 오직 지지층만을 위한 정치를 자행해온 대가를 마땅히 치러야 한다. 코인과 주식시장의 호황과 명품족의 등장. 그 화려한 껍데기 속 청년들에 불안의 그림자가 드리운다.

Chapter 5

불공정과
내로남불

01

민주당의
공정관

　　　　　　　　　　　문재인 정부의 공정은 **'거짓말'**이었다. "기회는 균등하고, 과정은 공정하며, 결과는 정의로울 것"이라던 약속 중 무엇 하나 지키지 못했기 때문이다. 기회는 선택된 자들에게만 돌아갔으며, 과정은 불공정의 연속이었고, 결과는 오직 그들만의 정의로 점철됐다. 좀 더 구체적으로 들어가 보자.

　　첫째, 기회는 기득권의 자녀 혹은 대통령에게 선택된 이들에게만 돌아갔다. 조국·추미애 전 장관 등 기득권 부모의 '엄빠찬스' 논란과 인국공 사태 등에서 비롯된 '일자리로또' 논란이 대표적이다.

　　둘째, 과정의 공정은 '스펙 품앗이' 등 또 한 번의 엄빠찬스로 오염되었으며, 여성·지역 할당제는 물론 민주화운동 자녀에 대한 혜택에 이르기까지, 능력주의를 부정하는 온갖 특혜들이 난무했다.

　　셋째, 결과는 그들에게 유리할 때만 정의로 포장됐다. '7대 스펙'

이 모두 허위로 밝혀진 조 전 장관의 딸은 버젓이 의사 행세를 하며 다니고 있고, 정경심 교수의 입시 비리와 김경수 전 지사의 드루킹 사건 등에 대한 유죄판결은 '사법적폐' 운운하며 모조리 부정하고 있다. '기회균등·과정공정·결과정의' 중 어느 것도 지켜내지 못한 것이다.

공정을 표방한 정책들 역시 갈라치기를 위한 수단에 불과했다. 을의 것을 뺏어다 을에게 나눠주는 것이 그들이 말하는 공정이었기 때문이다. 그렇게 을과 을의 싸움으로 비화 된 게 바로 기간제교사와 인국공 사태였다. 을과 을이 다투는 사이, 그들은 스펙을 나눠 가지며 자기 자식들을 명문대에 보냈고 황제휴가 등 온갖 편의를 봐주고 있었다. 문재인 정부 4년 내내, 그런 기득권의 만행을 지켜보는 국민의 심정은 어땠겠나. 그들이 청년들의 가슴에 새긴 상처는, 그 부모의 가슴에 생긴 피멍은 평생 아물지 않을지 모른다. 그런데도 "사랑해요 정경심"을 외치며 조국 일가를 두둔하는 민주당과 그 지지자들을 보면서는 분노를 넘어 경멸을 느꼈다. 어쩌면 조국 일가의 입시 비리로 내 자식들의 자리가 강탈되었을지도 모른다는 생각을 한다면, 어떻게 그럴 수가 있나?

더 나쁜 건 '**위선**'이다. 겉으로만 공정과 정의를 외치는 그 위선 말이다. 다시 고개를 들고 조국을 보라. "조국의 말은 과거 조국의 말로 모두 반박할 수 있다"는 말이 공공연히 통용될 만큼 위선적이고, 이중적이다. 2012년의 조국 전 장관은 "장학금 지급기준을 성적 중심에서 경제상태 중심으로 옮겨야 한다"고 주장했지만 조 전 장관의 딸 조민 씨는 넉넉한 가정환경에 성적이 유급수준이었음에도 두 차례나 장학금을 받았다. 또 2012년의 조 전 장관은 "지금 이 순간도 잠을 줄이며 한 자 한 자 논문을 쓰고 있는 대학원생들이 있다"며 학계를 비판했지만 조 전 장관의 딸 조민 씨는 2주 인턴을 하고 의학 논문에 제1저자로 이름을 올렸다. 대체 이 무슨 내로남불이란 말인가? 조 전 장관은 지금도 하루 수십 건씩 트윗을 써 내려가며 무수한 말빚을 양산하고 있다. 자신이 처한 상황에 따라 언제든 달라질 수 있는 말빚을. 정말 편리한 위선 아닌가? '조스트라다무스'라는 별명에 딱 어울리는.

심지어 같은 편끼리도 말이 **'오락가락'**하는 모습을 보면 헛웃음만 난다. 조 전 장관은 딸 조민 씨가 인턴십에 참여하는 모습을 본 것 같다며 말을 바꾼 친구를 두둔하면서 "여러분은 13년 전 동창회에 누가 참석했는지 기억하시나"라며 답답함을 토로했다. 반대로 김어준 씨는 16년 전 오세훈 시장의 페라가모 신발을 목격했다는 생태탕 집 사장을 앞세워 네거티브 공세를 펼쳤다. 기억조차 내로남불이다.

그뿐인가? 윤미향 사태를 보라. 위안부 할머니를 위한다며 만들어진 정의기억연대(이하 '정의연')의 비리를 폭로한 건 다름 아닌 이용수 할머니였다. 그들에게 위안부는 반일감정을 부추기기 위한 도구에 불과했다는 것이다. 설상가상 김어준 씨는 이용수 할머니의 기자회견을 보고 "기자회견문을 읽어보면 이용수 할머니가 쓰신 게 아닌 게 명백해 보인다. 누군가 왜곡에 관여한 거 아니냐"며 음모론을 펼쳤다. 또 민주당의 강성 지지자들은 이용수 할머니를 '토착왜구'로 몰아 공격하는 어처구니없는 광경까지 연출했다. 위안부 피해자들마저 세력의 적이라고 판단되면 즉시 철퇴로 내려치는, 진영논리의 노예들이었다. 그리고 시간이 지나 공개된 윤미향 의원의 1심 공소장에는 윤미향 의원이 위안부 할머니들을 위한 성금을 마사지 · 과자점은 물론 의료비 · 자녀계좌송금 · 과태료 납부 등에 유용한 정황이 드러나 있었다. 그렇게 개인 생활비로 유용한 액수만 무려 1억원이라고 한다.

◇ 원칙도 절차도 없는 기득권의 공정

한편 그들의 공정은 아무런 원칙도 없다. 단순하고 무성의하다. 작년 이맘때 한바탕 난리였던 의대생 국시 거부 사태를 기억해 보라. 정부가 4대 의료정책을 강행했고, 의대생은 저항의 의미로 국시를 거부했다. 국시를 자발적으로 거부해놓고 구제해달라는 의대생들도 문제지만[108], 원칙을 무시하고 의대생들을 구제해준 문재인 정부의 잘못이 더 크다. 애초에 문재인 정부가 민주적인 방식으로 의료계의 의견을 수렴해가며 정책을 추진했더라면 발생하지도 않았을 문제이기 때문이다. 절차에 대한 개념도 부족하다. 우리나라는 무한경쟁 사회다.

---

108) 필자는 원칙주의자에 가깝다. 저항권은 다른 모든 구제책을 거친 뒤 최후 수단으로 용인되며, 저항에 의한 불이익 역시 오롯이 본인이 감당할 몫이라고 생각한다. 정부 정책의 잘잘못을 떠나서 스스로 국시를 거부해놓고 구제를 요구한 의대생과 그 요구를 수용한 정부 모두 부적절했다고 본다.

경쟁을 촉발하는 건 보상의 존재이며, 오직 경쟁에서 승리해 자격을 증명하는 사람만이 보상을 쟁취할 수 있다. 이는 우리 사회의 가장 기본적인 합의이며, 대전제다.

따라서 중요한 게 절차다. 자격을 증명하기 위한 절차 말이다. 그러나 문재인 정부는 절차를 무시하고 선택된 비정규직들만 일거에 정규직으로 전환시키는 만행을 저질렀다. 그럼 지금까지 피 터지게 공부해서 그 자리를 쟁취한 사람들의 노력은 어떻게 되는가? 또한, 지금도 그 자리에 오르기 위해 피 터지게 공부하고 있는 사람들은 뭐가 되는가? 인국공 사태 당시 온 국민이 반발한 이유는 비정규직의 정규직화를 반대하기 때문이 아니다. 자격을 증명하기 위한 최소한의 절차도 없이 특혜를 주는 무지에 반대하는 것이다. 보상이 크고 작고가 중요한 게 아니다. 단 한 톨의 쌀알을 분배하더라도, 땀 흘려 일한 자격 있는 사람에게 하라는 거다. 단 하나라도 노력으로 쟁취해본 사람이라면 마땅히 할 수 있는 요구다. 그 단순명쾌한 요구조차 이해하지 못하는 게 문재인 정부다.

이미 그들이 '기득권 좌파'라는 증거다. 그들은 이미 경쟁할 필요가 없는 사람들이기 때문이다. 애초에 공정이란 경쟁하지 않고는 살아갈 수 없는, 사회적 약자들의 언어다. 그러니 기득권 좌파가 공정을 이해하기 어려운 것이다. 또 그러니 좌파적 공정이 되레 경쟁의 생태계를 파괴하는 결과만 초래하는 것이다. 문재인 정부 4년은 공정을 깨뜨리려는 자와 지키려는 자의 전쟁이었다고 해도 과언이 아니었다. 또 하나의 세대전쟁이다.

그러나 이번에도 전쟁은 청년들의 패배로 끝이 났다. 우리 사회의 공정은 심각하게 퇴보했고, 이를 타개하기 위해 과거보다 더 극단적인 형태의 공정론이 대두되기 시작했다. 바로 능력주의다. 민주당의 불공정이 만들어낸 파멸적인 결론이었다. 이제 청년들은 생계형 공정을 말한다. 어차피 모두가 행복할 수 없다면 경쟁이라도 공정해야 한다는 생계형 공정 말이다. 이번에도 청년들은 알고 있다. 그런 경쟁 속 대다수는 탈락하게 된다는 사실을. 자신 또한 아주 높은 확률로 탈락자가 될 거라는 사실을. 그런데도 능력주의를 주창하는 거다. 99.99%는 탈락하게 된다는 사실을 알면서도 불나방처럼 코인에 뛰어든 것처럼. 그리고 455명이 탈락하게 된다는 걸 알면서도 목숨을 걸고 오징어 게임에 뛰어든 채무자들처럼.

02

기간제 교사와
인국공 사태

　'노동시장 이중구조'는 우리나라의 고질적인 병폐다. 여러 문제가 있는데, 가장 큰 문제는 '동일노동 동일임금'의 대원칙이 지켜지지 않는다는 점이다. 2020년 통계청 발표에 따르면 정규직, 비정규직 근로자의 임금격차는 2배에 달한다.[109] 극단적으로 대기업 정규직과 중소기업 비정규직의 임금격차는 무려 56%다. 설상가상 2020년에는 정규직 근로자의 임금은 약 7만원이 늘었지만, 비정규직 근로자는 오히려 약 2만원이 감소해 총 임금격차는 약 152만원으로 통계 작성 이래 최고치를 기록했다. 노동시장 이중구조 문제는

---

[109]　2020년 10월 17일 통계청 발표에 따르면 정규직 근로자의 월평균 임금은 323만4000원으로 전년 동기 대비 6만9000원 늘었지만 비정규직 근로자는 171만1000원으로 오히려 1만 8000원 줄었다. 임금격차는 전년보다 8만7000원 늘어난 152만3000원으로 관련 통계 작성 이후 최대치를 기록했다.

남성과 여성의 임금격차에도 결정적인 영향을 미친다. 비정규직 근로자의 대다수가 40대 이상 여성에 집중되어 있기 때문이다.[110] 따라서 노동시장 이중구조 문제가 노동시장에서 발생하는 모든 문제에 있어 만악의 근원이라고 해도 과언이 아니다. 문재인 정부가 공공부문부터 비정규직의 정규직화를 통해 노동시장 이중구조 문제를 해결하겠다고 선포한 것도 마찬가지 이유다.

그러나 노동시장 이중구조 문제는 문재인 정부 들어 더 극심해졌다. 공공부문에서 정규직화 된 비정규직을 아득히 추월할 만큼 민간부문 비정규직이 폭증했기 때문이다. 통계청에 따르면 비정규직 근로자는 2015년 약 627만명으로 전체 임금근로자의 32.5%를 차지했다. 하지만 꾸준히 늘어나 작년에는 전년보다 무려 87만명(13%) 늘어난 약 748만명을 기록했다. 사상 최대 규모로 늘어난 것이다.

전체 임금근로자에서 차지하는 비중도 36.4%로 엄청나게 높아졌다. 공공부문의 비정규직이 19만명 넘게 줄었는데도 이렇게 비정규직이 늘어난 것은 경기 위축 등으로 민간부문에선 비정규직 일자리를 더 늘렸기 때문으로 분석된다.[111] 실제 국민의 힘 유경준 의원 분석에 따르면 2017~2019년 늘어난 기간제 근로자 80만명 중 78만명은 2년 이하 계약직 근로자였다. 다양한 명목으로 공공부문의 인건비 지출을 늘렸음에도 노동시장 이중구조 문제는 되레 나빠지기만 했다는 증거다.

---

110) 2021년 통계청 '경제활동인구조사'에 따르면 2020년 기준 비정규직 근로자 비율은 남성이 29.4%, 여성이 45.0%로 여성이 15% 이상 높게 나타났다.

111) 2020년 11월 3일 조선일보 〈정규직 · 비정규직 임금격차도 더 벌어져, 月152만원〉 참조

◆ 기간제교사, 정규직으로 전환해야 할까

기간제교사도 '**비정규직 근로자**'다. 비정규직 근로자 중에서도 처우가 매우 열악한 편에 속한다. 실제 사립 고등학교 4명 중 1명은 기간제교사인데[112], 대부분은 정교사가 휴직 및 파견 등으로 자리를 비울 때 해당 업무를 대체하는 역할만 한다. 따라서 실제 계약 기간은 대부분 1년 미만이다. 기간제교사들이 고용 불안정 문제를 가장 큰 어려움으로 꼽는 이유다. 고용 불안정이 크다는 것은 곧 철저한 을이라는 의미이기도 하다. 계약연장에 불이익을 받지 않기 위해 각종 불합리한 요구에 응해야 하기 때문이다. 학교장에 의한 '갑질'은 기본이요, 여교사의 경우 성희롱·성추행 등에도 취약하다. 따라서 기간제교사의 처우 개선을 위한 노력은 필요하다. 그러나 문재인 정부는 처우 개선을 위한 노력이 아니라 훨씬 단순한 방법을 택했다. 기간제교사 전부를 별다른 조건 없이 정규직으로 전환 시키는 것이다.

정교사로의 길은 '**점점 좁아지고**' 있었다. 인구감소로 교사 선발 인원은 점점 줄어드는데, 지원자는 나날이 늘어나고 있기 때문이다. 임용시험 경쟁률은, 지역과 과목에 따라 상이하나, 20~30:1이 넘는 경우도 허다하다. 이미 정교사가 된 이들은 인고의 시간을 거쳐 그 자리에 오른 것이며, 현재 정교사를 준비하는 이들은 그 자리에 오르

---

112) 한국교육개발원 자료에 따르면 사립 고등학교의 기간제교사 비율은 2000년 4.11%에서 2018년 23.18%로 상승했다. 교사 4명 중 1명은 기간제교사인 셈이다.

기 위해 지금 이 순간에도 치열하게 공부에만 매달리고 있다는 뜻이다. 문재인 정부의 결정은 그들의 노력을 철저히 부정하고 배신하는 행위였다.

문제는 거기서 끝나지 않는다. 정교사 TO는 한정되어 있기에 기간제교사가 정규직으로 전환되고 나면, 신규채용이 줄어들기 때문이다. 그러니 임용준비생 입장에선 상대적 박탈감을 넘어 더 좁은 채용문을 뚫어야 한다는 실질적인 불이익을 받게 된다. 당연히 반발하고 나설 수밖에 없다는 것이다. 그러나 정부는 그런 부작용에 대한 고려 없이 계획을 강행했고, 결과는 을과 을의 갈등이었다. 임용에 합격한 교사들은 물론 전국의 임용준비생들이 '청계천한빛광장'에 모여 정부의 결정을 규탄하는 집회를 열었다. 약자의 것을 뺏어다 약자에게 나눠주는 민주당식 공정의 폐해였다.

사태는 3년 만에 일단락되었다. 교육부가 기간제교사의 정규직화에 '불가' 판정을 내리면서다. "정교사가 되려면 교사임용 절차를 거쳐야 하고, 그 기회가 임용을 준비하는 사람들 모두에 열려있다"는 요지였다. 정말 무책임한 결론이었다. 전혀 새로울 게 없는 이유였기 때문이다. 다른 말로 정부가 조금만 고민하고 일을 추진했더라면, 극단적인 갈등으로 비화 될 일도 없었다는 의미다.

한편 정부의 결정에도 불구하고 갈등은 봉합되지 않았다. 기간제교사 역시 불만을 표출했기 때문이다. 정부가 줬다 뺏은 셈이니 당연한 불만이다. 기간제교사들은 "정부는 형평성 문제를 들어 기간제교사의 정규직전환이 안 된다고 하지만, 이것은 진정한 형평성이 아니"

라며 "기간제교사들은 이미 교사자격을 인정받은 예비교사"라고 목청을 높였다. 기간제교사들의 이 같은 호소는 지금도 계속되고 있다. 그렇게 문재인 정부의 정의는 시작부터 삐걱댔다. 그리고 잘못을 바로잡으려는 노력도 없었다.

◇ 인국공 사태로 촉발된 노노(勞勞)갈등

문재인 정부는 '**같은 실수**'를 반복했다. 인국공 사태에서 기간제교사 때와 정확히 같은 양상의 갈등이 벌어졌기 때문이다. 논란의 요지도 같았다. 인천국제공항공사가 비정규직 보안검색 직원 1900여명을 직접 고용, 즉 정규직화하기로 결정한 것이다. 이유는 하나, 문재인 '대통령의 지시'였다. 가장 먼저 반발하고 나선 건 인국공에 재직 중인 정규직 근로자들이었다.[113] 기간제교사 당시 정교사들이 반발했던 것과 같은 이유였다. 정규직 직원들에 대한 역차별이라는 것이다. 그들이 그 자리에 오르기 위해 겪었던, 자격을 증명하기 위한 최소한의 절차조차 없이 주어진 특혜였기 때문이다. 치열하게 경쟁해 자격을 증명한 사람들에겐 명백한 배신이었다.

더구나 인국공은 공공기관 중에서도 선호도가 높은 공공기관이

---

[113] 인국공 정규직 노조인 '인천공항노동조합'은 청원경찰 직고용 계획이 기존 정규직 직원에 대한 역차별이라며 반발하고 나섰다. 정규직 노조는 지난 23일 오후 인천공항에서 연 규탄대회에서 "국민의 평등권을 침해하는 일방적 정규직 전환에 대해 헌법소원 제기 등 총력 투쟁을 전개하겠다"고 밝혔다.

다. 대부분 공공기관은 지방으로 이전해 접근성이 떨어졌기 때문이다. 그만큼 직무 불문 경쟁률도 높았다. 정규직 입사 역시 하늘의 별 따기였다. 이를 방증하듯 외부에서도 엄청난 불만이 터져 나왔다. 공공기관 취업을 준비하던 전국의 공준생(공기업준비생)들 말이다. 청와대 국민청원 게시판에는 '공기업 비정규직의 정규화 그만해주십시오'라는 제목의 청원까지 올라왔다. 그리고 단 이틀 만에 22만명의 동의를 받아냈다. 청원인은 "전환자 중 구직사이트에서 알바로 들어온 사람들이 많다"며 "정직원 수보다 더 많은 이들 비정규직을 정규직 전환하면, 이곳에 들어가려고 스펙을 쌓고 공부하는 취준생들은 무슨 죄냐"고 토로했다. 인국공 보안검색 노동조합은 "보안검색 근로자는 아르바이트가 아니"라며 항변했지만 여론은 싸늘했다. 문재인 정부의 공정은 이번에도 갈등적이었다. 그렇게 또 한 번 을과 을의 싸움을 낳았고, 그들 모두에 깊은 상처를 남겼다.

인국공 사태는 **'나쁜 선례'**가 되었다. 너도나도 정규직전환 및 처우 개선을 요구하고 나섰기 때문이다. 서울교통공사·국민건강보험공단 등의 공기업이 그랬다. 그리고 마찬가지의 반발이 일었다. 기존 정규직들의 반발 말이다. 한편 이런 요구들은 공기업을 넘어 사기업까지 번졌다. 대표적인 예로 현대제철의 당진공장 통제센터가 불법 점거되는 사태가 있었다. '현대제철 비정규직지회' 소속 근로자 100여 명은 통제센터를 불법 점거한 뒤, "자신들을 현대제철 직원으로 직고용해달라"고 요구한 것이다. 이들을 진압하는 과정에서 당진제철소 보안업체 직원 9명 등 11명이 병원으로 이송되는 등 소요사태까지 벌어졌다. 현대제철은 난처할 수밖에 없었다. 일부 협력사 직원만 직고용하는 건 특혜였기 때문이다. 이 또한 나쁜 선례가 되어 모든 협력사 직원들이 직고용을 요구하고 나설지도 모를 일이었다.

모든 직원을 직고용할 수 있다면 얼마나 좋겠나. 그러나 현실은 냉혹하다. 기업이 감당할 수 있는 인건비에는 한계가 있고, 인건비 부담이 늘게 되면 그만큼 신규채용을 줄일 수밖에 없을 테니 말이다. 엄격한 채용 절차를 거친 본사 직원들과의 형평성 문제는 두말할 필요조차 없다. 이후 현대자동차·포스코·한국지엠(GM) 등의 기업들도 비슷한 양상의 갈등을 겪었다. 이 모든 게 인국공의 나쁜 선례 때문이다. 무엇이든 특혜로 인식되는 순간 "왜 재만?"이라는 불만이 터져 나올 수밖에 없는 법이니까. 그래서 원칙이 중요한 거다. 민주당식 공정에 결여된 것이 바로 그 원칙이었다.

문재인 정부와 민주당은 '**반성**'이란 걸 몰랐다. 인국공 사태가 국민적 반발에 직면했음에도 여전히 궤변 일색이었다. 그들은 "조금 더 배우고 필기시험에 합격해서 정규직이 됐다고 비정규직보다 2배가량 임금을 더 받는 것이 오히려 불공정"이라며 정규직 직원과 취준생들을 나무랐다. 한편 "청년들이 가짜뉴스에 선동당하고 있다"며 편리하게 언론을 탓하기도 했다. 그들이 주장하는 구조적 문제는 취준생들의 잘못이 아니다. 정치인들의 실정에서 비롯되었기 때문이다. 그리고 그런 구조를 바로잡으려 하지 않고, 소수에 특혜를 주는 방식으로 단순하게 해결하려던 문재인 정부와 민주당의 책임이다. 세대전쟁을 피하려 을과 을의 갈등만 부추긴 기득권 중의 기득권, 정부·여당이야말로 문제의 총체라는 것이다.

　인국공 사태로 파생된 갈등은 쉬이 진정되지 않았다. 이번에도 "나만 아니면 된다"는 이기심 때문이었다. 언론을 통해 드러난 보안 검색 직원들의 메신저에는 "개꿀 개꿀", "차부터 벤츠로 바꿔야겠다" 등 그들에게만 허락된 특혜를 양껏 누리며 즐거워하는 모습들이 담겨 있었다. 이때부터 '로또일자리'라는 말이 입방아에 오르기 시작했다. 뜻밖의 행운이 노력을 초월해 신분 자체를 뒤바꿀 수 있다는 사실을 모든 국민이 실시간으로 확인했기 때문이다. 앞으로 인국공의 보안검색 직원들은 공정한 노력을 통해 그 자리를 얻었노라고 당당하게 말할 수 있을까? 그 나쁜 선례에 편승해 정규직 일자리를 쟁취한 또 다른 수혜자들 역시, 실력에 의한 성취였다고 당당하게 이야기할 수 있을까? 문재인 정부의 불공정이 남긴 또 하나의 숙제였다.

03

조국 사태와
586세대

　　　　　　조국 전 장관은 지독한 '**트위터 중독자**'다. 아내 정경심 교수가 사실심에서 11개 혐의에 유죄를 받고 구속되었는데도 하루 수십 개의 트윗을 쓰고 있으니 말이다. 갖은 감언이설로 점철된 그의 SNS에는 현재 그의 행동을 겨냥한 자아비판성 문장들로 가득하다. '조적조(조국의 적은 조국)'이라는 말이 나오게 된 배경이다. 조국 사태로 드러난 조국 전 장관의 실체는 그저 말만 번지르르한 위선자였다. 법무부 장관 청문회로 시작된 그의 인생 행적은 내로남불 그 자체였기 때문이다.

　　동양대 표창장 논란까진 그러려니 했다. 필자를 비롯해 주변 학우들 역시 더러 가진 흔한 스펙이었기 때문이다. 그러나 사태는 점입가경이었다. '의학 논문 제1저자' 논란부터 '유급 장학금' 논란에 각종 '허위 인턴 논란'까지. 입시 비리 종합 선물세트라고 표현해도 과언이 아닐 정도였다. 조국 전 장관은 그 모든 의혹에 대해 "명백한 가짜뉴스"라 일축했다.[114] 한 치의 망설임도 없이. 하지만 점점 드러나는 실체적 진실 속 그의 당당함은 "나는 몰랐다"는 무책임한 모르쇠로 뒤바뀌었다.

특히 '**해명**'한다는 논리조차 궁색하기 짝이 없었다. 고등학생인 조민 씨의 이름을 의학 논문 제1저자로 올린 교수는 "2주간 열심히 인턴에 참여한 게 기특해서 그랬다"고 주장했고[115], 유급생 조민 씨에게 장학금을 준 교수는 "면학을 격려하기 위해서"라고 해명했다.[116] 고등학생이 2주간 인턴에 성실히 참여했다며 무려 의학 논문에 제1저자 자리를 내어줬다는 말도 우습지만, 가난하지도 않은 낙제생을 위한 '격려장학금'이 있다는 말은 정말 난생처음 들어봤다. 게다가 조국 전 장관의 아들은 인턴에 참여하기 전부터 '인턴예정증명서'라는 해괴한 문서를 발급받은 정황까지 드러났다. 세상에 아직 하

---

114) 2019년 8월 21일 조 전 장관은 "저와 제 가족에 대한 비판과 검증 겸허히 받아들입니다"라면서도 "제 딸이 문제 논문 덕분에 대학 또는 대학원에 부정입학 했다는 의혹은 명백한 가짜뉴스"라는 입장을 밝혔다. 그러나 정경심 교수의 입시비리 혐의는 사실심의 끝인 2심에서도 모두 유죄로 판명됐다.

115) 2019년 8월 20일 동아일보와의 인터뷰에서 조민을 의학논문 제1저자로 등재시킨 A교수는 "조 씨 등 유학반 학생 2명이 해외 대학을 가려고 한다기에 선의로 도와줘야겠다는 생각을 했다"며 "열심히 참여한 게 기특해 제1저자로 했다"고 답했다. 그러나 함께 인턴십에 참가한 유학반 친구는 해당 논문에 이름조차 올리지 못했다.

116) 2021년 6월 11일 조국 전 장관 부부 재판에서 검찰은 조민에 대한 장학금 지급이 '보험성 특혜'라고 주장했다. "2015년 2학기 유급으로 휴학한 학생에게 장학금을 줬다"며 "그럼에도 불구하고 조씨의 성적은 더 떨어졌고, 그럼에도 장학금은 또 지급됐다"는 이유다. 장학금을 지급한 노환중 원장은 "조민이 제대로 졸업할 수 있을까 하는 우려 때문에 장학금 지급이 시작됐다", "성적이 좋지는 않았지만 그게 오히려 격려 필요성이 있다는 것"이라 주장했다.

지도 않은 인턴을 '예정증명서'라는 이름으로 증명해준다는 것도 금시초문이었다. 필자를 비롯한 보통의 청년들은 평생에 단 한 번도 경험하기 어려운 특혜들이 오직 조 전 장관의 자녀들에게만 돌아간 것이다. 그런데 그게 다 우연이란다. 도대체가 말이 되는 소린가? 그런 기도 안 찰 거짓말에도 불구하고 문재인 대통령은 법무부 장관 임명을 강행했다. 임기 초 천명했던 공직 배제 5대 원칙은 내다버린 지 오래니 놀랍지도 않은 결과였다. [117]

조국 전 장관을 지키기 위한 '**궤변**'들이 쏟아졌다. 우리 사회의 지식인이라는 사람들의 입을 통해. 그들은 과거 그들이 쌓아올린 공정과 정의의 기준을 스스로 무너뜨렸다. 가장 놀라운 건 유시민 이사장의 망언이었다. 그는 정경심 교수의 증거인멸 행위를 증거보전이라는 궤변으로 두둔했다. 검찰이 증거를 조작할 수 있기 때문에 마땅한 방어권을 행사했다는 주장이다. 우리나라 형법은 증거인멸은 처벌하지 않지만, 증거인멸교사는 처벌의 대상이 된다. 가타부타 따질 것도 없이, 법으로 금지된 행위라는 의미다. 실제 재판에서도 정경심 교수는 자신의 동양대 컴퓨터 데스크탑 본체를 자산관리인 김경록 씨에게 보관토록 한 것에 '증거은닉교사' 유죄 판결을 받았다.

---

117) 문재인 대통령은 후보 시절부터 이른바 공직 배제 5대 원칙(병역면탈·부동산투기·세금탈루·위장전입·논문표절 등) 관련자는 고위공직에서 원천적으로 배제하겠다는 인사 방침을 밝혔다. 그러나 정권 내내 조 전 장관을 포함해 총 32명의 장관급 인사들을 인사청문보고서 채택 없이 임명 강행했다. 이는 노무현 정부 3명, 이명박 정부 17명, 박근혜 정부 10명을 다 합친 것보다도 많은 숫자다.

검찰을 믿을 수 없기 때문이라는 말도 이해가 안 된다. 최순실 씨를 잡아 가둔 검찰과, 정경심 교수를 수사하는 검찰은 다른 조직이란 말인가? 자신의 진영에만 한없이 관대한 망언은 나쁜 선례가 될 가능성이 크다. 누군가 같은 논리로 증거인멸교사 등의 행위를 두둔했을 때, 반박할 논리가 사라지기 때문이다. 유시민 이사장과 같이 영향력 있는 인사가 검찰과 사법체계 전반에 대한 불신을 조장하는 건 어떻게 봐도 부적절했다.

여기서 끝이 아니었다. YTN의 변상욱 앵커는 조국 일가를 비판하는 청년을 향해 "반듯한 아버지 밑에서 자랐다면 수꼴마이크를 들 일도 없었을 텐데. 이래저래 짠하다"며 인신공격을 퍼부었다. 그의 눈에는 조국 전 장관과 같은 아버지가 반듯한 아버지였던 것이다. 과거 정유라의 "초호화 도피생활"을 문제 삼았던 공지영 작가도 논란이 됐다. "조국 가족의 사생활을 이렇게까지 공개하는 게 상식적이냐"며 180도 다른 태도를 보였기 때문이다. 조국을 비판하는 진중권 교수를 향해서는 "좋은 머리도 아닌지 박사도 못 땄다"며 비꼬았다.

민주당은 **'사법부 판단'**마저 부정했다. 이해찬 대표는 "판결문에 허점이 매우 많다"며 불만을 토로했고 윤호중 사무총장은 "국민이 사법부를 압박해야 되겠다"며 지령을 내렸다. 이재정 대변인은 "판사 본인의 열등감"을 언급하며 "부족한 논리를 앞세워 강설하고 있다"는 비난을 쏟아냈다. 광기에 가까운 언행이었다. 이는 오직 조국 한 사람을 지키기 위한 비행이었다. 대체 조국 전 장관은 그들에게 어떤 존재일까. 2021년 현재, 조국 일가의 입시 비리 전체가 사실로 드

러났음에도 그들은 여전히 조국 전 장관을 감싸기에만 급급하다. 조
국 일가의 '엄마찬스'와 '아빠찬스'에 상처받았을 청년들에 대한 일말
의 부채의식조차 없다. 심지어 김남국 민주당 의원은 중앙일보가 주
최한 '2040세대 좌담회' 중 조국 전 장관에 관한 이야기가 나오자 "조
국이 세대논의와 무슨 상관이냐"며 자리를 박차고 나가 20분간 펑펑
울었다고 한다. 그들에겐 꿈도 희망도 없는 청년들보다 온갖 기득권
을 영위하며 평범한 청년들의 자리를 빼앗은 조국 일가가 더 안타까
운 모양이다.

◇ 작용과 반작용, 서초동과 광화문

민주당의 강성지지층들은 묻는다. 왜 **'조국에게만'** 이토록 잔혹했느
냐고. 답은 그들 자신이 가장 잘 알고 있다. 바로 그들의 존재가 조국
에게 잔혹할 수밖에 없었던 이유이기 때문이다. 이토록 온몸을 내던
지며 두둔하는 진보세력의 강한 작용이 있었기에, 그에 상응하는 강
한 반작용이 따랐다는 의미다. 필자만 해도 그랬다. 그 지지자들에게
듣고 싶던 건 잘못을 잘못이라고 인정하는 상식적인 태도였다.

　　그러나 그들은 결코 잘못을 인정하지 않았다. 논리로 결론을 도
출하는 것이 아닌, 결론을 정해 놓고 논리를 끼워 맞췄다. 그들에게
조국은 절대로 오염될 수 없는 존재였고, 그래서 조국의 무고함을 증
명하려다 보니 말도 안 되는 논리들이 등장하게 된 것이다. 그에 대
한 반발은 상식적인 국민에 의한 상식적인 반작용이었을 뿐이다. 일

전에 다루었던 박원순 사태 당시 피해 여성이 정치적 행위를 할 수밖에 없었던 이유도 똑같다. 상대가 박원순 시장이라는 '거물정치인'이었기 때문이다. 당시에도 기어이 공식적인 행사인 서울특별시장을 강행했던 게 그들이다. 그런 맹목적인 지지 앞에 피해자가 동원할 수 있는 수단이 여론의 힘을 빌리는 것 말고 무엇이겠나.

한편 그들은 나경원과 이명박·박근혜 등과 비교하며 어째서 같은 잣대를 적용하지 않느냐며 억울해한다. 이 또한 쉐도우 복싱에 불과하다. 적어도 필자의 주변에선 그들의 비행을 두둔하는 경우를 단 한 번도 찾아보지 못했다. 심지어 이명박·박근혜 대통령은 이미 감옥에 가 있다. 그들에 비해 나은지도 모르겠지만, 그 사실을 인정받는다고 해서 조국·박원순·윤미향 등 민주당 인사들의 부정이 정당화되지는 않는다는 것이다. 그러나 민주당 지지층의 뇌리엔 "국민의 힘이 더 부패했다"는 정답이 새겨져, 민주당을 향한 비판은 절대로 받아들이지 못한다. 어쨌든 국민의 힘보다는 깨끗하다는 천편일률적 물타기로 인지부조화를 극복하려 애쓰는 모습인데, 그들끼리만 통용되는 애처로운 자기부정으로 비칠 뿐이다.

조국 사태는 우리나라를 '**두 동강**' 냈다. 조 전 장관의 거취를 두고 국민은 서초동과 광화문으로 나뉘어 싸웠고, 정치인들은 이를 중재하기는커녕 부추기기 바빴다. 그렇게 각자 "우리 집회에 더 많은 국민이 참여했다. 그러니 우리가 민심"이라고 주장하며 숫자 부풀리기에 급급한 모습은 같은 국민의 한 사람으로서 부끄럽기 짝이 없는 촌극이었다. 특히 서초동에 모인 조국 전 장관 지지자들의 모습은 애잔함을 넘어 절망감마저 불러일으켰다. 그들은 '태극기부대' 내지 '일베' 회원들과 데칼코마니처럼 닮아 있었다.

아니, 오히려 그들보다 더했다. 이념 때문에 자식들까지 팽개칠 수 있는 사람들이기 때문이다. 서초동에 모여 "사랑해요 정경심"을 외치는 이들 대다수는 4050세대였다. 그들의 자식들이 곧 조민 씨와 경쟁했을 필자 또래의 나이대라는 의미다. 그런 그들이 "표창장 위조가 뭐 대수냐"며 "그런 논리면 지금 부모 중 감옥 안 갈 사람 없다"고 고백하는 모습은 정말이지 구토가 나올 지경이었다. 학력에 의한 성공을 절대적 기준으로 삼아 자식들을 무한경쟁의 수렁으로 내몰고선, 그 안에서 발생한 조국 일가의 입시 비리는 이념이라는 안대를 쓰고 철저히 눈감아버리는 그들은 우리의 부모인가? 아니면 이념의 노예인가?

그들은 아직도 정경심 교수가 '표창장 하나 때문에' 유죄판결을 받았다고 생각한다. 사실관계를 알아볼 생각조차 없는 거다. 그들 모두 조국 사태로 상처받았을 청년들과 역사의, 죄인이며 공범이다.

다행히 '이 땅의 상식'은 죽지 않았다. 문재인 대통령의 지지율이 30% 아래로 곤두박질쳤다. 조국 장관도 더는 버티지 못하고 사의를 표명했다. 그리고 문재인 대통령이 사표를 수리하며, 조국 사태는 사법의 영역으로 넘어갔다. 그러나 안타깝게도 2심 재판 결과까지 확정된 2021년 현재까지도, 두 동강 난 국론은 봉합되지 못했다. 민주당의 강성지지층들에겐 사법적 판단이 곧 잘못을 시인할 근거가 되지는 않기 때문이다.[118]

그냥 인정만 안 하는 수준이면 다행이다. 판사의 신상을 터는 건 기본이고, 사법부도 적폐라며 사법부 폐지 선동까지 추진한다. 자신들에게 불리한 사법부 판단에 일일이 불만을 표하는, 그 정치인에 그 지지자들이다. 그런 억지 덕에 여전히 조국 일가의 재판 결과가 나올 때마다 나라는 두 갈래로 나뉘어 첨예하게 대립하고 있다. 대법원 판결이 같은 양상일 것이다.

자신들에게 불리한 '재판 결과'가 나올 때마다 민주당의 지지층 내에선 사법개혁, 판사탄핵 등 선동 문구들이 창궐한다. 이미 180석 여당이라는 최고의 기득권을 가졌음에도 불구하고, 여전히 자신들을 피해자로 상정해 피해를 호소하는 것이다. 비단 조국 사태에 국한된 문제가 아니다. 민주당은 한명숙 전 총리, 김경수 전 지사 등 핵심 인사들의 재판 결과에 시종일관 불복하는 태도를 보였다.

2015년 8월 한명숙 전 총리는 대법원 전원합의체의 '만장일치'로 유죄판결을 받았음에도 "오늘 사법정의가 이 땅에 죽었다"며 뻔뻔한 태도로 일관했다. 지난 7월 김경수 전 지사 역시 드루킹 관련 대법원 2부 대법관들의 만장일치 유죄판결이 났음에도, "사법부에서 진실을 밝히지 못했다고 해서 진실이 바뀔 수는 없다"는 해괴한 말만 남긴 채 불명예스럽게 퇴장했다. 이에 대해 김어준은 대법원을 향해 "와, 이 개놈새끼들 진짜 열 받네 갑자기 말도 안 되는 거를"이라 욕설을 퍼부으며, 자신은 무고하다는 김경수 전 지사의 주장을 거들었다. 더

---

118) 물론 그들은 정치적 심판에도 굴복하지 않는다. 4·7 재·보궐선거 대패로 5명의 초선의원들이 조국 사태에 대해 공식적으로 사과하자, 되레 그들을 '초선5적'으로 몰아 매도했다.

불어 주심 대법관의 실명을 거론하며 "국정농단 재판에서 정유라의 세 마리 말은 뇌물이 아니라는 최순실의 말을 신뢰한 판사"라고 매도 하기도 했다. 그들은 오직, '**그들만의 세상**'에 산다.

04

생계형
공정

2020년 9월 19일 '청년의 날 행사'에 문재인 대통령이 등장했다. 그리고 언제나 그랬듯 청년들의 속을 뒤집어놓는 연설을 했다. 심지어 당시는 조국 사태를 넘어 추미애 법무부 장관 아들의 황제휴가 논란까지 벌어진 직후였다. 그런 시대상에 무색하게 문 대통령은 "특권과 반칙이 만연한 사회"를 지적하며 "공정은 촛불 혁명의 정신"이라는 유체이탈 화법을 구사했다. 이어 "기득권은 부와 명예를 대물림하고, 정경유착은 반칙과 특권을 당연하게 여겼다"며 "독재권력은 이념과 지역으로 국민의 마음을 가르며 구조적인 불공정을 만들었다"고 말했다. 이때 기득권과 독재권력이 지칭하는 대상이 그들 자신이라면 이해가 되는 연설이었다.

그러나 스스로 촛불혁명으로 탄생한 정부라며 자긍심을 뽐내던 그들이, 자기 자신을 향해 비판의 화살을 겨눌 리 있겠나. 아니나 다를까. "우리 정부 또한 청년들과 함께하고자 했고, 공정과 정의, 평등한 사회를 위해 한 걸음씩 전진하고 있다"는 공치사로 연설은 마무리됐다. 조국 · 윤미향 · 추미애 · 박원순 등 숱한 사건들을 겪은 직후인데, 평등한 사회를 위해 전진하고 있다니. 이 무슨 해괴한 주장이란 말인가?

민주당은 더 이상 진보세력이 아니다. 이미 너무 많은 기득권을 가졌기 때문이다. 진보는 기득권을 타파하려는 약자들의 언어다. 그런 의미에서 차라리 서구권의 극우정당이 진보세력에 가깝다고 본다. 이미 제도권에 가장 큰 기득권으로 자리한 좌파에 저항하기 위해 새로이 탄생한 정당이기 때문이다. 서구권의 좌파들은 극우정당이 극단적인 방식으로 저항하며, 정돈된 대안을 제시하지 못한다고 비판한다. 민주당이 그들에 대항하는 이대남들을 네오나치에 비유하며 괄시하는 것처럼. 그러나 그들의 논리는 자아비판에 불과하다. 과거 가장 극단적인 방식으로 세상에 저항했던 게 바로 좌파들이었기 때문이다.

우리나라의 586세대처럼. 본래 독일의 좌파도 제도권 밖의 존재였다. 다만 시대적 흐름에 편승해 기득권을 거머쥐었고, 엉성하게나마 정책적 대안을 제시하며 기득권 정당으로 거듭난 것이다. 서구권의 극우정당도 마찬가지다. 좌파 주니어다. 트럼프 대통령처럼 권력을 쟁취할 수도 있으며, 설득력 있는 대안을 제시하지 못해 그대로 침몰할 수도 있다. 다양한 가능성을 내포한 신흥세력을 갖은 미사여구로 폄훼하는 건 기득권의 백래시에 불과하다는 의미다. 그런 관점에서 문재인 정부가 주창하는 '촛불공정'은 그들만의 세상 속, 낡은 공정에 불과했다.

민주당의 공정은 **'기득권의 공정'**이다. 이제 청년들은 그와 같은 형용모순에 현혹되지 않는다. 문재인 정부와 민주당은 비정규직 정규직전환 이슈에서 경쟁의 규칙을 파괴했다. 조국 일가 등 세력의 불공정은 두둔했으며, 각종 사법 판결을 부정하며 되레 스스로 불공정의 희생양이 되었다는 '피해자 코스프레'를 자행했다. 행정부와 입법부를 넘어 사법부에도 가장 강력한 영향력을 행사하는 기득권 정당의 언행이라고 보기에는 너무 민망한 추태였다.

오직 그들만이 모든 걸 독점하고 좌지우지해야 비로소 공정하고 정의로운 것이라고 한다면, 공산당이라는 비판에 발끈할 이유가 무언가? 그런 민주당의 패악 덕에 우리 사회는 한 번 더 공정의 가치에 대해 돌아보게 됐다. 빅 데이터 분석 결과 각종 커뮤니티에서 조국 사태와 인국공 사태를 전후로 공정에 대한 언급이 폭발적으로 증가한 것이다.[119] 물론 가장 크게 호응한 건 민주당의 만행에 신물이 난 청년세대였다.

---

119) 2021년 4월 18일 빅데이터 분석 플랫폼 '썸트렌드'에 따르면 지난해 SNS와 포털사이트 등에서 '공정'이 언급된 횟수는 총 157만1036건에 달한다. 2018년(86만4442건)보다 80% 이상 급등한 수치로, 공정을 논하는 게시물이 하루 평균 4300여건 올라온다는 의미다. 언급량이 급등한 시기는 사회에서 불공정 이슈가 불거진 시점과도 일치한다. 'LH 사태'가 불거진 지난 3월에는 10만3029건으로 전달의 2배가량 늘었다. 최근 3년 사이 공정이 가장 많이 언급된 달은 문재인 대통령이 조국 전 법무부 장관을 임명한 2019년 9월(28만7591건)이었다.

이제 청년들은 공정을 믿지 않는다. 2021년 서울연구원이 2030 세대 청년 1000명을 대상으로 조사한 결과를 살펴보자. '노력에 따른 공정한 대가가 제공되고 있다'에 동의한 청년은 14.3%에 불과했다. '4050세대보다 청년세대에 사회·경제적 기회가 더 많다'에 동의한 청년은 18.1%였다. '사회적 성취에 있어 부모의 지위보다 내 노력이 더 중요하다'는 응답은 23.2%였으며, '청년세대는 충분한 관심과 지원을 받고 있다'는 응답은 15.6%에 그쳤다. 마지막으로 '한국은 다른 나라에 비해 청년세대가 살 만한 나라'라는 물음엔 단 10%만이 동의했다.

정리하자면 현재 우리나라의 청년세대는 노력이 온전히 인정받지도 못하며, 부모세대보다 가난하고, 계층이동의 사다리도 넘지 못하는데 제대로 된 지원조차 받지 못하는, 최악의 상황에 놓였다고 인식하는 것이다. 그렇게 벼랑 끝에 내몰린 청년들이 기대하는 공정이란, 참으로 보잘것없고 사소했다. 그들이 바라는 건 생계형 공정이었다. "어차피 모두가 행복할 수 없다면 경쟁이라도 공정해야 한다"는 최소한의 공정 말이다.

청년들을 대상으로 한 심층 면접 결과가 그랬다. 한 청년은 "지금 사회는 계층이동 사다리가 사실상 붕괴됐기 때문에 공정이 중요한 가치"라며 "과거에는 다소 불공정한 일이 있어도 다들 스스로 극복할 수 있다고 생각하고 사회 위치에 대한 불안감이 적었는데 지금은 계층 유동성이 무너졌기 때문에 차선으로 공정에 매달리게 된 것 같다"고 주장했다.[120] 기득권에 의해 오염된 수시제도나 로스쿨제도를 폐지하고 과거로 회귀하자는 주장이 제기되는 현상과도 일맥상통하는 지점이다. 반면 정시제도나 사법고시제도는, 기울어진 운동장을 제거하지 못한다는 한계가 있지만, 적어도 도전할 기회만큼은, 사다리를 오를 기회만큼은 제공한다. 그 일말의 가능성에 기대야 할 만큼 청년들의 삶은 내몰려있는 것이다.

◇ 경쟁이라도 공정해야 한다는 절규

차선의 정의는 '**능력주의 담론**'을 끄집어냈다. 능력주의는 곧 극단의 공정론이다. "기회만 똑같으면 그만"이라는 기계적 공정을 주장하기 때문이다. 그런 능력주의는 사실 전형적인 엘리트의 언어다. 재능을 타고난 누군가는 지금보다 나은 삶을 살게 될 가능성이 있지만, 대다수는 낙오할 것이기 때문이다. 능력주의의 가장 큰 문제는 실패의 책임을 개인의 노력과 능력 부족에 돌린다는 데 있다. 그런 능력주의는 부정할 수 없는 극단의 공정론이다. 그러나 필자 역시 능력주의를 부정할 수 없게 되어버렸다. 진영논리에 치우쳐 이성적 판단이라곤 내팽개쳐버린, 기성세대 기득권층을 보면서. 그들에게 공정한 평가를 기대하기 어려울 거란 결론에 도달했기 때문이다.

그들에게 좋은 평가를 받은들 맘 편히 기뻐할 수 있을까? 반대로 나쁜 평가를 받게 되면 쉬이 승복할 수 있을까? 그렇지 못할 것이다.

---

120) 2021년 4월 24일 세계일보 〈개천용〉 기회 박탈 절망… "제발 '공정'만이라도 지켜달라" ['변화의 중심' MZ세대] 기사 참조

평가의 기준이 내 노력과 실력인지, 진영논리에 입각한 것인지 분간할 수 없을 것이기 때문이다. 과도한 억지가 아니다. 4·7 보궐선거로 돌아가 보자. 한겨레 기자 출신 A씨는 자신의 페이스북을 통해 오세훈 후보 유세차량에 오른 20대를 '바보'라고 지적하며 "얘네들 얼굴 잘 기억해, 취업면접 보러 오면 떨어뜨려라. 건실한 회사도 망하게 할 애들이다. 국민의 힘 지지해서 문제가 아니라 바보라서 문제"라는 터무니없는 막말을 쏟아냈다. 지나가던 행인이 아닌, 한겨레 기자 출신 지식인의 입에서 나온 말이다. 어쩌면, 누군가의 취업면접에 면접관으로 들어갔을지도 모르는.

문재인 정부의 때아닌 '**낙하산 인사**'도 능력주의 담론에 설득력을 보탰다. 대통령 비서실에 26세 박성민 청년비서관을 임명했기 때문이다. 무려 1급 비서관이었다. 행정고시에 합격한 뒤 25년 이상 근속한 인재 중에서도 30~40%만 오를 수 있다는. 경력은커녕 학부조차 졸업하기 전인 26세 청년에겐 누가 봐도 과분한 자리였다. 그의 경력이나 나이를 문제 삼자는 게 아니다. 경력도 없고 나이도 적다면, 자격시험이 됐건 토론배틀이 됐건 그에 상응하는 자격을 증명하는 절차가 수반되었어야 했다는 것이다.

이준석 대표와도 비교될 수밖에 없었다. 당대표 선거를 승리로 이끌며 자격을 증명한 이준석 대표와 달리, 박성민 비서관은 아무런 자격도 증명하지 못했기 때문이다. 심지어 박성민 비서관이 과거 청년들을 위해 어떤 활동을 해왔는지조차 아는 사람이 없다. 한쪽은 이대남의 갈증을 정치세력화로 승화시킨 사람이었고, 한쪽은 그런 시류에 편승하려는 낙하산 인사였다는 점도 극명히 대비됐다. 그런데도 민주당은 "여자라서 반대하는 거냐"는 조악한 프레임으로 맞섰다. 4·7 보궐선거에서 참패한 직후에도 전혀 정신을 차리지 못했다는 증거다.

이런 사회에서 공정한 평가를 기대할 수 있을까. 필자는 기대하지 않는다. 아마 청년 대다수가 같은 생각일 것이다. 우리 모두 알고 있다. 모두가 행복한 유토피아는 없다는 사실을. 오롯이 공정한 평가를 기대할 수도 없다는 사실을. 그러니 운에 의해 결정되는, 혹은 진영논리에 의해 결정되는 사회가 되는 것만큼은 막자는 거다. 청년들은 그런 소박한 문제의식으로 공정을 외치기 시작했다. 그리고 정말 두려운 건, 앞으로 더 많은 걸 양보하고 더 작은 꿈에 머무르게 될지 모른다는 불안감이다.

◇ 극단을 오가는 시소놀이

필자는 〈2022년 대선〉이 아닌, 〈2027년 대선〉이 더 우려된다. 극에서 극으로 치닫는 '시소놀이'가 반복되고 있기 때문이다. 극단의 공정론은 이제 학력고사 시절로 돌아가자는 식의 주장으로까지 치달았다. 상위 10개 고교에서 1000명 가까이 서울대를 보냈던 학력고사 시절 말이다.[121] 사립대학까지 정시 100%를 적용할 경우 공교육이 사실상 무력화될 것이다. 대치동에서 이미 미적분·선형대수까지 끝낸 중고등학생은 더 이상 학교에 다닐 이유가 없기 때문이다. 수능에서 요구하는 과목들만 빠르게 학습한 뒤 검정고시로 조기입학을 노리는 게 훨씬 효율적이다.

평범한 학생들도 학교 수업에 소홀하게 될 것이다. 내신(학교성적)과 학생부가 무의미해질 것이기 때문이다. 학교에서는 엎드려 자고, 학원에서 공부하던 과거 교실로 돌아가게 될 것은 불을 보듯 뻔하다. 공교육이 무력화되면 학생들은 더더욱 사교육에 의존할 수밖에 없다. '엄빠찬스'가 커지면 커졌지 절대 작아지지 않는다는 의미다. 사교육을 받을 여건이 안 되는 가난한 학생들이 중고등학교 때부터 LEET · MEET를 공부하는 대치동 학생들을 뛰어넘는 건 불가능에 가깝다. 입학사정관제 폐지를 넘어 지역균형 · 기회균형 등 진짜 사회적 소수자들을 배려하기 위한 수시 전형까지 폐지될 수 있다는 점도 문제다.

그러나 이런 디테일은 더 이상 중요하지 않아 보인다. 정책이 아닌 정서의 문제가 되어버렸기 때문이다. 이제 청년들은 당장 우리의 임금에 영향을 미치는 '최저임금 유보', '고용유연성 강화'는 물론 한미동맹과 직결된 '자체 핵 개발[122]'까지 동의하는 모양새다. 문재인

---

121) 우리나라에 수시 제도가 시행된 건 1997년 이후다. 1996년까지는 오직 학력고사 성적 하나로 대학이 결정되었다는 것이다. 수시 제도 시행 직전인 1996년 '고교별 서울대 합격자 수'를 보면 대원외고에서 199명, 서울과고에서 150명, 한영외고에서 128명, 한성과고에서 120명 등 상위 10개 고교에서 서울대에 1000명을 입학시켜 사실상 독점하는 양상을 보였다. 2021년 현재는 서울예고가 74명, 서울과고가 68명, 용인외대부고가 60명 등 상대적으로 평준화된 양상을 나타내고 있다.

122) 홍준표 후보가 주장하는 건 '전술 핵 배치'이지만 핵을 배치해주는 미국이 동의할 가능성이 전무하다는 점에서 귀결인 '자체 핵 개발'이 될 수밖에 없다. 이는 한미동맹 와해는 물론 국제사회의 제재에 직면하게 될 수도 있는 위험한 접근이다.

정부에 의한 반작용으로. 물론 당장으로서는 차악이 최선이다. 다만 지금 우리의 몸부림 역시 장차 더 큰 반작용에 직면하게 되지는 않을 지, 늘 돌아보고 경계해야 한다.

Chapter **6**

민족주의와
자유주의

01

민주당과
민족주의

민주당은 '**민족주의 정당**'이다. 굳이 어렵게 설명할 필요 없이, 북한과 일본을 대하는 태도만 봐도 쉽게 답이 나온다. 반대로 국민의 힘은 국가주의 정당이다. 정확히는 공동체주의에 가깝다. 공동체의 최소단위인 가족을 중시하며, 개인의 자유보다는 국익을 우선시하기 때문이다. 실제 국민의 힘은 개인의 자유권 확대와 깊이 연관된 낙태 · 안락사 · 동성혼 · 성매매 등 전통적인 이슈에 보수적인 태도를 견지하고 있다. 출산대책 역시 변화하는 개개인의 니즈(Needs)보다는 국가 존속의 관점에서 접근하는 모양새다.

반면 미래 국가의 주역인 2030세대는 민족도, 국가도 거부한다. 정확히는 민족, 국가보다 나 자신의 이익과 행복을 더 중시한다. "부정의는 참아도 불이익은 못 참는다"는 말로 대표되는, 개인주의 · 자유주의 세대의 등장이다. 특히 이대남의 경우 민주당이 여성들을 보호한다는 명목으로 만든 각종 우대정책과 검열·통제에 환멸감을 느껴 자유주의 우파적 성향에 깊이 감화되었다는 게 필자의 생각이다. 실제 이대남들은 "무언가를 해달라"는 요구가 아닌 "아무것도 하지 말라"는 자유주의적 관점을 정치권에 관철하고 있다. 한편 이 같은 자유주의 성향은 이대남들이 시장과 개인 모두 통제로 일관하는 민주당보다는, 시장에 있어서만큼은 자유를 주창하는 국민의 힘에 더 큰 동질감을 느낀 이유기도 하다.[123]

이런 관점에서 민주당과 이대남의 '**궁합**'은 최악이다. 외교적으로는 무원칙의 민족주의를 앞세우며, 법적으로는 통제에 의한 자유권 탄압을 자행하고 있기 때문이다. 외교부터 살펴보자. 북한과 일본은 같은 전범국이다. 사상자 수나 사후적 비용까지 따지면 6·25 전쟁 전범인 북한의 책임이 일제의 그것에 비해 결코 작다고 할 수 없다. 그러나 민주당은 오직 민족적 당위 하나를 앞세워 북한에는 한없이 굴종적인 반면, 일본에는 일부러 갈등을 만드는 건가 싶을 만큼 적대적이다. 전형적인 이중잣대다.

한편 민주당의 통제 아래 개인의 자유권도 심각하게 위축되고 있다. 특히 코로나 국면에서 계속되는 '원칙 없는 통제'들은 막대한 피로감으로 다가온다. 그래도 '사회적 거리두기' 등 정부의 통제 덕에

---

123) 2021년 8월 30일 〈시사IN〉 '웹조사'에 따르면 이대남이 가장 선호하는 정치세력은 38.6%로 '법과 사회질서 확립을 우선하는 세력(질서)'이었으며 20.7%가 '정부 개입의 최소화를 우선하는 세력(자유)'이었다. 자유에 대한 이대남의 선호는 이대녀(4.1%)의 5배에 달하며, 전 세대·연령 중 가장 높았다.

확진자가 억제된 것 아니냐고? 영화 〈월드 워Z〉에서 북한은 세계가 좀비 바이러스로 아비규환이 된 가운데, 인민들의 생니를 모조리 뽑아 '좀비청정국'에 등극했다. 현실에서도 가능할 법한 이야기다. 그러나 현실에서 북한 정권의 극단적 통제를 지지하는 문명국은 존재하지 않는다. 우리나라는 자유로운 불안과 안전한 통제 중 후자를 택한 것뿐이라는 의미다. 그러나 통제에 심취해 백신 확보가 늦어져 확진자가 폭증하는 모습을 보자면 '통제 덕에 안전해졌다'는 명제조차 물음표다.[124]

◇ 국뽕과 민족주의의 상관관계

민족주의는 곧 **'국뽕**[125]**'** 감성으로 이어진다. 민족적 우수성에 대한 믿음이 곧 국가에 대한 충성심으로 나타나기 때문이다. 실제 유튜브 국뽕 콘텐츠의 주요 시청층을 보면 40대 이상 남성이 대다수다. 문재인 정부의 핵심 지지층이기도 하다. 문 정부를 지지하는 측에선 국뽕이 곧 문재인 정부의 치적일 테니 당연한 결과다.[126] 물론 국가에

---

124) 2021년 9월 말 기준 거리두기 4단계가 시행된 지 두 달이 넘었음에도 코로나 일일 확진자 수는 3000명을 돌파하는 등 나빠지는 모양새다. 극단적 거리두기로 자영업자들이 20명 넘게 사망하는 등 부작용이 수반되고 있다는 점을 고려하면 긍정적으로 평가하기 어려운 결과다.

125) 국가와 히로뽕(Philopon)의 합성어다. 흔히 유튜브나 인터넷 커뮤니티 등에서 한국이 다른 나라에 비해 돋보이는 일을 했을 때 그 공을 치하하는 의미에서 "국뽕에 취한다" 등의 문장을 활용한다.

자긍심을 갖는 건 좋은 일이다. 그러나 국뽕 감성은 자긍심에 그치지 않고 타국에 대한 배타성으로 나타난다. 특히 일본에 대한 배타성이다. 실제 대다수 국뽕 콘텐츠의 귀결은 반일이다. 국뽕 영상의 특징은 장황한 썸네일이다. 〈태국 총리가 리사 뮤비보고 일본 손절하고 한국 올인한다 폭탄선언해 크게 놀란 일본상황〉 뭐 이런 식이다. 당연히 가수 '리사'의 성공과 일본의 상황은 아무 인과관계도 없다. 그냥 이 영상만 그런 것 아니냐고? 다른 예로 〈"일본몰락 현실됐다" 오징어게임 돌풍일자 쑥대밭된 일본상황 "한국의 성공은 곧 일본의 재앙"〉이라는 썸네일도 있다. 당연히 〈오징어게임〉의 흥행과 일본은 아무 관련이 없다. 정말 밑도 끝도 없는, '기 · 승 · 전 · 반일'의 결론이 도출되는 것이다.

반일감정을 부추기는 게 뭐가 문제냐고? 문제는 대상이 아닌 방식이다. 제2차 세계대전을 일으킨 독일의 나치 역시 민족주의에서 비롯된 타 인종 혐오에서 비롯되었기 때문이다. 나치는 유대인을 적으로 상정했다. 그렇게 행해진 아우슈비츠에서의 학살은 아직도 인류 역사의 오점으로 남아있다. 일본과 달리 유대인은 죄가 없지 않느냐고? 무지의 소치다. 나치 집권 당시 유대인을 향한 독일인들의 분노는, 오늘날 일본에 대한 우리나라의 분노와는 비교할 수 없을 만큼 컸기 때문이다. 1차 세계대전 직후 독일의 경제 상황은 참혹했다. 패전국으로서 배상 책임을 다하기 위해 대규모로 화폐를 찍어낸 결

---

126) 대표적인 국뽕 유튜브 채널 '페페TV · 조회수1234만', 'Travel Tube' 등은 채널 대문부터 문재인 대통령의 사진이 올라와 있을 정도며 극심한 친북 · 반일 정서를 나타낸다.

과 '하이퍼 인플레이션'이 도래했기 때문이다. [127] 이때 고리대금업으로 독일인들의 삶을 옥죈 것이 유대인들이었다. 물론 독일인들의 고통이 오롯이 유대인들로부터 비롯된 건 아니다. 젠더갈등에서 확인한 것처럼 혐오는 작은 사실관계에서 시작되며, 강한 결집은 공공의 적의 존재로부터 파생된다는 현상을 이야기할 뿐이다. 그러니 유대인에 대한 독일인들의 혐오가 근거 없는 불합리한 혐오였다고 주장한다면, 일본에 대한 우리나라의 혐오 역시 근거가 없다고 봐야 맞는 것이다.

민주당의 민족주의는 일상에도 깊이 침투해 있다. 대표적인 게 BTS다. 문재인 대통령과 민주당의 행보를 보라. 어떻게든 BTS의 치적을 자신들의 공적으로 만들려 안달이 났다. 2018년 안민석 민주당 의원은 "순수예술 쪽만 병역특례를 주고 대중예술은 안 주는 건 시대적으로 맞지 않는 것 같다"고 지적했다. 2020년 9월 전용기 민주당 의원도 BTS의 병역 연기에 힘을 싣는 병역법 개정안을 발의했다. 2020년 10월 노웅래 민주당 최고위원 역시 "BTS의 병역특례를 진지하게 논의해야 한다"며 관련 입법을 거들었다. 모두 민족주의 감성을 자극하기 위한 무리수다. 현역병 판정률이 90%를 넘는 상황에서 면제의 대상을 넓히자는 주장부터가 부적절하다. 하물며 현역병으로

---

127) 1차 세계대전에서 패배한 독일의 생산 시설은 모두 파괴되었고 전비 조달을 위해 엄청난 양의 통화를 발행해야 했다. 그 결과 1차 세계대전 이후 탄생한 독일 바이마르 공화국에서 3년(1919~1921년)간 물가는 무려 1조 배나 올랐다. '강한 국가, 강한 민족'을 주창한 나치가 득세하게 된 배경이다.

복무한 비율이 10%를 간신히 넘는 정치권에서의 병역면제 논의라니, 청년들이 동의하지 못하는 게 당연하다. 심지어는 "모병제는 가난한 사람들만 군대에 가서 문제"라고 주장하는 정치인들조차 BTS의 국위선양을 치하하며 병역면제를 주장한다. 사람의 급을 나누는 게 문제라고 주장하면서, 동시에 'BTS급'은 면제해줘도 괜찮다는 모순적인 논리를 펼치는 것이다.

한편 문재인 대통령 역시 BTS와 함께 유엔 합동 연설에 참여해 BTS의 곡 '퍼미션 투 댄스'의 안무를 따라 하는 등 제대로 숟가락을 얹으려는 모습을 보였다. 물론 이 또한 청년들의 눈에는 어쭙잖은 쇼에 불과하다. 청년들은 BTS의 성과를 자신과 등치시키지 않는다. 당연히 국가의 위상도 자신과 일치시키지 않는다. BTS가 몇 평짜리 집에 살건, 얼마의 외화를 벌었건 자신과는 아무 관련도 없는 사건이기 때문이다. BTS의 팬클럽 '아미'의 입장에서도 불쾌한 건 마찬가지다. 애초에 BTS는 제도권의 도움으로 성공한 그룹이 아니기 때문이다. 이제와 인기에 편승하려는 것도 우습지만, BTS 당사자들이 기꺼이 입대하겠다는 입장이고 팬들도 응원하며 기다리겠다는데 정치권이 무슨 자격으로 오지랖을 부리냐는 것이다. 그러니 문재인 대통령의 행보를 쇼라고 비판하는 국민의 힘을 향해 BTS 팬클럽에 빙의해 "아미에게 사과하라"는 터무니없는 요구를 하는 민주당의 모습 역시 코미디로 비칠 뿐이다. [128]

---

128) 2021년 9월 25일 문재인 대통령이 유엔총회에 BTS와 함께 참석해 연설한 것에 대해 국민의 힘은 "쇼는 그만하라"고 비판했다. 그러자 더불어민주당은 "BTS와 팬클럽 아미에 사과하라"고 응수했다.

◇ PC주의와 자유주의의 충돌

한편 이대녀는 강한 PC주의 성향을 보인다. 구체적으로 소수자에 대한 배려와 범죄위협으로부터 약자들을 보호해야 한다는 주장에 강한 동의를 나타낸다.[129] 여기서 페미니즘과 PC주의를 구분해야 한다. 페미니즘이 하나의 '이론'에 해당한다면, PC주의는 '운동의 방법론'을 의미하기 때문이다. 따라서 페미니즘과 결합한 PC주의는 페미니즘의 가치를 '올바른 것'으로 전제한 상태로 그 가치에 반하는 언행을 검열하고 통제하는 식의 운동을 전개한다. 실제 현실에서 이들은 정부에 의한 강한 통제를 지지한다. 특히 강한 페미니즘 성향을 나타낼수록, '송파 세 모녀 사건'과 같은 사회적 안전문제에 민감하게 반응하며, 성범죄 근절을 위해 무고죄 폐지와 성인지 감수성 판결 등의 적극적인 조치가 필요하다고 생각한다. 다만 이대녀의 PC주의가 갖는 한계는 약자의 범위를 오직 '여성'으로 한정하며, 윤일병 사건 등 남성 관련 사건에는 둔감하게 반응한다는 사실이다.[130]

이런 PC주의는 필연적으로 이대남의 자유주의와 충돌하게 된다. 형법의 강화는 곧 국가에 의한 통제가 강화된다는 걸 의미하며, 개인

---

129) 2021년 8월 30일 〈시사IN〉 '웹조사'에 따르면 이대녀는 가장 선호하는 정치세력으로 '사회적 소수자가 겪는 차별 금지와 다양성을 우선하는 세력'을 택했다. 전 세대와 연령을 통틀어 가장 높은 선호였다. 이대남이 자유를 선호하는 반면, 이대녀는 소수자 보호와 다양성을 우선시한다는 의미다.

130) 2021년 9월 6일 〈시사IN〉 '웹조사'에 따르면 '강한 페미니즘 성향(6점 이상)'을 가진 여성은 '송파 세 모녀 사건(84%)'과 '연예인 설리·구하라 사건(83.5%)'에 강한 사회적 공감도를 나타냈다. 반면 '구의역 김군 사건(42.8%)'과 '윤일병 사건(39.8%)'에 대한 사회적 공감도는 가장 낮았다.

의 자유권을 침해하기 때문이다. 비단 성범죄만 그런 것이 아니다. 앞서 '성인지 감수성'의 비용과 편익 분석에서 살펴본 것처럼, 통상 법을 만들 때는 '보호법익'과 '침해되는 기본권'의 비교형량 과정을 거친다. 전자는 법을 만듦으로써 지키고자 하는 가치를 말하며, 후자는 법의 적용에 따라 침해될 수 있는 헌법상의 기본권을 뜻한다. '차별금지법'을 예로 들자면 보호법익은 '개인의 인격'이며 침해되는 기본권은 '표현의 자유'다. PC주의는 소수자의 인격과 고통에 주목하므로 차별금지법의 도입을 지지하며, 자유주의자는 포괄적인 기준에 따른 표현의 자유 위축을 우려해 차별금지법에 반대할 가능성이 크다. 현재의 정치와 정책에 대한 호불호가 어떻게 갈라지는지는, 대부분 이 같은 이념과 가치관의 차이로 설명할 수 있다. 이 같은 PC주의와 자유주의의 충돌에 대한 더 자세한 이야기는 이어지는 3, 4번째 꼭지를 통해 다뤄볼 예정이다.

세대전쟁은 곧 '**이념전쟁**'이다. 통상적으로 같은 세대는 비슷한 이념과 가치관을 가지며, 다른 세대의 다른 가치관과 충돌하는 과정이 곧 세대전쟁의 본질이기 때문이다. 그러나 현재 우리나라에는 또 하나의 변수가 있다. 20대의 경우 같은 세대임에도 불구하고 성별에 따라 완전히 다른 가치를 지향하는, 독특한 양상을 보이고 있기 때문이다. 이들은 종래 존재해왔던 세대전쟁의 틀에서 완전히 벗어나 있다. 그래서 독자적인 노선을 구축하기보다는 기성정당의 기치 중 입맛에 맞는 부분을 골라 '선택적으로' 결합한다. 2022년 대선을 앞두고 성사된 이대남·6070세대 연합과 이대녀·4050세대의 연합이 그

것이다. 영악하다는 관점에서 보면 '스윙 보터'라는 입지를 잘 활용하는 것이고, 어리숙하다는 관점에서 보면 파편화된 한 줌으로 남아 세대교체의 동력을 잃어버리는 우를 범하는 것이다. 흥미로운 점은 경선 과정부터 청년세대가 원하는 후보와 기성세대가 원하는 후보가 다르다는 사실이다. 그러는 가운데 여야 모두 기성세대가 원하는 후보 쪽으로 무게중심이 기울어가는 모양새라, 청년세대의 분열이 결과적으로는 독이었다는 생각이다.

그러나 당장의 결과는 당장의 결과일 뿐이다. 정치는 생물이라는 말처럼 장차 어떤 가능성도 열려있기 때문이다. 변화의 열쇠를 쥔 건 단연 가장 유연한 세대인 청년세대다. 정치지형의 미래를 내다보기 위해, 무엇보다도 이 청년세대의 행보를 눈여겨봐야 하는 이유다. 청년 남녀가 어떤 분기점에 의해 같은 노선을 걷게 될지도, 지금처럼 갈라진 채 방황을 계속하게 될지도 모른다. 분명한 건 그런 시류를 포착하는 사람이 새로운 시대의 주인이 될 거라는 사실이다. 또한, 어떤 미래를 예측하더라도 변하지 않는 결론이 하나 있다. 화합과 융화를 위한 노력은 계속되어야 한다는 것, 인식의 차이를 좁혀가기 위한 논의의 창구들이 필요하다는 것이다. 따라서 지금부터는 민족주의와 자유주의의 대결, 그리고 자유주의와 PC주의의 대결 양상을 살펴보려 한다.

02

북한과 일본,
통일

                       민주당은 '북한에 친화적'이다.
전 세대를 통틀어도 586세대에서 북한에 대한 호감도가 가장 높
다.[131] 역시 민주당의 핵심 지지층이다. 그들은 왜 북한을 좋아하는
걸까? 5·18 민주화운동으로 대표되는 군부독재 경험이 결정적이었
을 것이다. 군부정권에 저항하는 입장에서는 군부정권을 신랄히 비
판하는 북한이 오히려 내 편에 가깝다고 생각할 수 있기 때문이다.
아무튼, 그런 이유로 민주당은 정권을 잡으면 각종 대북친화정책을
펼친다. 대표적인 게 김대중 정부의 '햇볕정책'이다. 물론 햇볕정책은
북한의 핵 개발로 실패했다. 그런데도 노무현·문재인 정부는 햇볕

---

131)   2021년 7월 한국리서치 '여론 속의 여론' 정기조사에 따르면 북한에 대한 감정온도(0~100
     도, 높을수록 긍정적)는 20대에서 23.6도로 가장 낮았으며 50대에서 40.4도로 가장 높
     았다.

정책의 의지를 계승했다. '금강산 관광 재개'를 주장하는 이재명 후보가 당선되어도 마찬가지일 것이다.

북한에 대한 그들의 태도는 헌신을 넘어 굴종에 가깝다. 때로는 애처로울 정도다. 명분은 평화다. 그러나 민주당 정권에서 북한과의 관계가 평화로웠냐고 묻는다면, 결코 그렇지 못했다. 당장 북한이 핵을 개발한 시기도 김대중 정부 때였다. 김대중 대통령은 "북한은 핵을 개발할 능력도, 의지도 없다"며 호언장담했지만, 착각에 불과했다는 것이다. 제1연평해전이 벌어진 것도 김대중 정부 때였다. '화전양면전술'의 서막이다. 노무현 정부도 마찬가지였다. 2005년에는 핵무기보유 선언을 했고, 2006년에는 1차 핵실험을 강행했다. 문재인 정부도 초기에 반짝 평화분위기가 조성되었지만 결과적으로는 또 한번 북한의 화전양면전술에 당한 셈이 됐다. 북한은 핵미사일 체제를 더욱 공고히 했고, 여전히 주기적인 미사일 도발을 자행하고 있으며, 김여정 부부장은 김정은 위원장을 대신해 대북전단금지 등 갖은 명목으로 문재인 정부를 겁박하고 심지어는 남북연락사무소까지 폭파했기 때문이다. 평화를 위해 북한과 협력해야 한다는 명제가 잘못되었다는 사실은 이미 역사로 증명된 것이다.

그러니 청년들이 북한을 싫어하는 건 정당하고도 당연하다. 태어나 단 한 번도 북한과 좋은 경험을 공유한 적이 없는데, 북한을 좋아하길 바라는 게 더 이상한 것 아닌가. 애초에 청년 남성들이 징병제로 고통 받아야 하는 이유부터가 북한의 존재다. 북한 때문에 희생당하는 자국의 청년들은 도외시하면서, 주적인 북한을 비호하는 문재인 정부와 민주당에 대해서도 덩달아 반감이 드는 이유다.

김여정이 남북공동연락사무소를 폭파한 뒤에도 문 정부는 사과 한마디 요구하지 못했다. 사과는커녕 북한이 연락망을 복구해주니 고맙다며 '한미연합훈련' 연기를 검토하겠단다. 그뿐인가? 이제는 하루라도 빨리 '종전선언'을 해야 한다고 난리다. 애초에 종전선언은 아무런 국제법상 효력이 없는, 정치적 선언에 불과하다. 구속력 있는 종전선언을 위해선 국가 간 '평화협정'을 맺어야 한다. 쉽게 말해 종전선언은 "앞으로 연애하자"는 구두 약속에 불과하며, 평화협정이라는 혼인서약을 마친 뒤에야 비로소 법적 책임을 공유하게 된다는 것이다.

그런 사실을 모를 리 없는데도 종전선언에 이토록 목을 매는 이유가 대체 뭘까? 당장 지난 9월 28일만 해도 북한이 미사일을 날렸다고 하는데, 결혼은커녕 연애를 위한 만남조차 여의치 않은 게 주어진 현실이다. 허리춤에 총칼을 차고 있는 북한과 뭐라도 해보겠다며 끊임없이 구애하는 민주당에 지지를 보내기 어려운 이유다.

◇ 일본에만 큰소리치는 '방구석 여포'

게다가 **'북한은 전범국'**이다. 6·25 전쟁을 일으킨 게 바로 북한이기 때문이다. 심지어 전쟁은 현재진행형이다. 우리나라는 전 세계 유일의 휴전국가이지 않나. 또, 분단의 현실은 지속적인 안보적·경제적 고통을 야기하고 있다. 분단비용 말이다. 그런 북한과 비슷한 국가가 있다. 바로 일본이다. 일본도 2차 세계대전을 일으킨 전범국이다. 6·25 전쟁을 제외하면 가장 가까운 과거에 우리나라에 가장 아픈 상처를 남겼다. 그러나 다른 점이 있다. 진정성이 있건 없건 일본은 우리나라에 사과와 배상을 했다는 사실이다. 같은 체제를 공유하고 있으며 경제상으로나 안보상으로나 중요한 협력 국가이기도 하다. 그러나 북한은 어떤가? 잊을 만하면 미사일을 발사하고 평화와 화해를 명목으로 쌀값이나 요구하는 게 북한이다. 그러니 같은 민족이라는 당위 하나를 빼면, 북한과의 관계를 청산하고 일본과의 미래지향적 관계를 이어나가는 게 논리적으로나 현실적으로나 타당한 것이다.

심지어 같은 민족이라는 당위마저 세대를 거치며 점차 흐려지고 있다. 북한을 왜 도와줘야 하느냐고 반문하는 청년세대가 점점 늘어나고 있기 때문이다. 당장 북한에 대한 백신 지원만 해도 40대는 67.3%가 찬성했지만, 20대는 59%가 반대했다.[132] 북한과 전혀 동질감을 느끼지 못하는 20대의 입장에선 당장 우리가 맞을 백신도 모자란 판에 북한을 도와주자는 40대가 70% 가까이 된다는 사실이 놀라울 따름이다.

반면 일본에는 '**방구석 여포**'가 따로 없다. 가장 큰 문제는 반일감정을 부추기는 정치권이다. 더 정확히는 반일감정을 정치에 이용하는 민주당이다. 그들의 문제는 양국 간 협약, 국제법과 규범 그 무엇

---

132) 2021년 8월 27~29일 중앙일보 의뢰로 엠브레인퍼블릭이 시행한 여론조사 결과다. 남북통일에 대해서도 20대는 "필요하지 않다"는 응답이 47.1%로 다수였지만 40대는 73.9%가 "필요하다"고 답했다.

도 존중하지 않는다는 데 있다. 2015년 박근혜 정부 당시의 한일협약이 다소간의 문제가 있었다고 하여 협약의 효력이 상실되는 건 아니다. 협약을 통한 배상과 사과가 이루어졌다면 공은 우리 정부로 넘어왔다는 의미다. 민주당은 주장한다. '진정한 사과'가 이루어지지 않았다고. 그러나 진정한 사과가 대체 뭐라는 말인가. 그런 기준도 근거도 없는 감성만 앞세워 수요집회를 주도해 온 정의연은 정말 정의로웠나?

이용수 할머니의 폭로를 보라. 정의연을 필두로 한 위안부단체의 목소리가 정말 피해자의 당사자성을 대변하고 있었는지 의문이다. 그렇다면 현재 드러난 진짜 가해자는 누구인가? 그만 끝내고 싶은 피해자의 기억을 억지로 들춰내 정치에 이용하려는 파렴치한들은 아닌가? 애초에 정의연의 존재 이유가 일본과의 갈등이다. 일본과의 갈등이 끝나면 그들의 존재 의미도 사라지게 된다는 말이다. 그들이 갈등의 종식을 원치 않는다는 합리적 의심을 가질 수밖에 없는 이유다. 실제로 정의연 등 위안부 지원단체 측은 2015년 한일합의를 '외교적 담합'이라고 비판하며 여론을 합의 반대쪽으로 몰아갔다. 피해자들이 이미 고령이기에 주어진 틀 안에서 가능한 합의점을 찾아야 하는 상황인데도, 대책 없이 거부만 종용하고 있다는 것이다. 그러면서 피해자 구제를 위한 자체적인 노력조차 기울이지 않았다. 되레 위안부 할머니들을 위한 모금액을 개인적으로 유용한 것이 바로 정의연을 대표하는 민주당의 윤미향 의원이었다. 그들에겐 갈등의 존재가 곧 기득권이며, 따라서 갈등의 종결을 원치 않는다는 증거다.

'강제징용 판결'도 마찬가지다. 대책 없이 감정만 뒤흔든다. 일본은 이미 강제징용 배상을 했다. 박정희 정부 때의 한일청구권 협정을 통해서다. 박정희 정부는 그 배상금을 국가 발전에 활용했다. 그중 많은 돈이 포스코 등 한일기업에 흘러 들어갔다.[133] 그렇다면 이제 배상 책임은 누구에게 있나. 바로 우리다. 배상액으로 성장의 과실을 누린 우리 전체에게 강제징용 피해자들을 보듬어야 할 책임이 있다는 것이다. 특히 배상금을 발판으로 성장한 포스코 등 한일기업에 가장 큰 책임이 있다. 그런데도 반일선동을 일삼는 시민단체들은 합의의 정당성을 문제삼으며 반드시 일본에게 배상을 받아야 한다고 주장하고 있고, 사법부는 '반인륜적 범죄'라는 모호한 명목으로 국제법에 부합하지도 않는 강제징용 판결을 자행했다.

2021년 초, '국가면제(한 국가의 사법권이 다른 주권국가에 미칠 수 없다)' 논리에 따라 상기 대법 판결을 부정한 하급심의 판결에 대해서도 정의연 등 시민단체는 비판의 목소리를 냈다.[134] 그게 반일감정을 부추기는 민주당과, 그 민주당과 결합한 시민단체의 실체다. 그러면서 합의를 위한 최소한의 노력조차 하지 않는 북한에는 또 한없이 관대하다. 왜 그러는 것일까? 역시 결론은 단순하다. 기성세대가 공유

---

133) 포스코는 1965년 한일협정 당시 일본으로부터 받은 유·무상 5억 달러 중 1억1948만 달러를 들여 설립한 회사다. 강제징용 배상 명목으로 받은 총 배상금의 4분의 1에 달하는 액수를 포스코에 쏟아부은 셈이다. 단일 사업으로는 최대 액수였다.

134) 2021년 4월 14일 정의연은 해당 판결에 대해 "국가면제를 부인하기 어렵다는 부분도 납득하기 어렵고, 헌법재판소에서도 2015년 한일합의가 법적인 권리 절차가 될 수 없다고 명시했는데도 그에 반하는 결정을 했다. 피해자 인권이나 소송제기보다 국가 이익을 우선시했다"며 비판했다.

하는 민족주의 감성을 사회 전체에 주입하려는 것이다. 선한 민주당과 악한 일본을 상정해 옳고 그름의 이분법으로 세력을 확장하려는 것이다. 그래서 민주당은 나쁜 정당이다.

'철 지난 민족주의.' 고루하고 짜증스럽다. 일본이 그토록 죽을죄를 지었다면, 수백만의 희생자를 낸 전범국 북한은 대체 어떤 벌을 받아야 할까. 일본을 두둔하는 게 아니다. 같은 죄에 같은 잣대를 들이밀라는 것이다. 북한에 하는 것만큼 일본에 관대했다면, 반대로 일본에 하는 것만큼 북한에 단호했다면 이런 말이 나올 일도 없다. 문제는 외교조차 시종일관 이중잣대로 일관해온 민주당에 있다는 것이다. 그런 유치한 갈라치기는 지금의 청년세대에게는 통하지 않는 모양새다. 민주당은 "역사 경험치가 부족하기 때문"이라고 하겠지만 필자의 생각은 다르다. 아주 단순한 이유다. 청년들은 민족과 자신을 동일시하지 않기 때문이다. BTS가 외화 얼마를 벌건 안산 선수가 금메달 몇 개를 따건, 그들의 영예일 뿐 청년들의 삶과는 아무런 관련이 없다고 하지 않았나.

하물며 100년 가까이 된 역사적 사건을 나 자신의 문제로 투영하라니, 가당치도 않다. 이제 이런 생각은 필자만의 생각은 아닌 것으로 보인다. 여론조사 결과들을 보면 그렇다. 2021년 7월 한국리서치 조사 결과에 따르면 18~29세 청년들의 감정온도는 일본이 26.8도(높을수록 호감), 중국이 12.4도, 북한이 23.6도였다. 북한보다도 일본을 가깝게 여기며, 일본보다 중국을 2배 이상 싫어한다는 의미다. 그토록 반일선동을 계속했는데도 이 정도다. 이런 경향은 더욱 강해질 것이다. 세대를 거칠수록 민족주의는 흐려질 수밖에 없을 테니 말이다.

◆ 통일의 비용과 편익 분석

필자는 '**통일에 반대**'한다. 2000만의 난민을 한 번에 받아들여야 할 것만 같은, 부담감 때문이다. 통일의 효용을 몰라서 그렇다고? 아마 필자 또래에 필자만큼 통일을 공부한 사람도 드물 것이다. 토론대회만 준비해도 다섯에 하나는 통일과 북한에 대해 묻는다. 물론 통일에는 여러 형태가 있다. 정확히는 여러 시나리오가 있다. 독일처럼 하루아침에 이루어질 수도 있고[135], 북한 정권 붕괴를 전제로 한 흡수통일이 이루어질 수도 있고, 점진적인 연방제 통일이 이루어질 수도 있다. 어떤 경우에도 북한 주민들이 파도처럼 밀려 내려올 가능성은 희박하다.

그렇대도 결과는 달라지지 않는다. 북한 주민 지원을 위해 많은 돈이 들 것이고, 누군가는 북한의 값싼 노동력에 일자리를 잃게 될 것이기 때문이다. 우리나라는 자본에 비교우위가 있고, 북한은 노동에 비교우위가 있기에 효과적인 협업이 가능하다는 주장은 철저히 국가주의적 사고의 산물이다. 노동자 개인의 입장에선 노동의 비교우위를 상실한다는 의미이기에, 결국 일자리를 잃게 될 것이기 때문이다.

경제력격차 극복은 더더욱 난망하다. 통일 당시 동독과 서독의 인당 경제력 격차가 약 2.5배였다. 그 차이를 극복하기 위해 천문학

---

135) 물론 독일은 베를린 장벽이 무너지기 전부터 지방자치단체 간의 교류협력은 물론 방문·여행·이주 등 직간접적 방식의 교류들을 이어가고 있었다. 그러나 북한은 핵을 보유한 독재국가로 국제적 제재의 대상일 뿐 아니라, 지방자치단체 간 자발적 협력도 불가능하다.

적인 예산이 투입됐다. 그런데도 아직 격차를 극복하지 못해 갈등이 계속되고 있다.[136] 하물며 우리는 어떻겠나. 격차가 GDP로 따지면 40배고 인당으로 따져도 20배다. 얼마의 예산과 시간이 필요할지 가늠조차 불가능하다는 의미다. 물론 우리가 얻을 것도 많다. 아마 그럴 것이다. 북한에 뿌린 씨앗이 열매를 맺게 될 때쯤에는. 그게 언제가 될지는 아무도 모른다. 필자 생각엔 적어도 지금의 청년세대의 살아생전에는 그 모습을 보기 어려울 거란 생각이 든다.

'낭만적인 전망'도 있다. 통일이 되면 즉시 분단비용도 사라진다는 전망이다. 이를테면 징병제가 폐지되어 청년 남성들이 자유를 얻고, 해외 투자가 쏟아져 돈벼락을 맞게 될 거라는 식의 주장이다. 그러나 현실은 냉혹하다. 통일이 되면 우리나라와 영토를 맞댈 국가는 어딘가. 다름 아닌 중국과 러시아다. 두 나라의 호전성에 대해선 달리 설명할 필요조차 없을 것이다. 중립국 스웨덴도 러시아의 위협 때문에 징병제를 다시 도입했다고 하는 것을 보면 말이다. 하물며 중국은 우리나라뿐 아니라 대만·홍콩·일본 등 모든 주변국과 갈등을 빚고 있다고 해도 과언이 아닐 정도다. 통일을 이룬 뒤에도 우리나라

---

136) 독일 정부에 따르면 1990년 통일 이후 2019년까지 30년간 투입한 통일비용은 2조유로(약 2602조원)에 달했다. 30년간 7.5%에 달하는 사실상의 '통일세'가 부과된 이유기도 했다. 그런데도 독일의 통일은 미완성이다. 여전히 동독지역의 경제력은 서독지역의 75% 수준이며 실업률 역시 독일 전체로는 3.1%로 완전 고용에 가까웠으나 동독지역은 6.0%로 약 두 배였기 때문이다. 이에 연방정부에서 실시한 설문조사에 따르면 동독지역 시민들의 57%는 스스로 '2등 시민'으로 느끼고 있었으며, 통일을 성공적이라고 느끼는 사람들은 38%에 불과한 것으로 나타났다.

는 전혀 안전해지지 않는다는 의미다.

그런데 국방비를 줄이겠다니 어불성설이다. 설상가상 주한미군도 철수할 가능성이 크다. 북한이라는 실질적 위협이 사라진 이상, 주둔을 계속할 명분이 없기 때문이다. 지금도 방위분담금을 내라고 난리인데 그 요구는 더욱 거세질 게 뻔하다. 따라서 자주국방 확립을 위해 더 많은 예산이 필요할 거라는 예측도 있다. 한편 우리나라의 통일비용은 최소 독일보다는 많이 들 거라는 게 학계의 정설이다.[137] 여전한 안보 위협 상황에서 투자가 쏟아질지도 의문이지만, 투자로 해결될 규모도 아니란 것이다.

◇ 이제는, 남보다 못한 사이

물론 비용과 편익의 논의를 '**무마**'시키는 게 바로 당위다. 어쨌든 같은 민족이라는 당위 말이다. 백번 양보해서 민족이라는 고루한 개념을 받아들인다고 해도, 정말 북한을 같은 민족이라 칭할 수 있을지 의문이다. 일단 '한민족'의 정의는 뭔가.

언어와 외모? 그렇다면 영어를 사용하는 서양인들은 모두 같은 민족인가? 우리나라나 일본의 언어도 뿌리는 중국의 한자지만, 아무

---

137)　통일비용에는 사회간접자본확충 · 고용대책 · 산업시설교체 · 신규설비투자 · 북한외채상환 등이 포함된다. 실제 서독도 동독의 채무(1990년 당시 약 300조원)을 끌어안아야 했으며 이후 통일비용의 대부분(약 60%)이 복지에 쓰였다. 이를 토대로 계산해봤을 때 20여 개 북한 전문연구기관에서 추정한 통일비용은 50조원에서 3000조원 사이였으며 미국 스탠포드 대학은 2340조~5850조가 들 것으로 예측했다.

도 한·중·일을 한민족이라 칭하지 않는다.

아니면 체제와 문화인가? 체제와 문화라면 북한보다야 미국·일본과 가깝지 않나? 자유민주주의 체제 속 개방된 문화를 향유하고 있으니 말이다.

역사도 기준이 되기 어렵다. 어디까지 거슬러 올라가야 할지조차 애매하기 때문이다. 고구려부터 발해의 영토까지 모두 우리의 역사라고 주장할 수는 없는 노릇이다. 실제 국제사법재판소 역시 영토 분쟁을 판결할 때 역사적 사실을 참고만 할 뿐, 결정적 증거로는 채택하지 않는다. 심지어 북한은 이미 국제사회에서 주권국가로 인정되고 있다. 우리나라와 별개로 UN회원국이 되었지 않나. 노년층 어르신들이 느끼는 막연한 동질감을 제외한다면 같은 민족이라고 칭할 어떤 증거도 없는 것이다.

북한 주민들 입장에서도 통일이 달갑지 않을 가능성이 크다. 우리나라가 중심이 되는 통일을 가정했을 때, 그들의 삶은 말 그대로 '송두리째' 바뀔 것이기 때문이다. 일단 정치다. 일당독재 공산주의 체제에서 살아온 그들에겐 우리에게 일상적인 모든 정치적 사건들, 이를테면 여당과 야당의 대립마저 좋은 쪽으로건 나쁜 쪽으로건 충격적인 경험일 것이 분명하다. 경제적으로 화폐가 통합되면 안 그래도 무가치한 북한의 화폐는 휴지조각이 될 것이고, 우리에게 자연스레 체화된 민주주의의 법치조차 그들에게는 낯설게만 느껴질 것이다.

사회·문화적인 괴리는 더 심각하다. 외적 차이, 특히 북한 남성들의 왜소함은 차별의 근거가 될 것이며 교육제도 역시 완전히 뒤바뀌어 혼란의 도가니에 빠질 가능성이 크다. 일생일대의 대 격변 속,

그들이 본래 가지고 있던 재물도, 가치관도, 사회적 평가와 지위도 모조리 감가상각당하는 불쾌한 경험이 계속될 거라는 의미다. 필자의 상상이 아닌, 2020년 초 독일에 통일연수를 떠났을 당시 직접 들었던 동독 주민들의 증언이다. 또한, 북한 주민들이 느끼게 될 괴리감의 크기가 곧 민족이라는 단어의 무색함과 비례할 것이다.

오히려 최근에는 '**분리 · 독립**'이 유행이다. 영국만 해도 그렇다. 아일랜드가 분리 · 독립을 주장한 이유는 다름 아닌 경제였다. 또, 같은 뿌리인 홍콩과 대만은 격렬하게 중국을 거부하고 있다. 우리나라와 북한보다도 훨씬 긴밀하게 엮여있는데도, 체제와 가치가 다르기에 발생하는 문제다. 현재 정치권에서 강조하고 있는 지방분권 역시 결말은 분리 · 독립이다. 국가고 지역이고 효과적인 관리를 위한 분권이 일종의 시대정신으로 자리해 있다는 의미다. 실제 스페인에서도 돈 많은 카탈루냐 지방은 분리 · 독립을 주창하고 있다. 현실이 이럴 진데, 찢어지게 가난할 뿐 아니라 어떤 가치도 공유하지 않으며 미사일 도발이나 자행하는 북한과 통일해야 하는 이유는 무엇일까? 평화협정 후 평화롭게 공존할 수 있으면 그만 아닌가?

이런 분위기는 통계로도 나타난다. 작년 통일연구원의 정례조사에서는 국민 10명 중 6명이 "북한에 관심이 없다"고 답했다. '평화적으로 공존할 수 있다면 통일은 필요 없다'에도 55%가 동의했다. 또 통일은 '국가에만 이익'이라고 응답한 비율이 '개인에도 이익'이라는 비율에 두 배가 넘었다. 20대, 그중에서도 남성만 놓고 보면 더했다. 북한에 대한 호불호가 아닌, '통일 자체'에 반대한다는 의견이 53.9%

로 과반을 넘겼다.[138] 북한이 당장 핵을 포기하겠다는 수준의 전향적인 태도를 보이는 게 아닌 한, 시간이 흐를수록 이 같은 경향은 점점 심화 될 것이 분명하다.

'원인은 다양'하다. 기본적으로는 개인주의다. 국가에 이익이 되더라도 나에게 이익이 안 된다면 동의할 이유가 없는 것이다. 2018년 평창올림픽 당시 아이스하키 남북단일팀을 구성하는 과정에서도 청년세대는 일관된 개인주의 성향을 나타냈다. '민족의 화합'이라는 대승적 가치보다 4년간 올림픽을 준비했던 선수 '개인의 노력'을 더 중시한 게 그들이다. 물론 거듭 강조하듯 북한과의 통일이 국가에 이익이 될 거라는 명제조차 미지수다. 심지어 그 과실을 내가 누리는 것도 아니라고 한다면, 다음 세대를 위해 기꺼이 희생할 사람들이 얼마나 되겠는가. 하다못해 감정이입 할 자식조차 없는 게 현재 청년세대의 현실이다.

통일비용을 누가 낼지도 관건이다. 당위만을 앞세운 통일의 책임을 누가 지게 될 것인지에 대한 논쟁이다. 독일은 통일 직후 30년간 7.5%의 통일세를 걷었다. 우리나라는 훨씬 오랜 시간 동안 훨씬 높은 비율의 통일세가 필요할 것으로 예측된다. 그러나 통일을 가장 간절히 원하는 기성세대 어른들조차 막상 "통일세를 낼 의향이 있느냐"고 물으면 그렇지 않다고 답한다.[139] 하물며 통일을 원하지도 않

---

138) 서울신문이 현대리서치연구소에 의뢰해 조사한 결과 18~29세 남성의 53.9%는 남북통일에 대해 "반대한다"고 응답했다. 찬성 비율(43.4%)보다 10.5% 높았다.

는 청년세대는 오죽할까. 따라서 통일에 반대하는 또 다른 이유는 기성세대의 이기주의에 대한 반발심이다. 자신들은 책임지기 싫으면서 민족적 당위론만 앞세워 희생을 강요하는 그 이기주의 말이다. 더 이상 희생을 강요하지 않았으면 좋겠다. 당장 경제적 기득권을 쥔 기성세대 본인들조차 희생하기 싫다고 하면서, 경제적 자립도 하지 못한 청년들에게만 희생을 강요하는 건 상도에 어긋난다.

진짜 통일이 된 이후도 문제다. 도무지 아름다운 미래가 그려지지 않는다. 대부분의 기성세대는 은퇴하고, 청년들만 고스란히 갈려 나가게 될 것이 뻔하다. 소득의 대부분은 북한 주민들을 부양하는 데 쓰일 테고, 그 불만은 지역갈등과 젠더갈등을 추월하는 남북갈등의 양상으로 나타날 것이다. 북한 주민들에게 참정권이라도 주는 날에는 정치권의 갈등으로까지 비화될 가능성이 크다. 북한 주민들은 똘똘 뭉쳐 '공산당'을 창당해 각종 대북지원 법안들을 통과시킬 것이고, 그에 반대하는 여론과 계속해서 마찰을 빚을 것이다. 그런데도 북한 주민들은 '3등 국민'으로 취급된다며 하소연을 계속할 것이고, 기성세대 어른들은 다시 민족주의 감성을 앞세워 "배려심이 부족한 청년들의 역사 경험치"를 탓하는, 그런 어지러운 광경들만 그려진다. 그러니 역시, 통일은 하지 않는 편이 낫겠다.

---

139) 2021년 8월 27~29일 중앙일보 의뢰로 엠브레인퍼블릭이 시행한 여론조사 결과 40대 중 73.9%가 통일이 "필요하다"고 응답했는데 정작 "통일세를 부담하겠다"는 응답은 57.6%에 그쳤다. 15% 이상은 통일은 필요하지만 통일세를 부담하기는 싫다는 생각을 갖고 있는 것이다.

03

PC (Political Correctness)와 자유주의

           PC는 우리말로 '**정치적 올바름**(이하 'PC')'이다. 인종·민족·성·언어·종교 등을 표현할 때 편견이나 차별이 개입되어선 안 된다는 주장 또는 운동을 뜻한다. 이때 '표현'이란 말이 될 수도 있고 그림이나 문구가 될 수도 있다. 더하게는 게임이나 애니메이션 캐릭터의 신체적 특성 등도 표현의 범위에 포함된다. 말은 참 좋다. 차별해서는 안 된다는 선언 말이다. 인간이라면 누구나 차별받을 여지가 있는 한두 가지의 약점은 가지고 있기 때문이다. 당장 우리나라를 비롯한 동아시아 국가들만 해도 그렇다. 국민 전체가 황인종이며, 비주류다. 그러니 서로 차별하지 말자는 선언은 나 자신을 위한 선언이기도 하다.

    문제는 방식이다. 표현이라는 것이 매우 포괄적인 개념이기 때문이다. 더더군다나 개개인이 특정 표현에 느끼는 불편함은 주관적 감정의 산물이다. 이를테면 누군가는 "오늘 아파 보인다"는 말도 불편하게 느낄 수 있다. 화장기 없는 얼굴에 대한 지적으로 느낄 수 있기 때문이다. 실제 일부 여성들은 화장을 연하게 한 날 "아파 보인다"는 말을 자주 듣는다며, 외모에 대한 언급 자체가 부적절하다고 주장한다. 한편 타당한 주장이다. 그러나 불편함이라는 모호한 개념이 검열의 잣대로 자리하기 시작하면서, 으레 오가는 일상의 안부조차 몇 번씩 생각해야 하는 다른 의미의 불편함이 생겨나기도 했다.

바야흐로 '**느낌의 시대**'다. 극단적으로는 다음과 같은 예시도 있다. 한 개발자가 게임 캐릭터를 만들었다. 캐릭터 설정은 '가슴이 크고 늘씬한 백인 여성'이다. PC주의적 관점으로 접근하면 '백인'으로 설정된 것부터가 문제다. 흑인종도 황인종도 있는데 왜 굳이 백인이냐는 것이다. PC적 관점에선 그런 편협한 접근은 자칫 백인우월주의로 느껴질 수 있기에 지양해야 한다. 다음으로 '가슴이 큰 것'도 문제다. 여성의 성을 사고파는 행태로 느껴질 수 있기 때문이다. 게임 캐릭터라고 해도 여성은 여성이다. 실제 '리얼돌'이나 '이루다(Chat Bot)' 등 인형이나 가상공간의 인공지능에도 인격을 부여하는 게 현재의 PC주의다.[140) '늘씬함'을 강조하는 것도 비판받을 여지가 있다. 여성의 외모에 획일화된 잣대를 적용하는 행위이기 때문이다. 그런 걸 여성들에 대한 외모 '코르셋'이라고 한다. 또 있다. 캐릭터는 왜 늘 '여

---

140) 페미니즘 이슈와도 결부되는 '성적 대상화(자신의 성적 욕구를 충족하기 위해 다른 사람을 인격이나 감정 없는 물건 취급하는 현상)' 논란이다. 문제는 인형이나 AI에게도 '여성'이라는 인격을 투영해 소비 자체를 통제(자유권 침해)하려는 데 있으며 실제 리얼돌은 통관이 불허됐다.

성'으로 만드나? 여성 게이머를 겨냥한 남성 캐릭터를 만들 수도 있을 텐데 말이다. 그 또한 여성에 대한 차별로 느껴질 수 있다. 그러나 그런 피드백을 받아들여 가장 PC적인 '키가 작고 뚱뚱한 황인 남성' 캐릭터를 만들면, 정작 누구도 그런 비호감 캐릭터를 소비하지 않는다. 불편함의 역설이다.

PC는 나를 **'지켜주기도'** 한다. 그러나 어째 지켜지는 권리보다, 지켜야 할 의무가 훨씬 많은 것 같다. 비용과 편익의 관점에서 손해를 본다는 생각이 들기 시작한 것이다. 그래서 PC주의자들의 그 불편함이 역으로 불편하게 느껴지기 시작했다. 필자는 그것을 '불편함의 불편함'이라 부른다. 더 큰 문제는 불편함을 호소하는 이들 대다수가 오직 자신의 불편함에만 민감하게 반응한다는 사실이다. 반대로 타인의 불편함에는 둔감하게 반응하는 경우가 많다.

실제 페미니즘 성향을 보인 여성들 역시 여성 관련 범죄에는 민감하나, 남성 관련 범죄에는 그렇지 못한 경향을 보였다.[141] 나아가 레디컬 페미니스트들은 성소수자에 대해서도 배타적인 태도를 보인다. 숙명여대 총학생회가 트렌스젠더 여성의 입학을 결사반대해 결국 입학이 무산된 사건이 대표적이다. 약자를 위한 운동을 표방하지만, 정작 그들이 정의하는 약자는 여성들뿐이라는 것이다.

---

141) 2021년 9월 6일 〈시사IN〉 '웹조사'에 따르면 페미니즘 성향이 강한 여성은 '구의역 김군 사건(42.8%)', '윤일병 사건(39.8%)', '트렌스젠더 군인 사건(27.7%)' 등에 평균을 한참 밑도는 사회적 공감도를 보였다. 해당 사건에 대한 평균적인 사회적 공감도는 각 63.0%, 67.1%, 32.1% 수준이었다. 반대로 '송파 세 모녀 사건(84.0%)' 등 여성 관련 범죄에는 강한 사회적 공감도를 보였다.

굉장히 잘못된 행태라고 생각하지만, 무작정 비난할 문제는 아니라고 생각한다. 머리로 이해하는 것과 마음으로 공감하는 건 큰 차이가 있기 때문이다. 공감은 경험에서 비롯된다. 여성이기에 여성의 고충을 알고, 장애인이기에 장애인의 고충을 아는 것이다. 반대로 고학력자는 학력주의의 폐해를 인지하지 못하는 경우가 많고, 고소득층은 불공정 이슈에 상대적으로 둔감하다. 그러니 누구나 자신 혹은 자신과 결부된 아픔에 더 깊이 공감하는 건, 훌륭하지는 않지만, 자연스러운 현상이다.

문제는 모순이다. 자신의 아픔에 공감해주기를 바라는 그들은 '보통의 사람들'이 아닌 'PC주의자들'이기 때문이다. 사회적 약자를 보호해야 한다고 주장하면서, 누가 약자냐고 물으니 오직 자신만 약자라고 답하는 건 모순이자 억지다. 보편적 인권이 아닌 자신들만의 인권을 위한 운동에 동의해줄 사람은 없다.

심지어 그들 일부는 상상력을 동원하면 경험의 한계를 극복할 수 있다며, 상상력을 동원해 타인의 아픔에 공감해야 한다고까지 주장한다. 그럴싸해 보이지만 이 또한 관념론에 불과하다. 역시 공감의 대상은 오직 자신들의 아픔이가 때문이다.

또한, 그 주장대로라면 상상력 결여로 PC주의에 반대하는 사람조차 상상력을 동원해 공감할 수 있어야 한다. 그러나 자신의 고통에만 주목하는 PC주의자들은 그런 이들을 포용하기는커녕 "EQ도 지능"이라며 모자란 사람 취급하는 게 일반적이다. 상상력이 공감을 만든다는 명제마저 그들 스스로가 부정하는 것이다. 약자를 위한다면서 보호받을 자격이 있는 약자와 지켜야 할 의무만 있는 강자를 자의

적인 기준으로 나누려는 시도가 곧 '불편함의 불편함'을 낳았다고 해도 과언이 아니다.

물론 '**진짜** PC'의 가치를 실천하는 사람들도 있다. 내가 불편한 만큼 상대의 불편함에도 공감하고 설득하려는 극소수 말이다. 나머지 대다수는 PC를 자기방어를 위한 수단으로 활용할 뿐이다. 그들은 PC에 입각한 검열과 통제의 대상조차 강자와 약자를 구분한다. 남성은 강자이기 때문에 남성의 성을 소비하는 건 괜찮고, 여성은 약자니까 안 된다는 식이다. 유명한 예로 가수 박재범의 팬 미팅에서 벌어진 '찌찌파티' 사건이 있다.[142] 근래에는 여성 아이돌의 사진을 합성하는 남성들의 문화는 문제지만, 남성 아이돌을 주체로 한 동성애 소설을 공유하는 '알페스' 문화는 검열의 대상이 아니라는 내로남불 주장으로 빈축을 사기도 했다.

핵심은 일관성이다. 보호건 검열이건 편리하게 이중잣대를 들이밀어선 안 된다는 뜻이다. 남성이나 여성이나 성에 관심을 보이는 건 지극히 자연스러운 현상이다. 남성이 예쁜 여성을 보면 눈이 돌아가듯, 여성도 잘생긴 남성을 보면 눈이 돌아간다. 타인에게 피해를 주지 않는 선에서의 절제는 필요하겠으나, 성적 욕망 자체를 옥죄는 건 남성과 여성 모두에게 이롭지 않은 방식이라는 것이다. 그래서 필자는 검열과 통제에 의한 대결 구도 자체에 반대한다. 모두를 위한 자

---

142) 가수 박재범의 팬 미팅 행사 중, 행사에 참여한 팬들이 이구동성으로 "찌찌파티"를 외치며 박재범의 상의탈의를 강요한 사건이다.

유주의를 지지하기 때문이다. '성 상품화' 문제 역시 남성들의 성 소비를 억제하고 검열하기보단 여성의 성 소비를 터부시하는 구시대적 문화를 바로잡는 게 우선이라고 생각한다.

인종·민족·언어·종교도 마찬가지다. 획일적인 기준으로 강자와 약자를 구분하려는 시도 자체에 동의하지 않지만, 구분이 가능하다고 할지라도 강자를 억압하는 게 아닌 약자를 해방하는 방식을 택하는 것이 덜 갈등적이다. 법의 통제나 사회적 검열로 상대의 입을 틀어막는다고 해서 약자들이 자유를 얻게 되는 건 아니기 때문이다.

◇ 올바름의 강요와 힘의 역전

과거 채식주의는 '**피해자**'에 가까웠다. "다수냐 소수냐"로 정상과 비정상을 구분하던 구시대적 관점 아래 비정상으로 취급되었기 때문이다. 작가 한강의 〈채식주의자〉의 주인공 영혜 역시 그렇게 묘사된다. 주인공 영혜는 육식(폭력)을 거부하는 인물이다. 키우던 개가 자신을 물었다는 이유로 죽임을 당하고, 원치 않게 그 개를 먹어야 했던 어린 시절의 경험과 아버지의 폭력 때문이다. 그런 영혜의 행동은 주변인들로부터 지탄받는다. "정상적인 행동과 다르다"는 이유로. 폭력을 거부하는 행위조차 폭력의 근거가 되는, 억압이 지배하는 세상에 살아가는 것이다. 그래서 영혜는 물구나무를 서며 우두커니 나무가 되기를 꿈꾼다. 이 작품 속 피해자는 채식주의자인 영혜다. 거부하는 것조차 거부당하는 폭력의 피해자인 영혜. 실제 과거의 약자들은 그랬다.

그러나 지금의 채식주의자들은 다르다. 누구도 채식주의를 비정상으로 몰아 괴롭히지 않는다.[143] 오히려 채식주의를 강요하며 보통의 사람들을 괴롭히는 주체가 채식주의자가 됐다. **'힘의 역전'**이 이루어진 것이다. PC와 결합한 채식주의는 타인에게도 채식을 강요하는 새로운 양상으로 전개되고 있다. '직접행동DxE(Direct Action Every-where, 이하 'DxE')'라는 단체가 대표적인 예시다. 유튜브에서 채널도 운영하고 있는데 영상 대부분의 '싫어요' 비율이 90%를 넘는다. 부끄러움을 모르는 극단성 때문이다. '음식이 아니라 폭력'이라는 피켓을 들고 무작정 패스트푸드점에 들어가 난동을 부리거나, 축사에서 새끼돼지를 훔친 뒤 "새벽이(그들이 지어준 이름)를 구조했다"며 자랑하는 식이다. 영업 방해라거나 절도라거나, 현행법에 저촉될 수 있는 행위들도 개의치 않는다. 그들에게는 법보다 채식주의를 강요하는게 중요하기 때문이다. 그들에게 중요한 건 오직 그들의 생각이다. 동물을 잡아먹는 건 미개하고 잔인한 행위라는, 그들만의 주관적 생각 말이다. 타인의 견해 따위는 중요하지 않다. 본인들의 생각이 '도덕적으로 우월'하기 때문이다. 그들 눈에 보통의 사람들은 도덕적으로 바람직하지 못한, 그래서 개도해야 할 존재로 인식될 뿐이다.

---

143) 개고기 식용 금지 등에 대한 논의도 마찬가지다. 2021년 9월 27일 문재인 대통령은 "개고기 식용 금지, 신중하게 검토할 때"라고 밝혔는데, 국민의 인식은 점점 자유주의로 나아가는 모양새다. 2018년 리얼미터 여론조사에서는 '개고기 식용금지'에 찬성한다는 의견이 39.7%, 반대한다는 의견이 51.5%로 나타났으나 2021년 6월(가장 최근) 조사에서는 법으로 금지해야 한다는 의견이 21.5%, 개인의 결정에 맡겨야 한다는 의견이 72.1%로 나타났다.

누구도 그들을 채식주의자라는 이유로 공격한 적이 없다. 만약 그랬다면 패스트푸드점에 난입하기 전에, 그런 폭력과 차별부터 공공연히 폭로하려 들었을 것이다. 오식 채식주의를 강요하는 그들만이 채식주의자가 아닌 사람들을 바꾸려 들고 있다. 흥미로운 변화가 아닐 수 없다. 한편 이런 현상은 소수자 보호를 외치는 PC주의자와, 보호를 가장한 통제에 반대하는 자유주의가 대립할 수밖에 없음을 보여주는 단적인 근거다.

◇ 차별금지법 도입에 대하여

포괄적 차별금지법도 마찬가지다. 차별금지법에 담긴 생각에는 동의한다. 그러나 그 생각을 법으로 강제하는 것까지 동의하지는 않는다. 당장 차별적인 행동을 막을 수 있을지 몰라도, 생각까지 바꿀 수는 없기 때문이다. 법이 인식을 선도할 수 있다고 하는데, 반례도 많다. 강제로 여경 비율을 높이니 여경에 대한 인식이 좋아지기는커녕 더 큰 혐오에 부딪히고 있지 않나. 오래전부터 우대정책(Affirmative Action)을 시행해온 미국도 상황은 다르지 않다. 혜택의 당사자인 30%의 흑인과 여성은 스스로 자격을 증명하지 못했음에 콤플렉스를 느꼈고, 나머지 70% 역시 그들의 능력을 불신하고 있었다.[144] 오히려

---

144) 뉴욕 대학의 Madeline Heilman 교수는 일련의 실험을 통해 여성들이 그들의 실적이나 역량에 대한 고려 없이 채용되었다는 느낌을 받을 때, 그들 자신이 능력이 없다고 느끼거나 혹은 실제로 무기력한 행위를 나타냈다고 밝혔다.

'Affirmative Action Baby'와 같은 비아냥이 낙인효과로 작용하는 부작용만 초래됐다. 인식에 어긋나는 법을 강제하는 것이 되레 극단적인 반발심만 불러올 수 있다는 것이다. 현재 발의된 차별금지법(2021년 박주민 의원 외 12인 발의)과 같이 적용 대상이 지나치게 광범위한 경우에는 더더욱 그렇다.

물론 실제 차별금지법을 반대하기 위해 사용되는 논리들은 궁색하기 짝이 없다. 종교계의 논리 말이다. 필자가 차별금지법에 동의하지 않는 이유는, 그런 억지 주장에 동의하기 때문이 아니다. 기독교 표심 때문에 '성소수자'만 제외하겠다는 국민의 힘 주장 역시 부적절하다고 생각한다. 자유권에 관한 논의에 정치를 묻히는 행위이기 때문이다. '혐오할 자유'를 주장하는 것도 동의하지 않는다. 자유란 다른 사람의 자유를 침해하지 않는 선에서 보장되는 것이기 때문이다.

혐오할 자유를 주장하는 이는 자신 또한 혐오의 대상이 될 수 있다는 사실을 인지해야 한다. 서양인이 동양인을 피부색으로 공격한다면, 서양인 역시 IQ와 악취로 공격받을 각오를 해야 한다는 의미다. 그런 모순에서 벗어나기 위해 합의한 가치가 바로 '똘레랑스(관용)'다. 똘레랑스 정신에서 관용 받지 못하는 유일한 것은 비관용뿐이다. 철저히 상호성에 입각한 자유주의 논의다. 필자는 그런 똘레랑스 정신을 지지한다. 시간이 필요하다. 한쪽에선 차별당했다며 소송을 남발하고, 한쪽에선 특정 집단을 싸잡아 또 다른 혐오의 근거로 삼는, 그런 사회를 원하는 게 아니라면 말이다. 물론 막연하게 시간만 보내자는 건 아니다. 함께 공론장으로 나와 더 치열하게 토론해야 한

다. "하자"와 "하지 말자"의 싸움은 앞으로도 꽤 오랜 시간 계속될 것
이다.

04

난민과
동성혼

필자가 아는 가장 유명한 성소수자는 '앨런 튜링(Alan Turing)'이다. 실화를 바탕으로 한 영화 〈이미테이션 게임〉에서 영국의 배우 '베네딕트 컴버배치'가 이 앨런 튜링 역을 연기하기도 했다. 앨런 튜링은 영화보다 더 영화 같은 삶을 살았다. 어려서부터 천재였으며 2차 세계대전 당시 독일의 암호체계 '에니그마(Enigma)'를 해독하는 데 공헌했다. 또 컴퓨터공학의 이론적 토대를 마련한 선구자로서, 현재는 컴퓨터공학과 전산학의 아버지로 불리기도 한다. 그러나 그의 말로는 비참했다. 영국이 그의 공적을 치하하기는커녕 탄압했기 때문이다. 이유는 하나, 그가 동성애자였기 때문이다. 1952년 당시 영국은 동성애를 법으로 금지하고 있었다. 이에 화학적 거세를 선고받은 튜링은 강제로 여성 호르몬을 복용하다 결국 자살로 생을 마감하게 됐다.

튜링의 생이 주는 함의는 두 가지다. 하나는 성적 지향은 한 사람을 구성하는 무수한 특성 중 하나일 뿐이라는 것이며, 다른 하나는 동성애를 치료하려는 시도가 실패로 끝났다는 것이다. 영국의 낡은 헌법은 어쩌면 컴퓨터의 역사를 수십 년은 앞당겼을 인재를 죽음으로 내몰았다. 이후 영국 왕실은 상기 판결의 잘못됨을 인정하고 튜링의 지위를 복원했다. 분명 비극적인 사건이었지만, 성소수자의 아픔에 대한 국민적 공감대를 만든 계기였다. 그렇다면 성소수자에 대한 논의 자체를 여전히 음지의 논의 정도로만 치부하는 우리나라의 인식은 어떨까.

우리나라 국민의 성소수자에 대한 포용력은 선진국 중에서도 매우 낮은 편에 속했다. 심지어는 없던 포용력마저 더 낮아지는 추세다. [145] 주목할 만한 부분은 소수자 중에서도 성소수자에 대한 거리감(47.9%)이 가장 크다는 것이다. 심지어는 2위와 3위를 기록한 난민(44.9%)이나 북한이탈주민(25.5%)보다도 높은 수준이었다. 인종·언어·문화 무엇 하나 공통점이 없는, 심지어 자국민조차 아닌 난민보다도 성소수자를 더 싫어한다는 의미다.

이런 현상을 어떻게 이해해야 할까. 대개 혐오는 논리적이지 않다. 어중간한 논리의 탈을 쓰고 있을 뿐이다. 성소수자 혐오도 마찬가지다. 대표적인 게 에이즈(AIDS) 바이러스 전파다. 게이(남성 동성

---

[145] 2021년 6월 21일 국가인권위원회가 발간한 '2020 국가인권실태조사'에 따르면 이웃이 되는 것에 불편함을 갖는 사회적 소수자 집단은 성소수자가 47.9%로 가장 높았다. 성소수자에 대한 거리감은 2019년 조사결과(44.8%) 대비 3.1% 증가했다.

애자)들의 항문 성교가 에이즈 확산의 주범이라는 것이다. 항문 성교의 에이즈 감염률이 높은 건 사실이다.[146] 그러나 게이들만 항문 성교를 하는 건 아니다. 이성애자들도 항문을 이용한 성교를 한다. 전체 인구 중 동성애자 비율이 1% 내외라고 가정했을 때 이성애자 커플 100쌍 중 한 쌍만 항문성교를 해도 전체 비율상의 차이가 없다는 것이다. 심지어 레즈비언(여성 동성애자)은 항문 성교라는 개념조차 존재하지 않는다. 항문성교가 게이를 비판할 근거는 될지언정 동성애자 전체를 비판할 근거가 될 수는 없다는 뜻이다.

한편 동성애자들은 문란하다는 비판도 있다. 타인에 피해를 주지 않는 한 문란하다는 사실 그 자체가 비판의 근거가 될 수 있는지도 의문이지만, 지난한 성매매와 성범죄의 역사만 기억해도 동성애자들이 유달리 문란하다는 주장을 펼치기는 어려울 것이다. 동성애자고 이성애자고 문란한 일부가 존재할 뿐이다.

◆ 소수자가 혐오의 대상이 되는 이유

결국은 '**그냥 싫은 것**'이다. 차라리 그렇게 솔직한 쪽이 낫다. 그러나 혐오에 있어 솔직함이 미덕이 될 수는 없다. 그 자신 또한 같은 이유로 혐오의 대상이 될 수 있기 때문이다. 누구나 취향이 있다. 필자도

---

146) 각종 연구결과에 따르면 1회 동성 간 성접촉(항문 성교) 시 HIV에 전염될 확률은 이성 간 성접촉 시 감염될 확률보다 17.3~34.5배 높게 나타났다.

마찬가지다. 뛰어난 외모와 명석한 두뇌, 안정적인 집안과 유쾌한 성격을 가진 사람을 좋아한다. 그러나 그 취향에 어긋난다고 하여 배척하거나 혐오 발언을 하지는 않는다. 이유는 하나, 필자 역시 그 기준에 부합하지 않는다는 이유로 혐오 당할 수 있다는 사실을 잘 알고 있기 때문이다. 그리고 그런 이유로 혐오 당하고 싶지 않기 때문이다. 한편 그런 취향을 선별의 근거로 삼기 시작하면, 과연 내 곁에 몇 사람이나 남을까도 싶다. 아무리 완벽한 사람이라도 한두 가지의 약자성은 가질 수밖에 없기 때문이다.

그러나 성소수자를 향한 혐오는 예외인 경우가 많다. 당당하게 '호모포비아'임을 밝히는 경우도 심심찮다. 왜 그럴까. 말 그대로 소수자이기 때문이다. 양껏 공격해도 반격이 돌아오지 않기 때문에 거리낌 없이 혐오하는 것이다. 과거 한 예능에서 "키 180cm 미만의 남성들은 루저"라는 발언이 엄청난 파문을 일으켰던 이유는, 키가 180cm 미만인 남성의 수가 사회적 다수이기 때문이지 발언의 수위가 특별히 높아서가 아니다.

정치인들의 발언도 똑같이 해석할 수 있다. 2017년 대선 토론회에서 인권변호사 출신인 문재인 대통령은 당당하게 "동성애에 반대한다"고 주장했다. 성소수자가 정치적으로 소수이기 때문에 가능한 발언이다. 동성애 자체를 규탄하는 기독교인들에 비해 표가 적기 때문에, 개의치 않고 혐오하는 것이다.

한편 동성애는 찬반의 대상이 아니다. 제도나 의견이 아닌 개인의 취향이기 때문이다. 비유하자면 사과를 좋아하는 사람에게 "나는 당신이 사과를 좋아하는 것에 반대한다"는 해괴한 주장을 펼치는 꼴이다. 철학과 양심은 고사하고 인권에 대한 최소한의 감수성과 논리력마저 부족한 자칭 페미니스트 대통령이 바로 문재인 대통령이다.

비슷한 예로 '**촉법소년**(형사 미성년자)' 이슈가 있다. 형사처벌이 아예 불가능하다는 점에서 제도의 구조적 한계가 존재하는 건 사실이지만, 촉법소년을 향한 국민적 분노는 과도할 정도다. 촉법소년 범죄는 건수로 보나 죄질로 보나 성인범에 한참 못 미치는 수준이기 때문이다.[147] 범죄 원인도 가족해체에 따른 사회적 고립이 대다수다. 부모의 방치, 또는 학대로 '가출 팸'에 들어가 생계를 위해 성매매·절도 등에 가담하는 식으로 범죄를 저지르게 된다는 것이다.

실제 통계상으로도 촉법소년의 약 70%는 결손가정에서 자란다. 범죄는 나쁘지만 가족과 사회 모두로부터 버림받은 그들은 엄연한 사회적 약자들이라는 것이다. 그러나 형사 미성년자의 강력범죄는 백이면 백 언론에 대서특필되며, 들끓는 여론은 성인범 이상의 강력한 처벌을 요구하고 나선다. 아직 나이가 어려 교화의 가능성이 크다는 점과 형사처벌로 전과자 낙인을 찍게 되면 사회적으로 완전히 고립되어 더 큰 범죄의 원인이 될 수 있다는 정론은 받아들여지지 않는다. 같은 이유로 촉법소년들이 처한 열악한 현실을 조명하며 재사회화 노력을 기울여야 한다는 주장은 공론화조차 되지 않는다.

왜 그런 걸까. 성소수자와 마찬가지로 힘이 없기 때문이다. 촉법

---

147) 대한변호사협회에 따르면 19세 미만 소년범 중 형사 미성년자 비중은 2007년 0.7%에서 2016년 0.1%로 오히려 감소했다.

소년들은 정신적으로 미숙하며 경제력은커녕 투표권도 없다. 그들의 아픔에 공감하는 극소수의 어른들을 제외하면 누구도 그들을 대변하지 않으며, 그들의 아픔을 돌보려 하지 않는 것이다. 그런 그들은 혐오해도 되는, 얼마든 분노를 쏟아내도 되는 존재로 여겨질 뿐이다.

◇ 퀴어 퍼레이드와 동성혼

그러나 퀴어 퍼레이드와 같은 퍼포먼스에는 필자 역시 거부감이 든다. 그 행위가 거부감이 든다는 의미가 아니다. 방법론적으로 성소수자 인권 개선에 도움이 안 된다고 생각하기 때문에 거부감이 든다는 것이다. 앞서 비건을 강요하는 행위가 되레 채식주의에 대한 인식을 악화시켰기 때문에 동의하기 어렵다고 했던 것과 같은 맥락이다. 억지로 주입한다고 해서 태생적인 생각과 성향을 바꿀 수는 없다. 하물며 인식을 바꿔보겠다며 서울 한복판에 건장한 남성들이 나체로 돌아다니는 걸 환영할 사람은 거의 없을 것이다.

역지사지다. 동성애자들 역시 취향에 맞지 않는 이성이 나체로 돌아다니는 걸 보면 눈살이 찌푸려지지 않겠나. 당장 제도권의 도움을 받지 못해 답답한 마음은 이해하나 무작정 노이즈를 만들고 보는 게 능사는 아니다. 실제 몇 년간 퀴어 퍼레이드가 꾸준히 진행됐지만, 성소수자에 대한 인식은 개선되기는커녕 되레 거부감만 커졌다.

동성애자나 이성애자나 똑같이 '평범한 인생'을 살아가는, '보통의 존재'에 불과하다는 공감대를 만드는 게 순서라고 생각한다. 과격한 행사보다는 문화적 접근이 효과적이기 때문이다. 좋은 예로 최근 넷플릭스에서 방영된 드라마 〈D.P〉가 있다. 군대가 어떤 곳인지 간접 경험할 기회를 제공해 사회적 공감대를 형성했다. 〈D.P〉를 보고도 군인을 '집 지키는 개' 취급할 수 있는 사람은 아마 극소수일 것이다. 그런 사람이 존재한다고 해도, 〈D.P〉를 시청한 무수한 사람들이 그 생각에 동의하지 않을 것이다. 백문이 불여일견이라 했다. 상상력을 강요할 게 아니라 직접 시각자료로 보여주면 그만이다. 그게 바로 문화의 힘이다. 어쩌면 선거를 통한 혁명보다도 평화적인 방법일지도 모르는.

동성혼에 대한 생각도 비슷하다. 자유주의 관점으로 보면 반대할 이유가 없다.[148] 문제는 인식이다. 무작정 동성혼을 추진해 도입에 성공한다 해도, 역풍을 감내하고 결혼할 커플이 얼마나 되겠느냐는 것이다. 한편 혼인제도는 개인 간 결합을 넘어 공동체 유지의 기반이기도 하다. 실제 주거·세제 등 출산장려정책의 대부분은 신혼부부를 중심으로 만들어진다. 이성 간 혼인은 높은 확률로 출산까지 이어지기 때문이다. 실제 우리나라의 기혼부부는 평균 1.8~1.9명의 자식을 낳는다. 따라서 제도로 보호할 이유가 충분하다.

그러나 동성부부는 출산을 할 수 없다. 따라서 공동체적 관점으로 봤을 때 특별히 보호해야 할 필요도 없는 것이다. 자칫 동성혼 제

---

148) 동성애 성향 자체는 개인의 취향으로 찬성과 반대의 대상이 될 수 없다. 다만 동성혼은 제도권에서 적극적으로 보호해야 한다는 측면의 논의로 동성애에 대한 비범죄화 논의와는 궤가 다르다.

도가 혼인제도의 이익만 취하려는 이들의 도덕적 해이로 남용될 수도 있다. 물론 서구권에선 동성애자들도 입양을 통해 공동체에 이바지한다. 잘 낳는 것보다 잘 기르는 것이 중요하다는 사회적 합의 덕분이다. 한편 편견과는 달리 동성가정에서 자란 아이들이 이성가정에서 자란 아이들보다 정서적으로 안정되어 있으며 행복감을 느낀다는 연구결과들도 있다.

하지만 우리나라의 상황은 조금 다르다. 일단 입양 자체가 낯설다는 한계가 있다. 제도로서 동성혼에 대한 논의가 지지부진한 이유다. 고무적인 건 동성혼의 대안으로 '시민결합'에 대한 논의가 이루어질 수 있다는 점이다. 실제 프랑스는 팍스(PACS)라는 시민결합 제도가 존재한다. 비혼 가정 출산율이 50% 내외로 높은 것도 이 때문이다. 당장 우리나라의 인식 수준에선 어려운 논의겠지만, 다양한 가족형태에 대한 사회적 요구가 커지는 가운데 한 번쯤 공론화해볼 법한 주제라고 생각한다.

◆ 결정하는 사람과 책임지는 사람

한 번쯤 '고양이 울음소리'에 밤잠을 설친 경험이 있을 것이다. 고양이가 발정 났을 때 내는 특유의 거칠고 애절한 하울링 소리는 여간 거슬리는 게 아니기 때문이다. 다행히 최근에는 길고양이 중성화 사업이 진행되고 있어 피해사례가 많이 줄어들었다고 한다. 하지만 몇 년 전만 해도 밤마다 온 동네에서 날카로운 하울링 소리가 들려오는,

지옥도가 펼쳐지기 일쑤였다. 처음 분노는 길고양이를 향했다. 그러나 차츰 사람을 향하기 시작했다. 부지런히 사료를 뿌려 길고양이들을 부양하는 '캣맘(Cat Mom)'들이 그 주인공이었다.

캣맘들의 행동 양식은 이렇다. 길고양이들이 자주 출몰하는 동네에 사료 그릇을 설치한다. 주기적으로 방문해 사료를 채워준다. 당연히 사료를 먹으러 더 많은 길고양이가 몰려들기 시작한다. 그럼 이제는 봉지에 사료를 잔뜩 채워, 그 봉지를 동네방네 살포한다. 동네는 몰려든 길고양이와 비둘기, 버려진 봉지로 아수라장이 된다. 길고양이와 비둘기가 싸놓는 배변 등 위생문제는 둘째다. 발정 난 길고양이들이 순번을 돌려가며 하울링을 해대는데, 동네 사람들만 죽을 맛이다. 동네 사람들의 푸념에도 캣맘들은 별 문제의식을 못 느낀다. 자기가 사는 동네가 아니기 때문이다. 한편 자신들은 도덕적으로 올바른 행동을 하고 있다는 정당화의 논리까지 존재한다. 그런 그들 눈에 문제가 있는 사람은 불쌍한 고양이에 공감하지 못하는 감수성 떨어지는 동네 주민들이다. 이런 갈등으로 인해 길고양이만 보면 꼬리를 자르거나 밟아 죽이는, 심지어는 잡아서 먹기까지 하는 동물학대 범죄들이 횡행하기도 했다. 단순히 웃어넘길 문제가 아니라는 것이다.

물론 '**해결 방법**'은 생각보다 간단하다. 자애로운 캣맘들이 본인의 집에서 길고양이를 키우면 그만이기 때문이다. 그러나 기꺼이 자신의 집을 내어주는 캣맘은 극소수다. 매우 가성비가 떨어지는 선행이기 때문이다. 가끔 보고 먹이나 주고 몇 번 쓰다듬어주는 것이 비용 대비 편익을 극대화하는 방법이다. 반대로 집에 들이게 되면 배설부터 털 날림, 놀이시설 설치에 중성화 수술까지, 신경 쓸 게 한두 개가 아니다. 그러니 무슨 일이 있어도 내 집만은 안 된다는 것이다.

그래서 최근 캣맘들이 택한 대안이 있다. 일단 데려온 뒤 다른 집에 분양시키는 것이다. 다양한 절차가 수반된다. 고양이를 잘 키울 사람인지 아닌지에 대한 자격면접 말이다. 생계가 어려워서도 안 되며, 바빠서 고양이를 외롭게 만들어도 안 된다. '책임비' 명목의 분양비를 받는 건 덤이다. 우여곡절 끝에 분양이 성사된 뒤에도 감시는 계속된다. 전화라도 한 번 안 받으면 "안 바쁘시다더니 거짓말하신 거냐"부터 시작해 온갖 추궁이 이어진다. 실제 책임지는 건 분양받은 사람이다. 그러나 추궁하며 도덕적 우월감을 느끼는 건 캣맘이다. 무언가 단단히 잘못됐다. 물론 이 모든 상황이 과장 하나 없는 실화다.[149] 본래 상상보다는 드라마가, 드라마보다는 현실이 더 잔인한 법이다. 그리고 아프간 난민수용 논의에서도 비슷한 양상의 갈등이 펼쳐진다. 수용하자는 사람과 책임지는 사람이 일치하지 않아 발생하는 갈등 말이다.

필자도 아프간 난민들이 불쌍하다. 길거리를 배회하는 고양이들도 불쌍한데 사람은 오죽하겠나. 탈레반의 인권유린은 타의 추종을 불허한다. 도시 중심에 범죄자의 시신을 본보기로 매달아두고 전시할 정도라고 한다. "도둑질하면 손발을 자르는 등 과거 잔혹한 형벌

---

149) 2021년 9월 19일 중앙일보 〈"책임비 10만원·고밥비 50만원" 길고양이 입양비 불법 아니냐 [법잇슈]〉 기사 참조

체계로 회귀했음을 알리는 신호탄"이라는 해석도 나온다. [150) 그러나 연민을 느끼는 것과 난민수용에 찬성하는 건 별개의 문제다. 결정하는 사람과 책임지는 사람이 일치하지 않기 때문이다. 물론 기본적인 책임은 정부가 진다. 생계비나 적응을 위한 지원 말이다.

필자가 말하는 건 그런 책임이 아니다. 난민들이 정착해 일자리를 구한다고 한다면 누구와 경쟁하겠는가. 지금도 하루 벌어 하루 먹고사는 일용직 근로자들이다. 삶의 터전을 꾸린다면 어디가 되겠는가. 아무래도 조용한 빈민가가 될 것이다. 소거법으로 접근하면 아무튼 강남·분당 등 부촌은 절대 아니다. 난민들을 이웃으로 맞아 부대껴야 하는 건 다름 아닌 사회적 약자들이라는 것이다. 그들에게 난민수용은 도덕의 문제가 아니다. 생존과 생활의 문제다. 그러니 난민과 일자리를 경쟁할 일도, 난민과 부대껴 살아갈 일도 없는 강남좌파들이 선심 쓰듯 인류애적 관점을 떠드는 게 얼마나 우습게 느껴지겠나.

'서구사회'만 봐도 그렇다. 난민수용을 지지한 건 진보지식인들이었고, 결정한 건 기득권을 가진 정치인들이었다. 그러나 정작 책임을 진 건 사회적 약자들이었다. 독일로 치면 동독 주민들이었고, 미국으로 치면 가난한 백인 근로자들이었다. [151) 그 반감이 극우당의 득세

150) 2021년 9월 26일 경향신문 〈탈레반, 광장 크레인에 시신 4구 걸어…공포정치 부활〉 기사 참조

151) 2018년 11월 뉴욕타임스(NYT)에 따르면 옛 동독지역 남성들은 극우 바람의 원동력이다. 지난해 극우 정당 '독일을 위한 대안(AfD)'이 12.6%를 득표해 사상 처음 연방의회에 진출할 수 있었던 데에도 이들의 지지가 큰 힘이 됐다. 동독지역 남성의 AfD 지지율은 28%였다. 실제 동독의 한 남성은 NYT 인터뷰에서 "서독인, 난민 그다음이 우리"라며 "3등 시민

와 트럼프의 당선을 견인한 것이다. 진보지식인들은 그들의 메마른 감수성을 탓하지만, 글쎄. 그들에게도 경제적 안정과 사회적 지위가 있었다면, 그래서 난민들과 부대끼지 않아도 되는 상황이었다면 기꺼이 난민수용에 찬성하지 않았을까?

반대로 진보지식인들이 헐벗고 굶주린 채 난민들과 어우러져 살아야 하는 상황을 가정했다면 어땠을까. 그들이 강조하는 사회학적 상상력을 동원해 상상해 보자. 아마 지금과는 정반대의 결과가 나타나게 될 것이다. 감수성이 뭐 별건가. 감수성은 하늘에서 떨어진 전유물이 아니다. 물질적 풍요가 가져다주는 부산물에 불과하다. 혹자는 "나는 아니"라며 항변하겠지만 어쩌겠나. 실제 인류가 그렇게 발전한 것을. 먹고 살 만하니 인류애가 생겼고, 입고 잘 만하니 인권을 얘기했다. 배고프면 빵도 훔치고, 사람도 잡아먹을 수 있는 게 인간이다. [152) 층층이 갈라진 계층사회 속, 먹고 살 만한 자와 그렇지 못한 자의 인식 차이만이 존재할 뿐이다.

아우슈비츠 생존 작가 '프리모 레비'의 기록인 〈이것이 인간인가〉에 담긴 이야기들이 좋은 예시다. 극한의 상황에 놓인 유대인들은 나치를 미워하기보단 서로를 증오했다. 주린 배를 채우기 위해 빵을 훔쳤고, 나치에 아첨했으며, 파벌을 만들어 '죽고 죽이는' 생존경쟁을 계속했다. 오직 생존을 위한 일념으로 인간의 추악한 본성을 적

이 되었다"고 불만을 토로했다.

152) 중동은 엄격한 통제가 이루어지는 데도 범죄가 횡행하는데, 북유럽은 사형제는커녕 무기징역조차 폐지되고 있음에도 안전하다. 통제와 강제가 아닌, 사회적 안전망과 물질적 풍요가 인간다운 삶과 관용정신 함양에 필요충분조건이라는 증거다.

나라하게 드러낸 그들은 과거 판사 · 교수 · 의사 등 교양 넘치는 지식인들이었다. 사람을 만드는 건 환경이지, 숭고한 의지가 아니라는 것이다.

중요한 건 '**누가**' 책임을 지느냐다. 되레 책임지는 사람들의 감수성 부족을 탓하니 갈등이 생기는 것 아니겠나. 길고양이의 소음을 책임지는 건 누군가. 다름 아닌 동네 주민들이다. 책임지기 싫어 사료만 주는 건 바로, 캣맘들이다. 난민수용도 똑같다. 난민과 이웃으로 살아가며 갈등하는 사람은 누군가. 난민에 준하는 우리 사회의 약자들이다. 자기 집을 내어줄 생각은 없으면서, 난민수용의 필요성만 주장하는 이들은 누군가. 진보지식인과 정치인들이다. 그렇다면 진짜 감수성이 부족한 건 누군가? 진짜 고통을 감수하는 사람들의 심정을 헤아리지 못하는 건, 누구냐는 말이다. 바로 PC주의자들이다. 그게 PC주의가 자유주의를 이기지 못하는 이유다. 당사자성을 강조하면서 정작 당사자의 입장에는 이입하지 않기 때문에.

물론 모든 PC주의자들이 그렇다고 생각하지 않는다. 사회는 점잖은 손님보단 진상에 주목하는 법이니까. 진상들만 부각되는 안타까운 상황이라고 생각한다. 그러나 진상이 일행이라면, 점잖은 손님에게도 책임이 있다. 적극적으로 만류하지 않은 책임이. 노이즈는 공론화에는 도움이 되지만, 건강한 논의에는 독이다. '노이즈 마케팅'도 품질이 보증돼야 성공할 수 있는 것처럼. PC가 정말 인류가 좋아야 할 방향이라는 걸 설득하기 위해선 책임이라는 품질 보증부터 선행되어야 할 것이다.

◇ 논의의 정리: 유물론과 자유주의

PC는 단어 그 자체에서 드러나듯 '**올바름**(Correctness)'을 가정한다. PC주의자들이 거리낌 없이 강요와 강제를 일삼을 수 있는 근거 역시 스스로 올바르다고 생각하기 때문이다. 필자가 PC에 동의하지 않는 이유는 그 '올바름'이라는 표현 자체가 갈등적이며 부적절하다고 생각하기 때문이다. 이미 정답이 정해져 있다고 한다면 우리가 생각을 나누는 이유는 무엇이며, 정치를 하는 이유는 무엇인가? 우리가 토론하고 정치하는 이유는 정답이 없는 문제에 가능한 정답에 가까운 답을 찾기 위해서다.

필자가 습관적으로 '옳고 그름에 무관하게'라는 사족을 붙이는 이유도 마찬가지다. 옳고 그름을 따진다고 해서 실재하는 현상이 달라지지 않기 때문이다. 또한, 옳고 그름을 재단하는 방식으로는 생각이 다른 사람을 설득할 수 없기 때문이다. 따라서 인간이 해야 할 일은 관념과 개념을 동원해 현상을 부정하는 것이 아니라, 철저히 분석해서 통제 가능한 노력을 기울이는 것이다. 그렇게 가능한 갈등적이지 않은 방식으로, 상대를 설득하려는 노력을 기울이는 것이다.

한편 필자는 '**유물론자**'이며 동시에 '**자유주의자**'다. 인간은 물질이 있어야 자유로울 수 있다고 생각한다. 또한, 물질이 있어야 상대의 자유에도 더 관대해질 수 있다고 생각한다. 자유주의적 관점을 견지하면서도, 물질적 여유가 없는 사람들의 비관용적 태도에 대해서도 이해하려고 노력하는 이유다. 그런 비관용적 태도가 정당하다고 생각해서가 아니다. 올바름을 전제한 채로 공격하고 가르치려 들어봤자 돌아오는 건 더 큰 반작용에 불과하다는 사실을 잘 알고 있기 때문이다. PC에 대한 서구권의 반발 역시 그와 같은 '가르치려는 태도'에서 비롯됐다. 우리나라도 마찬가지다.

이를테면 사형제가 그렇다. 우리나라 국민이 사형제에 찬성하는 이유는 현행법이 국민적 응보 감정을 충족시키지 못했기 때문이다. 거기다 대고 '오판가능성'과 '비가역성[153]' 운운하며 선생님처럼 가르치려 들어봤자 오히려 역효과만 날 뿐이다. 그렇다고 사형을 집행하면 그만일까? 그것도 아니다. 아무리 미운 범죄자라도 막상 죽어가는 모습을 보면 연민을 느끼는 게 인간이다. 답은 간단하다. 그저 들어주고 공감해주면 그뿐이다. 한편 대체형벌이 됐건, 사이다 발언이 됐건, 응보 감정을 정화하기 위해 노력해야 한다. 이 또한 떼쓰는 어린아이를 달래는 것과도 같다. 윽박질러봐야 아이는 더 크게 울 뿐이다. 기저귀를 갈아주건, 사탕을 물려주건, 어르고 달래야 평화를 찾을 수 있다. 상대에게 올바름을 가정한 공감을 요구하면서, 공감할 여력이 없는 상대의 상황에는 공감하지 못하는 PC주의자들에게 필요한 자세다. 다시 젠더전쟁으로 돌아와, 지금까지 이대남의 아픔에 공감하지 못했던 기성세대 어른들에게도 필요한 자세다.

---

153) 사형제의 가장 큰 문제는 생명의 비가역성(되돌릴 수 없는 속성)이다. 수사 및 판결 과정상 오류가 발생할 수 있는 상황에서, 사형이 잘못 집행되더라도 그 결과를 되돌릴 수 없기 때문이다.

변화의 바람

갈등은 인간의 **'숙명'**이다. 어느 시대에나 갈등은 존재했다. 인간이란 다양한 특성과 가치관, 그리고 욕망을 가진 존재이기에 필연적으로 갈등할 수밖에 없다는 것이다. 시대에 따라 갈등의 양상도 상이하다. 과거에는 '지역갈등'이 가장 첨예했다면, 현재는 '세대갈등'을 넘어 '젠더갈등'으로까지 이양되는 모양새다. 지역색이 가장 짙은 전라도에서도 이대남은 민주당보다 국민의 힘을 더 많이 지지한다고 하니, 더 설명할 필요가 뭐 있겠나.

　한편 갈등 자체는 나쁜 게 아니다. 갈등이 있어야 생각이 부딪치고, 생각이 부딪치는 '정반합'의 과정에서 더 좋은 결론이 도출되기 때문이다. 이 책 〈20대 남자, 그들이 몰려온다〉에서 특히 젠더갈등을 부정적으로 묘사한 이유는, 확증편향과 정치권의 개입으로 어느덧 자정 능력 자체를 상실했다고 보았기 때문이다. 각자의 생각이 확고하게 굳어져 정반합의 가능성이 상실되는 순간 오직 '갈등을 위한 갈등'만이 계속될 뿐이다. 아무런 소득 없이 소모적인 갈등만이 계속되는 '소강상태'에 놓이게 된다는 것이다. 필자가 본문을 전개하는 과정에서 꾸준히 '정화'와 '자정' 능력을 강조했던 이유도 그 때문이다.

현재의 젠더갈등은 청년세대 공동의 목적마저 잊어버리게 했다. '세대교체'라는 공동의 목적 말이다. 현재 2030세대, 특히 20대를 제외한 모든 세대는 성별 불문 비슷한 정치성향을 보인다. 세대교체를 이루려는 작용과 세대교체를 막으려는 작용이 정면으로 부딪치고 있기 때문이다. 민주당을 지지하는 4050세대와, 국민의 힘을 지지하는 6070세대의 갈등이 정확히 그러하다. 그러나 지금의 2030세대는 4050세대의 문재인 정부에 커다란 환멸을 느끼면서도, 기성세대와 기성정당이 아닌 서로에게 분노의 화살을 겨눈다. 그렇게 빼앗을 것도, 빼앗길 것도 없는 을과 을의 갈등을 계속하는 사이 기성세대의 기득권은 더욱 공고해지고 있다. 그것이 필자가 생각하는 젠더갈등의 가장 큰 부작용이며, 그래서 젠더갈등을 멈춰야 한다고 주장했다.

청년세대의 가장 시급한 과제는 갈등의 구도를 뒤집어 진짜 적을 마주하는 것이다. 적이라는 표현이 조금 그렇긴 해도 어쩔 수가 없다. 파이를 무작정 늘려갈 수 없다는 사실을 전제한다면, 급격한 고령화에 따른 경제의 후퇴를 고려한다면, 기성세대의 기득권을 나누지 않고는 청년세대가 행복해질 수 없다는 결론을 도출할 수밖에 없기 때문이다. 또한, 기성세대는 절대로 순순히 기득권을 내려놓으려 하지 않을 것이다. 그들의 이기심을 탓하려는 게 아니다. 기득권을 지키려는 행위는, 동물이 생존을 위해 사냥에 나서는 것만큼이나 정당하고 당연한 본능이기 때문이다.

　　그래서 과거의 모든 청년세대도 치열한 '**투쟁**'을 거쳐 기득권을 얻었다. 당장 6070세대의 국민의 힘에 대항해 등장한 것이, 지금은 기득권 좌파로 전락한, 4050세대의 민주당이었지 않나. 세대교체를 위한 노력 또한 기성세대가 기득권을 지키려는 노력만큼이나 정당하고 당연한 본능이며, 현상이라는 것이다. 언제나 장강의 뒷물은 앞물을 밀어내고 새로운 시대의 주인이 됐다. 1만5000여 년 전 알타미라 동굴 벽화에도 "요즘 것들"에 대한 기성세대의 푸념이 적혀 있었고, 인류 최초의 문자기록인 고대 수메르 점토판에도 "요즘 젊은 것들"로 시작되는 한탄이 적혀 있었다고 한다. 인류 역사 전체가 세대교체를 막으려는 기성세대와 세대교체를 향해 도전하는 청년세대의 갈등, 처절한 전쟁의 역사였다는 말이다.

　　힘을 얻어야만 당당하게 우리 것을 주장할 수 있다. 당장 정년연장만 해도 함께 목소리를 내지 못하면 무력하게 당할 뿐이다. 다행히 변화의 바람은 불고 있다. 모든 세대가 찬 바람과 함께 범람하는 이대남의 태동을 눈여겨보는 이유다. 그러나 이대남만으로는 부족하다. 반쪽짜리 세대교체가 될 수밖에 없기 때문이다. 안타깝게도 이미 변화의 동력, 그 절반 이상을, 세대교체에 비하면 사소하기 짝이 없는 여가부나 여성할당제 폐지 따위에 쏟는 중이다. 이대남의 태동이 고무적이면서 한편 씁쓸하게 느껴지는 이유다.

〈2022 대선〉은 이대남·6070세대 연합과 이대녀·4050세대 연합의 대결로 그려진다. 한쪽은 자유와 국가주의로, 한쪽은 보호와 민족주의로 뭉쳐있다. 핵심은 이대남과 이대녀 모두 반쪽짜리 교집합으로 기성정당과 연합하고 있다는 것이다.[154] 정권교체(연장)를 위한 '임시연합'에 가깝다는 뜻이다. 그래서 대통령선거가 끝난 뒤, 자신들의 이해를 대변하지 못한다는 생각이 들면 2030세대 남성과 여성 모두 기성정당을 떠날 가능성도 있다. 민주당이 박원순 사태로 이대녀에게 버림받고, 국민의 힘 내에서 2030세대와 6070세대의 알력다툼이 계속되는 이유도 그 때문이다.[155]

애초에 이준석 대표 이래 유입된 20~40대 당원들은 反 문재인 정서가 강하지 국민의 힘에 전통적 충성심을 가진 집단이 아니다. 기성세대와 청년세대 모두, 이 이념전쟁에 주목해야 하는 이유다. 어쩌면 이 이념전쟁은 일자리와 부동산을 둘러싼 먹고사니즘의 세대전쟁보다도 중요한 변곡점이 될지도 모른다. 결국 이념과 기치를 좇는 것이 정당이기 때문이다. 이대녀는 PC를 대변하는 '정의당'이나 '여성의당'이라는 선택지가 있지만, 이대남은 그렇지 않다. 장차 자유주의를 기치로 한 '청년당'이 도래할 가능성까지 점쳐지는 이유다.

---

154) 2021년 9월 6일 〈시사IN〉 '웹조사'에 따르면 이대남과 이대녀 모두 '더불어민주당', '국민의힘', '국민의당' 등 기성정당이 자신들을 대변한다고 생각하지 않았다.

155) 2021년 9월 기준 야권 1·2위 후보인 윤석열 후보와 홍준표 후보의 핵심 지지층은 극명하게 나뉜다. 9월 9일 발표된 리얼미터 여론조사의 '이재명·윤석열·홍준표·이낙연 4자 구도'를 보면 홍준표 후보는 이대남에 47.2%의 지지를 얻었지만 60대 이상에서는 10% 미만에 그쳤다. 반면 윤석열 후보는 60대 이상에서 40% 내외의 높은 지지율을 기록한 반면 20대에선 10% 중반에 그쳤다.

〈20대 남자, 그들이 몰려온다〉는 여기까지다. 이 책에서 이야기하고자 했던 건 청년세대의 화합과 세대교체의 필요성이었다. 다만 한계는 현상에 대한 분석과 문제의식 등 '**총론**'에 그쳤을 뿐 정책 등 구체적인 해결법에 해당하는 '**각론**'에는 도달하지 못했다는 것이다. 필자가 진짜 이야기하고 싶은 건 정책과 대안이다. 일자리 · 부동산 · 공정 · 사회 · 젠더 · 통일 · 국방 · 외교 · 정치제도 · IT 등 당면한 현실에 관한 이야기들 말이다. 그것이 청년들의 미래를 위한 실질적인 논의라고 생각하기 때문이다. 또한, 세대교체의 자격을 증명하기 위한 최소한의 절차라 생각하기 때문이다.

　'제2권' 〈MZ세대라는 거짓말—2022 대선전쟁〉은 그 자격을 증명하는 시간이 될 것이다. 2022년 대선을 앞둔 현재, 가장 첨예하게 다뤄지는 현안들은 무엇이며 어떤 관점에서 접근해야 하는지 청년의 관점에서 논할 것이다. 한편, 당장 '스윙 보터'이자 '캐스팅 보터'인 청년들의 마음을 얻어야 하는 정치권과 기성세대 어른들을 위한 조언들을 담을 것이다.

기획자의 변

문병길

'청년정치혁명 시리즈'를
시작하며

1

올해 초여름인 2021년 6월 22일 서울 여의도 켄싱턴 호텔에 300여 명
의 대학교수, 변호사 등 다양한 분야의 전문가와 지식인이 모여서
"원코리아 4.0 혁신포럼"(공동대표 3인 : 조장옥 서강대 명예교수, 황준성
전 숭실대 총장, 민상기 전 건국대 총장) 창립총회를 열고, 국정 운영 전
반에 관한 정책 씽크탱크로 공식 출범하였다.

본 **'청년정치혁명 시리즈'**는 상기 포럼의 15개 분과 중 하나인 '청년정
책분과'의 다양한 재능기부 등 활동지원과 포럼 사무국의 재정후원을
받아 기획되었다.

기획 의도는 **"젊은 세대의 능동적 선거운동 참여와 적극적 투표행위
를 통한 민주적 정치혁명"**을 어떻게 이루어낼 수 있는지에 대한 **"당
사자성이 반영된 현실적 방안"**의 모색이다.

따라서 '청년정치혁명 시리즈'는 청년세대가 가진 **불공정에 대한 분노**

라는 시대정신을 기본에너지로 하여 2022년 3월 대선부터 6월 지방선거를 거쳐 2024년 4월 총선까지 세 차례의 대규모 **선거를 통해** 청년 스스로 분명한 **정치의 효능감**을 갖게 되는 것을 목표로 하고 있다.

금번, 제1권으로 출간되는 **"20대 남자, 그들이 몰려온다"**에서는 〈2022년 대선〉을 앞두고 대한민국에 놓여 있는 두 개의 기울어진 운동장, 세대(Generation)와 성(Gender)에 관한 담론을 청년 유권자의 관점에서 총론으로 다루었다.

금년 말에 출간될 제2권 **"MZ세대라는 거짓말 – 2022 대선전쟁"**에서는 선거판의 Casting Voter로 등장한 청년 유권자의 실체를 규명하고, 그들에게 소구할 수 있는 제반정책에 대한 심층적 분석을 한다. 그 후 그들의 정치적 미래에 대한 전망이 이루어질 것이다.

내년 초에 출간될 제3권 **"우리는 진짜 이런 대통령을 원한다(가제)"**는 한국 정치시장에 최대 유효 정치소비자로 출현한 청년 유권자 층의 선호도 조사에 근거하여 **"후회와 반품 없는 정치상품"**의 공급을 정치권에 요구하는 새로운 시도(자발적 정치소비자 운동)를 선보일 예정이다.

그 후에도 지속적으로 〈2022년 지방선거〉와 〈2024년 총선〉의 주요 이슈에 정합되는 주제 (지방선거 이대로 좋은가?-청년층 지역정치권 진입 장벽 제거 방안, 존폐기로에 선 여성가족부와 실패한 청년 정책, 4차산업 시대가 요구하는 디지털 집단지성 플랫폼 정당의 출현, 왜 청년을 위한 선거법 개정이 필요한가? 등등)를 다루어 가면서 **"선거대응과 투표행위를 통한 청년정치혁명"**의 이정표를 차곡차곡 쌓아갈 것을 계획하고 있다.

2

늘 빚이 있었다.

세상에 대한 부채감!

본 기획은 그걸 털어내 보기 위한 첫 시도이다.

이제 세월이 흘러, 스스로 기득권 세대 그 자리에 서서 기울어진 운동장을 내려다본다.

세상에 적응하여 열심히 산다는 명분으로 지속적 적폐를 나 몰라라 외면했거나, 알면서도 사회구조악의 사슬에 함께 놓여 있으려 애썼던 동시대적 공범임을 인정한다.

내가 만든 쓰레기 내가 치워야 할 시점이 온 것 같다.

코로나 바이러스가 세상 최강자임을 인정할 수밖에 없는 각자 도생의 마스크 시대에 많은 청년들이 오늘을 살아가며 고통받고 좌절하고 포기하고 눈물을 흘리고 있다.

청년은 우리 주변 어디에나 있다. 고교, 대학, 군대, 직장일터, 가정 등 그리고 인서울, 수도권, 지방거점도시, 농산어촌, 해외 등 지역적으로도 광범위하게 분포한다.

그들이 경쟁에 내몰리고 있는, 그러나 감당하기 버거운 입시, 취업, 연애, 주택, 결혼, 출산, 육아, 자녀취학 등의 문제를 누가 어떻게 다루고 완화하고 개선책을 발굴하고 사회적 합의를 도출하며 제도화하고 법제화하여 실행을 감시하고 모니터링할 것인가?

정치와 정책이다!

정치와 정책의 소비자인 그들 스스로 요구하고 참여하고 눈 부릅뜨고 지켜보아야 한다.

이상하지 않은가?

기성세대, 기존정치세력, 관료 등 기득권층이 그것을 해결해줄 수 있을 거란 기대는 하지도 않으면서 내 문제를 수용적으로 받아들이거나 피해자로 남는다는 것이.

Political Action*이 필요한 이유이다.

———————————

* 〈Political Action〉 Michael Waltzer, 박수형 옮김, 후마니타스, 2021. 4. 5.
〈운동은 이렇게—변화를 꿈꾸는 사람들을 위한 지침서〉

청년의 미래가 보이지 않는 나라는 건강할 수 없다.

이제 시작일 뿐이다.

청년들이 시민정신으로 기성정치를 접수하고, 낡은 여의도 정치문법을 폐기하는 그날까지!

청년의

청년에 의한

청년을 위한 정치가 뿌리내려

청년이 행복한 나라가 될 때까지!

'선거를 통한 청년정치혁명'은 계속될 것이다.

젊은 남녀가 만나서 연애하고 취업하고 결혼하고 주거걱정 없이 아이 낳아 키우며 인간답게 살아가는 나라! 신뢰하는 이웃과 함께 환경을 생각하며 소박한 행복을 추구할 수 있는 나라! 젊은 세대가 각자의 미래를 계획하고 공정한 성취를 꿈꿀 수 있는 나라!

그것이 기성세대가 젊은 세대에게 유산으로 물려 줄 '대한민국'이어야 한다.

3

스무 살 청년 무렵에 만들어 가진 소박한 꿈을 향해 첫발을 내디딘 것 같아 기쁘다.

가슴 뛰는 일을 하라는 이야기를 평생 듣고 살았다.

지금 나의 가슴이 뛴다.

'미래의 주인이자 나라의 미래인 청년'을 돕는 것보다 더 의미 있는 일이 있겠는가?

그런 기회와 계기를 만들어 주신 〈원코리아 4.0 혁신포럼〉 좌장 민상기 총장님께 감사드린다.

더불어 늘 자랑스럽다고 격려해 주셨던 공동좌장 황준성 총장님의 말씀도 큰 힘이 되었다. 또한 물심양면 지원을 아끼지 않으신 최미정 교수님, 언제라도 도움이 필요하면 달려오는 혈기를 보여 준 젊은 청년 송혁 교수님, 항상 과찬의 성찬을 베풀어 통찰의 길로 안내해 주신 채미옥 원장님, 다양한 아이디어를 기꺼이 나누어 준 따뜻한 카리스마 최재헌 교수님께도 고맙다는 말씀을 꼭 전하고 싶다.

무엇보다 첫눈에 운명적인 불꽃 스파크를 튀게 한 앙팡테리블 '특급작가' 박민영군의 놀라운 역량과 정열에 경의를 표하지 않을 수 없다. 정치서적은 안 된다며 손사래를 치는 풍토 속에서 기꺼이 손을 잡아준 출판계의 젠틀맨 〈엔터스코리아〉 양원근 대표와 오랜 관록의 〈아마존북스〉 유창언 대표도 나의 예민하고 까다로운 요구를 모두 수용해 주어서 큰 은혜를 입었다.

나이 먹고 뭐하는 짓이냐며 뜨악한 눈길로 쳐다 보아준 나의 아내 모니카도 내심 많은 응원을 했다는 걸 잘 안다. ^^
격려를 보내 준 모든 친구들에게 땡큐!

지식자산 큐레이터 〈**컨텐츠 클라우드**〉

대표 **문 병길**

기획자 소개

문병길

biz-id@naver.com
bgmoon@law-lin.com

현재

- 지식자산 큐레이터 〈컨텐츠 클라우드〉 대표
- 〈원코리아 4.0 혁신포럼〉 사무총장
- 〈법무법인 린〉 글로벌 R&BD 전문위원
- 시민단체 〈규제개혁 당당하게〉 활동가

학력

- 한국 고려대학교 사회학과 졸업 (문학사)
- 미국 Coppin State University 대학원 수학
  (Civics, Political Science & Criminal Justice)
- 한국 고려대학교 경영대학원 졸업 (경영학 석사)
- 영국 City, University of London, CASS School 수료

사회진출 후 36년간 4개국(한국, 미국, 영국, 호주)에 소득세와 사회보장세를 납부했고, 국내외 총 24번의 이사를 해가며 "노마드형 얼리어댑터" 비즈니스맨으로 살았다. 자본자유화 시대 해외투자 1세대 펀드매니저로 시작해서, 대일무역적자 개선을 위한 3조원 규모 산업정책투자 프로젝트 PM, 국책기술연구소와 공동으로 진행한 자율주행자동차 핵심부품국산화 프로젝트의 R&BD 설계자 등을 거쳐, 가장 최근에는 호주소재 Bio회사의 코로나19 치료제 신약개발 미FDA승인 컨설팅에 이르기까지 약 100여 개에 달하는 매우 다양하고 트렌디한 프로젝트를 수행하였다. 국내/해외, 민/관, 기술/제조/건설/금융/서비스업, 대/중소/벤처기업 등 산업 전반의 범위와 수준을 망라하는 전방위적 와이드 스펙트러머 산업전략가이다.

현재는 대한민국 시민사회의 구성원으로서 권리와 의무에 충실한 삶을 꾸린다는 목표를 가지고, 다양한 경험을 통해 얻은 지식자산을(모으고 전파하고 확장하고 제시하고 활용하는 큐레이팅!) 가치 있게 쓰기 위해 동분서주하며 협업 중이다.

포노사피엔스 시대에 손에 잡히는 '4차산업 기술'이 낙후된 정치를 선도할 수밖에 없다는 시대사적 신념을 갖고 있으며 그 주역은 청년이어야 한다고 믿고 있다. 관련 활동으로 〈청년정치혁명 시리즈〉 프로젝트를 진행하고 있는데, 이는 주로 18세~29세의 청년층(현재 약 770만 명, 총 유권자의 15% 수준)을 대상으로 한 정치소비문화 및 선거참여 행태 등의 조사를 기초로 청년 스스로 정치 세력화하는 방안을 도출하는 능동참여형 연구활동이다. 동시에 청년이 '의도적으로 드러내 보인(intentional Manifest) 정치행위'로 '세상의 변화'를 이끌어내는 자발적 놀이형 사회운동이다.

프로젝트의 최종 목표는 블록체인 기술 등으로 투명성이 보장되는 "디지털 집단지성 메타버스 플랫폼 정당"의 기본틀 제시로, 새시대의 요구에 부응하고 궁극적으로는 K-정치정당모델을 세계 전역에 수출함으로써 글로벌 스탠다드로 우뚝 세우는 것이다.

손바닥만 한 정원을 가꾸며 꼬박꼬박 돌아오는 사계절을 느끼고 있고, 그 안에서 새싹같이 귀한 '의제'와 바람처럼 다가오는 '아이디어'를 얻는 것이 취미이다. 성장한 두 자녀를 모두 독립시키고, 고교 1학년 때 만난 미국국적의 동갑내기 여친과 여전히 소꿉놀이하듯 고향 서울에서 노부부생활을 하고 있다. 진정 업그레이드된 디지털 노마드가 되어 지구를 훌훌 떠돌다가 그 마지막 도착지는 오로라가 신비로운 아이슬란드쯤이기를 꿈꾼다.